看懂天下人

曾国藩用人
智慧全鉴

林乾 著

中国市场出版社
China Market Press

博集天卷
CS·BOOKY

图书在版编目（CIP）数据

看懂天下人 / 林乾著 . —北京：中国市场出版社，
2018.3

ISBN 978-7-5092-1540-1

Ⅰ.①看… Ⅱ.①林… Ⅲ.①人才管理—中国—通俗
读物 Ⅳ.① C964.2-49

中国版本图书馆 CIP 数据核字（2017）第 304205 号

看懂天下人

林乾　著

责任编辑：晋璧东
装帧设计：仙境设计
出版发行：中国市场出版社
社　　址：北京市西城区月坛北小街 2 号院 3 号楼（100837）
电　　话：（010）68034118 / 68021338 / 68022950 / 68020336
经　　销：新华书店
印　　刷：天津宇达印务有限公司
开　　本：700 毫米 ×995 毫米　1/16
字　　数：234 千字
印　　张：17
版　　次：2018 年 3 月第 1 版　2018 年 3 月第 1 次印刷
书　　号：ISBN 978-7-5092-1540-1
定　　价：48.00 元

自　序

同治元年三月十八日，即公元1862年4月16日，桐城诸生方宗诚在安庆拜见曾国藩。对曾大人的礼贤下士，他早就耳闻，但第一次拜见似乎还是让他有些诧异：这位手握四省兵权的两江总督、钦差大臣，又是协办大学士，俗称副宰相，不但毫无尊贵气象，反而"望之如老教师"，方宗诚顿时毫无拘束。因曾国藩"虚心纳善"，方宗诚也就"知无不言"，一番畅谈，临别时没想到还得到曾大人的墨宝——亲笔手书对联：

敛气乃宏才学识，高文待续方刘姚。

正是这副对联，让方宗诚对曾国藩钦佩不已，并作出了关系他一生的决定——给曾国藩做幕僚。方宗诚在当天的日记里写道："有'敛气乃宏才学识'一语，盖以予学无含蓄，圭角太露，故警戒之也。"而后一句是以桐城派的三位大家——方苞、刘大櫆、姚鼐，期许方宗诚。一次见面，就能把一个人的优点、特长乃至一生的成就，特别是锋芒毕露的性格弱点"诊断"得如此准确，委实让方宗诚大感惊讶。难怪他当即称赞曾国藩"真伟人也"。（《柏堂师友言行记》卷一）

曾国藩在当天的日记里，也详细记下了他接见方宗诚的细节：

> 洪琴西来，久坐时许，戏言余有扑面相法，谓初次一见，即略知其人之梗概也。（《曾国藩全集》，《日记》二）

这里的"洪琴西"，是举人洪汝奎，与曾国藩有师生之谊，一直做湖北巡抚胡林翼的幕僚。他说曾国藩有"扑面相法"，尽管多少有些"戏言"，但曾国藩并没有否定，反而在日记里记下这句话。

曾国藩确有"知人之明"，左宗棠于同治七年（1868年）向清廷奏请，希望皇帝下一道诏书，让全国有用人权的大臣，学习曾国藩为国家悉心求取人才的做法（《左宗棠全集》，《奏稿》）。而曾国藩自己倒是很谦虚，后来在安庆忠义局修志的方宗诚曾问曾国藩：您何以知道塔齐布、罗泽南、李续宜、彭玉麟、杨载福、鲍超这些人能成大功？曾国藩回答说：

> 此皆幸而遇者，与诸人共事，不过识其忠勇勤朴，各任以事，稍能成就，人遂谓吾能知人，实则知人甚难，予未敢自信也。（《柏堂师友言行记》卷二）

至于说到曾国藩的用人，蒋介石在为蔡锷所编的《曾胡治兵语录》写的序言，最能道出本真，这就是"自立立人，自达达人"。蒋介石还说，仅此一点，足以为吾师。

曾国藩提出，儒家思想核心的"仁"，体现在政治家身上，就是"立人达人"，即自己要想立得住，也要让他人立得住，自己要发达，也要让他人发达。因此，他"将大禹'善与人同'四字，每日三复"，更一反用人者恩威并施的惯常做法，提出"用恩莫如用仁，用威莫如用礼"。"仁"就是"立人达人"，"礼"就是与上级、下属、同僚保持交往、合作、共事的一个"界限"或者距离，为此他还提出要诚心求人，虚心纳益，取人于善，与人为善，绝不可用权术笼络。

他还提出，评价大人物，有两个重要标准：一是树人，一是立法。并将能否"树人"，即培养、提拔人作为区分君子与小人的重要依据，说今日知晓树人，今日就是君子，明日不知树人，明日就是小人。"生平喜推功于人，而自愿受过"，因而有非常多的人愿意追随他。历史学家许倬云先生评价曾国藩是中国近百年技术性专门人才走向领导舞台的开创者（《从历史看领导》），此言实为的论。

个人以为，曾国藩能够率部最终打败力量强于乙方几倍、几十倍的太平天国，原因固然很多，但最重要的是两大阵营的构成，包括知识、智力层次，内部协调等方面差距甚大。就像左宗棠在曾国藩去世后撰写的挽联下联所说：

> 同心若金，攻错若石，相期不负平生。

曾、胡、左、李等之间也有龃龉、有分歧，但他们又都绑在一起。用胡林翼的话说，做大事以集才、集气、集势为要，认识到"气类孤则大事不成"。回过来看太平天国，内部自相残杀，把好端端的江山葬送了。李秀成在狱中自述里总结天国有十大失误，其中前四条是战略问题，后面六条都是用人出了问题。

梁启超在为李鸿章作传时，写的第一句话是，"天下唯庸人无咎无誉"。并说，以常人而论非常人，故誉满天下，未必不为乡愿；谤满天下，未必不为伟人。因此也就经常有盖棺后数十年、数百年而论尤未定者。

这段话，同样适用于曾国藩。

林乾

contents 目录

第一章　曾国藩的知人之明

第二章　曾国藩识人秘籍

目录 contents

目录 contents

第一章　曾国藩的知人之明

　　同治七年，左宗棠给皇帝上了一个奏折，请求皇帝下一个诏书，让全国的封疆大吏，以及凡有提拔任用权的人，都向曾国藩学习，学习他的"知人之明"。他在奏折中说，刘松山本是王珍（湘军教父罗泽南弟子）旧部，臣十余年前即知晓此人，但没有感觉他有什么特殊的才能。后来刘松山从湖南随征入皖，为曾国藩所赏拔。臣尝私下评论曾国藩素称知人，晚年得到刘松山，尤其能证明他在识人方面有不同一般的卓识。

世界管理学大师、美国总统自由勋章的获得者彼得·德鲁克说过：人事决策决定着组织取得成效的能力，并对一个组织产生持久的影响，而且难以改变。可见，识人和用人在事业成功的过程中起着关键甚至决定性的作用。

在中国近代历史上，有这样一个人物，他以在籍侍郎的身份，在没有一兵一卒、没有国家财力支持的极度艰难条件下，成为"中兴第一名臣"。他就是曾国藩。

曾国藩何以取得如此成就？近百年来无数风云人物，包括梁启超、蔡锷等人，都从不同视角进行过探讨，或者以他为治国平天下的楷模，或者以他为修身齐家的典范。曾国藩本人及他身边的心腹幕僚，也在不同场合交谈过。在曾国藩自己看来，做高官、负大责任的领导者，主要应该抓两件大事：一在树人，一在立法。他说："有心人不以不能战胜攻取为耻，而以不能树人立法为耻。"圣贤教导我们的话有千言万语，但根本是立人、达人。"今日懂得立人、达人，今日就是君子；明日不懂立人、达人，明日就是小人。"在与胡林翼通信时，他特别强调说："今日世风颓靡，我们慎之又慎的，只有用人二字上，此外就没有下手之处。"

晚清外交家、曾国藩的心腹幕僚薛福成总结说：曾国藩始终不变、一生坚持的，如果概括起来的话，就是两个方面，即"以克己为体，以进贤为用"，并说曾某的成就"二者足以尽之矣"。前者是讲修身，后者是讲用人。他发挥说：大凡一个人如果修身的功夫不到家，就是本源不立，最初表现在学术上立不住，最终会成为事业上的拖累，二者之间的关系，开端并不明显，但效应异常显著。曾国藩修身方面，有诸多可资吸取之处，他每遇一件事，"尤以畏难取巧为深戒"。在用人方面，"论功则推以让人，任劳则引为己责"。

薛福成是曾门四大弟子之一，他概括曾国藩成功的两个方面，堪称精辟。而曾国藩的一生也验证了这一点。

1. 曾国藩的人生三境说

孔子曾讲过人生的"三段式"：

> 君子有三戒：少之时，血气未定，戒之在色；及其壮也，血气方刚，戒之在斗；及其老也，血气既衰，戒之在得。

简单回溯一下曾国藩61个年轮的人生历程，他对人生有着非常深刻的体悟，用他自己的三句话来概括就是：

> 少年经不得顺境，
> 中年经不得闲境，
> 晚年经不得逆境。

曾国藩61岁的人生可以概括为四个阶段：

第一个阶段是他从孩童时到28岁这个年龄时段，标志性的成就有两点。一是曾国藩在28岁这一年即道光十八年（1838年）考中了进士，并留在翰林院继续深造，从而拿到了传统社会的敲门砖，打破了曾氏家族几百年"寒籍"的历史。故其弟子黎庶昌在为曾国藩写年谱时感叹道:"曾氏自占籍衡阳以来,无以科名显者,星冈公始督课子姓受学,宾礼文士,公遂以是年成进士,入翰林。"湖南人将走出湖南,有更大出息的人称为"出湖"。曾国藩在"出湖"改写个人和曾氏家族历史的同时,也为他改变时代的历史创造了必要条件。二是在这一时段中,曾国藩还练就了一种经世致用的本领,尤以在岳麓书院学习时受到湖南经世思潮的影响最为显著。特别值得一提的是,即使乾嘉考据学极为盛行时期,岳麓书院仍以程朱理学为依归,以经世致用相勉励。乾隆时,岳麓书院的一条学规写道:

> 立志。心之所之谓之志。志,气之帅也。志在南辕者必不肯北辙,则立志要矣。历观古圣先贤,未有不先立志者。诸生远来肄业,口诵先儒之书,已有年矣,试观此心,其果定志于圣贤之学乎?则宜加精进,益加涵养,以求至于其极。如尚未有定志,则宜急反前日之沉迷,而力端今日之趋向,往可不谏,来犹可追。须知古来圣贤豪杰,人人可为。[①]

从后来的种种迹象看,尽管曾国藩在这里读书的时间不长,但他恰恰在这里受到湖南理学经世学风的熏陶。曾国藩在翰林院及早期为自己立下的诸多"立志箴"、"课程"等,明显受到书院学规、学箴的影响。也就是说,曾国藩虽然以儒家文化为依归,以捍卫传统的道统作为自己的终生职业,但他同时是一个博学的人,他没有走入腐儒一途,而养成的经世致用本领,使他能够通权达变,以适应时代的需要。这就是他平生经常讲的人要立得住,还要行得通。

第二个阶段是曾国藩在京城从政为官的15年。这15年特别是最初的九

---

① 杨慎初等:《岳麓书院史略》,岳麓书社,1986年版。

年，是曾国藩步步高升的一段时间。用张爱玲的一句话来说：成名要趁早。道光二十七年，曾国藩在37岁的时候，升任内阁学士兼礼部侍郎衔（内阁学士为从二品，如兼侍郎衔，就是正二品），是一个与地方总督这样的封疆大吏平行的正部级官员。所以他信心满满，给当时还健在的祖父写信说："湖南三十七岁至二品者，本朝尚无一人。"他说孙儿是第一人，打破了湖南建省以来一百多年的"升官纪录"。的确，在40岁以前就做了部级的领导，9年连升12级，这在当时是不多见的。这对从山坳里走出来的农家子弟曾国藩来说，仕途如此顺遂，连他本人都感到意外，他在给友人陈源兖的信中不无坦白地说：

> 回思善化馆中，同车出入；万顺店内，徒步过从，疏野之性，肮脏之貌，不特仆不自意其速化至此，即知好三数人，亦未敢为此不近情之称许。

在京城为官这15年，不但他的位置爬升得很高，还有更重要的一点，他是天子的近臣。俗话说，朝中有人好做官。在封建时代这种人治色彩非常浓厚的大环境下，任何政策在某些人那里，它是一个底线，不可逾越，但是在另外一些人那里，它就可能会跨过去。曾国藩后来成功的时候，追随他多年的心腹幕僚赵烈文总结说：他的一生，平生精力十之六七都在与世俗文法斗，只有十分之三四是在和太平天国斗。这就是说，曾国藩的一生，都是在不断地逾越清朝政府给他设定的一道道红线。他为什么能够逾越？主要原因就是朝中有人。

第三个阶段是他从领兵出征，到成为镇压太平天国的清朝第一号"功臣"。这个过程大体经过了10年。用曾国藩自己的话来说，这十多年就是打脱牙和血吞的日子，也是他走向人生巅峰的一段路程。

《易经》告诉我们，人在什么时候做什么样的事情是最重要的。曾国藩恰好在他50岁左右的时候完成了这项把太平天国镇压下去——清朝赋予他的最大的一个使命。曾国藩完成这项使命是非常艰辛的。就像唐僧到西天取经一样，经历了太多的磨难。他自己经常讲打脱牙之日多矣，每天都是这个样子。

这是因为他打造了跟清朝体制不相容的东西。八旗兵和绿营兵是清朝赖以安身立命、保家卫国的传统武装力量。但曾国藩打造的是一个体制外的湘军，跟传统的体制有诸多不相容的地方，所以当曾国藩把武昌打下来的时候，咸丰皇帝最初特别高兴，一扫几年来节节败退的阴影：没想到他（曾国藩）一个书生还能建立这样的奇功，朱笔一挥，任命曾国藩为署理湖北巡抚，一省之长，封疆大吏。但是，旁边一个大学士——汉人宰相祁寯藻提醒皇帝说：

曾国藩他是个在籍的侍郎，在籍的侍郎跟匹夫等，跟老百姓没有什么差别，但是他登高一呼，从者数万，恐非国家之福也！

跟老百姓没有本质区别的一个人，登高一呼，追随他的人有几万人，言外之意是什么？他今天能够把武昌城打下来，明天把安庆打下来，后天把南京城打下来，他又何尝不能把北京打下来！

咸丰皇帝听到旁边这位大学士的提醒，吓得朱笔都掉到了地下。咸丰帝从此以后牢牢记住了这一点——绝对不能给曾国藩这个手中有兵的人封疆大吏的权力。所以，曾国藩在地方带兵长达七年多的时间里，一直没有得到封疆大吏的权力。这也是他在镇压太平天国的路途当中，显得步履维艰的一个重要原因所在。但是从他的视角来看，他成功了。因为在他54岁的时候，把太平天国镇压下去了，把金陵城拿下来了，还封了侯爵，做了大学士、宰相，等于说爬到了大清帝国中臣僚所能攀登的最高位阶——一人之下，万人之上。可以说，他的事业也处于一个巅峰。

他人生的第四个阶段是最后的8年。这最后的8年，用曾国藩自己的话来说，就是老年人经不得逆境。他经历了逆境——天津教案。这是曾国藩处理的第一起对外交涉事件。

处理这起交涉案件使他由原来拯救帝国的中兴名臣一下子威信扫地，犹如打到地狱一样，所以他后来在日记当中，给友人的通信里，也一再讲八个字——"外惭清议、内疚神明"。"外惭清议"就是指全国的舆论都不容他，骂他是卖国贼。"内疚神明"就是说我自己的良心也觉得过意不去，为什么要我替国家承担这样大的历史罪名呢？他晚年的时候受到很大的打击，处理天津教案前，他给儿子写了遗嘱，最后没有处理完，他就重新回到了两江总督任上。这是他第三次到两江总督去上任。但是到任一年多，他就去世了。

2. 左宗棠：向曾国藩学习

曾国藩去世的日子跟他的父亲是同一天（他父亲是在咸丰七年二月初四去世的，曾国藩是同治十一年二月初四去世）。见证者薛福成在其日记里详细记载了当时的情景。

右眼已失明两年多的曾国藩自当年正月二十三日开始右脚麻木，经久稍愈。二十六日傍晚，他到水西门码头迎接早年在京城读书的好友、时任河道总督的苏廷魁，因发眩晕旧症而回衙署调治。二月初二晚，眩晕。次日晚，口不能言。初四当天上午，薛福成与他下围棋，一连下了三盘，曾国藩这次特别出奇，三盘都赢了，所以他非常高兴。等薛福成走的时候，他把薛福成送到了门外。

回来后他继续办公。下午，他去两江总督署的后花园散步。走着走着，他连声喊足麻，接着就向前扑，跟随在身后的儿子曾纪泽连忙把他扶住，当即就传轿子，把他抬到大厅的中间。任凭大家千呼万喊，曾国藩这时候已经不能说话了，用手指着自己的心，画了几个圈圈，别人是否知道他想说什么，不得而知。然后端坐三刻而逝，去世时间是戌时，即晚上7点钟。

这样一个挽救清朝命运于将倾的政治人物的去世，引起了举国震动。皇帝得知这一噩耗后，立刻派当时非常有名的大臣去治丧，同时辍朝三日，三天不接见朝臣、不处理朝政，以示国家对他的哀悼。

时任陕甘总督的左宗棠正在西北战场，前往兰州途中。得到这个消息，他的第一反应是感到非常悲痛，在给他的儿子孝威信中说：

> 涤侯无疾而终，真是大福。唯两江替人殊非易易，时局未稳，而当时贤能殊不多觏，颇为忧之。

左宗棠悲痛不已，后来又给他的儿子写了一封长信，大体表达了三点意思：

第一，他说，曾国藩的去世，我感到十分悲痛。不但从个人的私情交谊上感到悲痛，更重要的是，我为国家的前途感到忧虑。曾国藩这样一个重量级人物的去世，势必在整个大清帝国当中引起很大的震动。

第二，他说，我们之间过去有争论，可能别人不太理解。我自己刚刚写了一副挽联，这副挽联道出了我真实的心情。世人议论所谓的曾、左不和，是外间腐儒的看法，我们所争的，都是国家的大事，国事兵略，并非争权竞势。

> 同时纤儒妄生揣拟之词，何直一哂耶？君臣朋友之间，居心宜直，用情宜厚。此前彼此争论，每拜疏后即录稿咨送，可谓锄去陵谷，绝无城府。至兹感伤不暇之时，乃复负气耶？"知人之明，谋国之忠"两语亦久见章奏，非始毁今誉，儿当知吾心也。

第三，他告诉儿子孝威：我送去了四百两白银作为丧仪，但仍不足以表达哀思。当曾国藩的灵柩过到湘江的时候，你要以晚辈的身份前去祭奠，"牲醴肴馔自不可少，如果能作诔词以致哀，申吾不尽之意，尤是道理"。最后他告诉儿子：我最佩服曾国藩的是，他的知人之明。所以我写的挽联是：

> 谋国之忠，知人之明，自愧不如元辅；同心若金，攻错若石，相期无负平生。

挽联中的落款特别重要，写的是"晚生左宗棠"。左宗棠只比曾国藩小1岁，两人结识甚早，相知最深。曾国藩后来做大学士的时候，左宗棠为总督。按照国家规制，总督在大学士前应以晚辈相称，即在大学士前称"晚"，但左宗棠给曾国藩去信说，我只比你晚生了1年，我们之间能不能破一破官场的规矩，我今后跟你书信往来的时候仍一如既往，不称为"晚"。曾国藩与他开玩笑地说：恕你无罪，今后我们就这样以兄弟相称。但是在这种极郑重的场合，左宗棠送的挽联恭恭敬敬写上的是"晚生左宗棠"。

左宗棠这里讲的曾国藩的"知人之明"，出自同治七年他给皇帝上的一个奏折，他通过曾国藩识拔刘松山这一典型事例，请求皇帝下一个诏书，让全国的封疆大吏，以及凡有提拔任用权的人，都向曾国藩学习，学习他的"知人之明"。他说：

> 刘松山本是王珍（湘军教父罗泽南弟子）旧部，臣十余年前即知晓此人，但没有感觉他有什么特殊的才能。后来刘松山从湖南随征入皖，为曾国藩所赏拔。臣尝私下评论曾国藩素称知人，

晚年得到刘松山，尤其能证明他在识人方面有不同一般的卓识。

3. 慧眼识松山

刘松山是湘军后起的一个鼎鼎有名的大将。《清史稿·刘松山传》主要写了他三件不同寻常的事，以及曾国藩对他的赏识：

第一，咸丰十一年，太平天国攻打徽州城时夜袭湘军营地，湘军的许多将领和士兵都逃窜而溃。只有刘松山把旗帜往营地一插，坚定月下，岿然不动，并且对那些溃逃的人说，我是第四旗刘松山，大家不要退。通过这件事情，曾国藩对刘松山以国士相待。

第二，曾国藩镇压太平天国后，把几十万的湘军几乎全部裁撤，唯独留下刘松山这一支。而且，他后来镇压捻军北上的时候，奏请从征的唯一原来湘军嫡系的人，就是刘松山。湘军将士打了十几年的仗，都想回家，只有刘松山毅然前往。后来左宗棠做陕甘总督，曾国藩又把刘松山推荐给左宗棠。

第三，刘松山自从打仗起十几年间，除了仅有的一次回家乡招兵之外，没有回过家乡一次。他有个待嫁之妇，早在十几年前就写定了聘书，要成为他人生的另一半，但是他一直没有回自己的家乡，去完成这个夙愿。后来，他的待嫁之妇在洛阳等待，刘松山才回去完成婚礼。十天之后，刘松山立刻奔赴战场，从此一去没有复返，直到死在战场上。

《清史稿》最后用了一句话，颇为惋惜地说：

> 如果刘松山安享天年，他的功劳绝不在那些赫赫有名的将领之下。

传记中还有这样一句话：左宗棠之所以能够在西北战场中取得那样大的成就，更多的是倚重于刘松山。正因如此，左宗棠才向皇帝上奏折：

此次西北平定，平心而言，何尝非刘松山之力！臣以此服曾国藩知人之明，谋国之忠，实非臣所能及。特自各省言之，不能不目之为秦军，以各军言之，不能不目之为臣部。臣无其实而居其名，抚衷多愧，合无仰恳天恩，将曾国藩之能任刘松山，其心主于以人事君，其效归于大裨时局，详明宣示，以为疆臣有用人之责者劝。

那么，曾国藩有什么"特异功能"把刘松山这位在左宗棠看来普通的将领，一个营官、一个最底层的官员识拔出来？

据《曾国藩日记》记载，咸丰八年九月二十五日，他召见了两个营官。营官是湘军最基层的官员，是武官。这一天他跟刘松山有一场谈话，并作了较为详细的记录：

刘松山，七都山枣人，曾在季洪（国葆）处当长夫。咸丰四年冬，在铜钱湾入璞山（王珍）营。其兄在岳州阵亡。母存、父殁，嫂嫁，有二侄。据称，东安、郴州之战最苦，吉水潭、四墟之捷最伟。王枚村不言而善战。挺拔明白。

可见，曾国藩不但记录下刘松山的个人履历、家庭状况，而且对他加入湘军以来的表现尤为关心，在同他谈话时，也了解到相关战役的具体情况，最后是对刘松山的断语——"挺拔明白"。

挺拔，就是人有担当。没有担当的人，曾国藩是绝对不重用的。"明白"的含义有二：一是能够透彻地理解领导的意思，不用上司费口舌；二是包含不给领导惹是非的意思。理解领导的意图，又敢于担当，当然靠得住，因而在曾国藩看来，此人有培养前途。初次面试，即留下很好的印象，以后又有守徽州城时的镇定自若，因此以国士待之。

4.《吕氏春秋》的"八观法"

中国古代有很多鉴识人才的办法。曾国藩要想有更大的成就，必须具备伯乐的本领，把更多的千里马从他这个大本营中不断地识拔出来。《吕氏春秋》中有《论人》一篇，堪称中国较早的鉴识人才法。当时称为"八观法"，就是从八个方面观察一个人是否值得信任、能不能做大事情、能不能有担当。

第一是"通则观其所礼"，是指一个人在命运通达的时候，礼遇什么样的人，什么样的人成为他的门上贵客，每天形影不离、朝夕相处。

第二是"贵则观其所进"，是指一个人在地位高的时候，能够提拔、栽培更多人的时候，提拔的是什么样的人。这能够反映一个领导者在用人上的取向。

第三是"富则观其所养"，是说当一个人富有的时候，他是否有周济穷人的恻隐之心、推己及人的儒家博爱情怀。

第四是"听则观其所行"。就像孔子所讲的听其言还要观其行，是讲一个人言行是否如一，是否能够说得到也做得到。

第五是"止则观其所好"。这句话尤为重要，是指在没有人监督你的时候，能不能够把持住自己，约束自己的身心，也即儒家"慎独"的功夫。

第六是"习则观其所言"，是指一个人学习的时候是否有自己的心得、体悟，说出跟别人不一样的独特见解，而不是人云亦云。

第七是"穷则观其所不受"，是指一个人穷困潦倒的时候，是否做那些不义之事、攫取不义之财。这是衡量一个人做事是否突破底线的一种状态。

第八是"贱则观其所不为"，是说一个人地位低贱的时候，是否做了那些不应该做的事情。

《吕氏春秋》的"八观法"对后世影响很大。到了三国时期，人才竞争的态势更趋强烈，魏国一位大臣刘劭写了一本《人物志》，就是通过人物的语言、声音、相貌、气味等，探讨一个人能够担当什么样的职务，能够做什么样的事情。这本书早在19世纪的时候就被西方的管理学引用过去，英文版名字为《人类才能的研究》。

5. 冷眼识英才

曾国藩最重要的本领是冷眼识英才，从刘松山这件事情上就可以想见。

《清史稿》惟妙惟肖地刻画了曾国藩每次识人的特异办法。它说曾国藩为人威重，凛然不可犯，长着美须髯，胡子非常长，三角眼棱角非常分明。每次见人的时候，他总是盯着对方仔细端详很长时间，一句话不说，直把这个人看得心里发慌。随后，两个人才开始对话，主要是曾国藩提问题，考察对方思路是否有条理。对话完成，这个人告退，他立即在日记中写这个人长得什么样子，能够做什么样的事情，有什么突出的优缺点。《清史稿》还特别用了三句话，专门讲曾国藩在这个方面的才能。

第一句话是，经过面试、谈话后，对人优劣的评价"无或爽者"。

第二句说他将俸入包括养廉银等全部用来养士，"老儒宿学，群相归依。尤知人，善任使，所成就荐拔者，不可胜数"。

第三句是说他"一见辄品目其材，悉当"，就是从来没有失过眼。尽管这样的记载多少有些美化，但他确实在识人方面有超乎常人的本领。不光正史，他身边的幕僚也记载了很多这方面的例证。

桐城诸生方宗诚是曾国藩身边比较晚加入的一个幕僚，他的日记中记载了第一次到安庆拜见曾国藩时的情景和感受。

曾国藩当时是两江总督、钦差大臣、大学士，手握十几万重兵的湘军统帅，按照他的这些身份推测，肯定是一个威严又高大的形象。令方宗诚意想不到的是，曾大人一点架子没有，就像一个老教师：

> 凡属士人来求见，无不立时召见，退则记其人言语气象如何，皆笔之日记。在总督衙署设置了一个箱子，专门接收各方人士提出的意见及建议，晚上定时开视，有可采纳的，立即施行。

> 予初次见面，以公虚心纳善，知无不言，公皆笑纳，临行书楹联以赠，有敛气乃宏才学识一语，盖以予学无含蓄，圭角太露，故警戒之也。

经过这一次"面试"，方宗诚得出曾国藩"好贤出于天性"的结论，立即决定加入曾国藩的幕府。

曾国藩最愿意送给人的"礼物"就是楹联之类，他送给方宗诚的楹联是针对方性格外露的弱点而发，"敛气乃宏才学识"带有规诫的意味。这让方宗诚钦佩不已。

曾国藩是洋务运动的领袖，而这个称号的获得可以说容闳功不可没。容闳给他提出了两个非常重要的建议：

> 第一，中国要学西方，应从"制器之器"入手。
> 第二，把中国的留学生送到美国去读书，接受西方教育。

容闳于1828年出生在广东香山农家，十七岁入教会学校，十九岁留学美国，耶鲁大学毕业，1860年到南京。曾国藩在安庆时，听人谈到容闳这个人很有才干，立刻叫身边与容闳熟悉的张斯桂给容闳写信，招容闳到他的幕府中来。容闳第一次接到信的时候很害怕，此时他正在九江城跟太平天国打得火热，给太平天国提出了非常多的建议。容闳最初以为总督要用这个办法把他抓到之后杀掉。正在犹豫中，曾国藩又指派张斯桂给容闳写了第二封信，还是请容闳来，并附上容闳非常信任的好友李善兰（著名数学家）的信。这次容闳弄清楚了，两江总督曾国藩原来不是要杀他，是要请他去做事。随后，又收到了第三封信。第三封信又附上了李善兰的信。

这样，当年九月份的时候，容闳就来到了曾国藩的两江总督大营。容闳在回忆录中记载了当时的情景：

> 总督让我坐到他前面，含笑不语则数分钟。他又以锐利眼光将我自顶及脚仔细估量，好像要查看我什么，外貌有没有跟常人相异的地方。最后，总督用他那双炯炯有神的眼睛直射我面，特别注意我的双眼。

曾国藩在他的《相人口诀》中，特别重视相人的眼睛。容闳后来在日记中写道：我在此时虽不是特别扭捏、非常不安，但肯定是不自在的。容闳也详细记下了曾国藩的容貌：

> 余见文正时为1863年，文正已年逾花甲（实为五十二岁）矣，精神奕然，身长约五尺八九寸，躯格雄伟，肢体大小咸相称。方肩阔胸，首大而正，额阔且高，眼三角有棱，目眦平如直线。凡寻常蒙古种人，眼必斜，颧骨必高。而文正独无此，两颊平直，髭髯甚多，鬖鬖直连额下，披覆于宽博之胸前，乃益增其威严之态度。目虽不巨，而光极锐利，眸子作榛色，口阔唇薄，是皆足为其有宗旨有决断之表证。凡此形容，乃令予一见即识之不忘。

曾门四子之一的俞樾（著名古文学家）也有一个记载。曾国藩更早的时候，即1850年，还在京城做礼部侍郎，当时举行礼部考试。这次考试的试题是，要求考生就"淡烟疏雨落花开"先作五言律一首，接着发挥诗意。俞樾洋洋洒洒写了几千字。曾国藩一见就给予激赏，对他的诗评价非常高。

曾当时向大学士杜受田建议把他拔为第一，但是有人表示不同意见：你凭什么判断这个人有才能，莫不是他原来自己有腹稿，押对了题？曾国藩说：不是这样的，我们这次出的这个题"淡烟疏雨落花开"本来是形容花落的情景，但是俞樾的第一句话就不同凡响："花落春仍在。"花虽然落了，但是春天仍然在。这样的诗不是跟名句"将飞更作回风舞，已落犹成半面妆"有暗合之处吗？难道诗也是他原来做了功课，这次偶然而中吗？

但还是有人觉得把他作为第一不太合适，曾国藩指着俞樾的卷子，说了一句重话：这个人将来的成就不可限量。既然礼部侍郎这样说了，也是为朝廷识拔人才，主持考试的大学士杜受田采纳了曾国藩的意见，把俞樾拔至殿试第一，不久授翰林院编修。

俞樾后来成就非常大，带出了非常多的弟子。大名鼎鼎的书法家吴昌硕是他的嫡传弟子。还有一位是晚清赫赫有名的大学问家，给邹容《革命军》作序的人——章太炎（章炳麟）。章炳麟后来的成就主要在经学和小学方面，文章也写得好。

俞樾的后人也不乏才俊，红学大家俞平伯就是俞樾的曾孙。

曾国藩常说：文章与国运相关联。打天下靠枪杆子，但治天下必须靠笔杆子。后来，曾国藩对李鸿章和俞樾这一武一文两个学生有个著名的定评：

李少荃（李鸿章）拼命做官，俞荫甫拼命著书。

李鸿章一生拼命做官，做了五十年的官，但从不言退，没有一次跟朝廷说我要退休了，一生不言退，确实是拼命做官。而俞樾是拼命著书，年复一年，日复一日，每天都在勤奋耕耘，所以一生著作等身。可见，曾国藩在鉴识人才方面确实有独特的秘籍。

同治三年，方宗诚在安庆忠义局修志时，曾经问塔、罗、李、彭、杨、鲍何以知其能成大功，曾国藩回答说：

> 此皆幸而遇者，与诸人共事，不过识其忠勇勤朴，各任以事，稍能成就，人遂谓吾能知人，实则知人甚难，予未敢自信也。

正因为他阅人无数，即见到的人才非常多，同时他又是一个非常用心的人。他经常讲"五到"，其中的"眼到"着重是做两件事情，即"着意看人，认真看公牍"。"五到"中还有"手到"。"手到"就是对人之贤否，具有哪方面的才能，一定要笔之以录，要记下来，然后再用这个人的行动、成就等方方面面来加以验证。

第二章　曾国藩识人秘籍

邪正看眼鼻，真假看嘴唇。
功名看气概，富贵看精神。
主意看指爪，风波看脚筋。
若要看条理，全在语言中。

——曾国藩相人口诀

1. 曾氏人才从哪里来

曾国藩是怎样把人才网罗来为他效力的？他有四句话，概括自己从鉴识、培养、网罗到使用人才的过程：

第一句话是"广收"，即网罗人才范围一定要广，而且选拔人才还要有诚。

第二句话是"慎用"，就是使用人才的时候一定要慎重，谨慎地使用人才。

第三句话是"勤教"，指对人才要经常地进行教导、培育、栽培。

第四句话是"严绳"，是指用严明的制度、纪律、规章，以及奖惩的各种办法来使一个人才更加符合用人者的要求。

为了实践这样的目标，特别是做了两江总督、钦差大臣后，曾国藩在他的幕府中设置了很多机构，这些机构成为他安置、培养、教育、提拔人才的最重要机构和场所。

湘军有两个最主要的机构：秘书处和营务处。

当时没有秘书处这个名称，叫幕府，它是幕僚群体中最重要的机构，主要工作是帮助曾国藩草拟各种文件。这类人待遇最好，人员最多，多达百人以上。郭嵩焘、刘蓉、陈士杰、李元度、赵烈文、李鸿章、左宗棠、李榕、薛福成等后来很有成就的这些人，都曾在秘书处工作。营务处是湘军的参谋部，要求任职人员兼资文武，既懂得军事，又善于出谋划策，如沈葆桢、李宗羲、李鸿裔、李兴锐等人都曾在此工作。几乎所有的重大战略决策都是由秘书处、营务处的人才一起讨论，定出一个最佳的方案，最后供曾国藩进行抉择。

除此之外还有很多重要机构，比如厘金局，是征收厘金的主要机构。曾国藩带兵后，一改"君子不言利"的陈腐观念，认真学习理财，提出"利权所在即威权亦归之"的观点。仅他任两江总督后的短短六年间，就筹集军费一千八百五十四万两，其中绝大多数来自厘金。还有劝捐局，就是到处为他筹钱。胡大任就是在湖北主持劝捐局并受到曾国藩极力赏识，而被举荐给朝廷。

湘军创建之初，没有国家财政拨款，它的运转全靠自己到处化缘，所以曾国藩开始出山的时候，非常犹豫，虽然皇帝下了圣旨，湖南巡抚骆秉章、张亮基一再恳请。曾国藩觉得主要有三个难处：

第一个难处是儒家的经典。在四书五经中浸润良久，这些经典已成他的思想最重要的组成部分，但是兵家的要领平生没有任何涉猎，知识准备几乎是零。

第二个难处是行军打仗。朝廷不给拨款，那么所有的钱都要向富人化缘，但是他平生结交的没有富人，无从化缘。

第三个难处是他当时正在为父守丧，如果出来有违孝道。

曾国藩后来做了两江总督，手下人得到高升，爬得最快的是为他筹钱的部门，而最出彩、最出人才的则是秘书处、营务处、厘金局这些核心部门。李鸿章就曾任他的秘书处首席幕僚，撰写了很多份高质量的奏折。

除此之外，曾国藩还在幕府中设置了很多近代化的军政机构。曾、左、李当时已经认识到"中国遇到了三千年未有之变局"。所以他们要搞洋务，搞近代化。打下安庆后，曾国藩开办了安庆内军械所——中国第一个近代化的企业，后来又有金陵机器总局、江南制造总局、翻译处、留学事务处。这也是他的人才培养中心。

值得一提的是留学事务处，这是为了派幼童到美国留学而设。最初设立的时候只有英语一科，之后又开设了日语、法语、俄语班。很多外国人像英国人傅兰雅、美国人林乐知等，都曾在这里为曾国藩效力。

湘军中还有一个非常特殊的机构——采编所。采编所是专门搜集太平天国的情报，从事潜伏活动的。湘军起初并没有这个机构。当时有一个叫张德坚的人，他先前是湖北巡抚衙门里的一个巡捕，此人有一个很大的爱好就是搜集太平天国的情报。后来他还写了一本书，进献给清朝的封疆大吏，希望他们能重视这本书。但是所有的封疆大吏都不理睬张德坚，甚至看不起他。因为张经常化装成太平天国的人，或化装成难民到太平天国的营寨中进行实地的调查，搞情报。这时有人跟张德坚说，曾国藩有求贤之明，你去投奔他吧。曾国藩一见这个人，就立刻给他设置了单独机构——采编所，还给他配备了助手。今天我们看到的研究太平天国的重要资料《贼情汇纂》，就是这个机构工作的例证。

其他的还有忠义局。曾国藩最早设立的忠义局，是仿效胡林翼在湖北的做法。太平天国兴起后，整个社会秩序被打乱。当曾国藩看到太平天国所到之处，老百姓纷纷加入太平军，甚至丢掉性命也在所不惜，便意识到社会出了问题。

在曾国藩看来，这个根源就是社会没有了是非，没有一个界线，所以世风日下、黑白颠倒了。他设置忠义局，专门采访跟太平天国作战而死去的人，死去的事迹，以重视气节、扶持名教、维护风化为使命。曾国藩和他的湘军每到一处就要建一个"昭忠祠"。建立这么多的昭忠祠，不但是为了多安置一些人，重要的是让清廷奖赏那些在同太平天国的战争中阵亡的人，以形成一种风气，来扭转人心所向。

此外还有编书局。最初设在安庆，后来移到金陵。金陵书局的前身就是安庆编书局。《王船山遗书》和全本《几何原本》就是曾国藩主持刊刻的。金陵书局合刻的"二十三史"是迄今为止最好的版本。"二十三史"是一个大工程，所以曾国藩设置了很多这样的机构。如此多的机构势必需要大量的人才来填充，需要非常多的途径来海选。曾国藩大致从四个方面来遴选人才：

第一个途径是招募，第二个途径是推荐，第三个途径是猎取，第四个途径是投效。

先来谈一谈招募。曾国藩提出天下事中最难也最重要的事，莫过于招募人才，因此他每到一处发布的第一个告示，几乎都是求取人才的。办团练之始，发布《招某绅耆书》：

大厦非一木所能支撑，大业凭众人智慧而完成。如果能使众多的贤士都汇集而来，肝胆相照，那么，即使是坚固的金石也能穿透，又有什么艰难不可以克服呢？

他做两江总督后，就发布告示，希望两江的有志之士来帮助他，跟他一起来扑灭太平天国的火种。北上镇压捻军之际，他发布告示说：

淮徐一路，自古多英杰之士，山左中州亦为伟人所萃，本人求贤若渴，如有救时之策、出众之技，均准来营自行呈明，量才录用，如有举荐贤才的人，除赏赐银钱外，酌量保奖。

在直隶任总督时，曾设立德、才、学三科求才：

凡孝友为宗族所信，睦姻为亲党所信的，为有德之科；凡出力担当难事，出财以成善举的，为有才之科；凡工于文字、诗赋，长于经解、策论的，是有学之科。要求各州县采访、保举，每一个县少的一二人，多的五六人，全没有举荐及举荐不实的，记过。举有德的，寄扁旌宅；举有才的，安排位置，给薪水，或帮办事务；举有学的，招徕入学，给膏火，或者直接使用。

他在开始办团练发布的一个告示中，提出一个非常重要的理念——"我们不能因人而废言"。

第二个方面的来源是推荐。互相推荐，以类相聚，是其吸引人才的一大特点。如在京城时，其好友吴廷栋推荐了方宗诚，方宗诚又推荐吴汝纶。曾国藩早前看过吴的文章，当时吴已是内阁中书，曾国藩劝他放弃京官，认为其在古文方面肯定会有大成就。吴于是留在幕府，只读书不做事，后来非常有成就，是曾门四子之一。他还办了桐城中学，至今已有一百多年的校史。李善兰、张文虎、容闳等都是经人推荐的。这样一拨一拨的人来推荐，相互吸引，也是曾国藩在人才举荐中的独特之处。

有一个非常典型的例证，就是赵烈文。赵是周腾虎推荐的，关于这件事，赵烈文与曾国藩密谈时讲得很清楚。其情形大意如下：

曾国藩：胡林翼做事最有气魄，过去他很认真地规劝我，说我在军队中保举的官员不多，钱物开销也不大方，不足以鼓舞人才。我非常佩服他说的话，因此，后来做事一切都比以前宽松得多。

赵烈文：老师本来只是自我严格要求罢了，对他人未尝不宽容。记得我当年在您身边的人中刚刚有点名气，仅仅因为周腾虎（赵的四妹夫）的一席话，您就派人带着白银二百两前来探访，这种举动不能说没有气魄。

曾国藩：这在我也是绝无仅有的事啊。因为周腾虎夸奖你，并且我也听到人们有关你的议论。这是不常有的事。

赵烈文：胡林翼做事轰轰烈烈，很有生气，自然是英雄面目，相比之下，老师您则是规矩准绳，不差毫厘，俨然一个大儒的气象，尽管您二人不可相提并论。就军事打仗来说，本来崇尚的是谋略。自夏商周三代以下，人们急功近利，追逐名望，希望一朝一夕取得成就。这与古代征伐的事情往往需要几代人，获得百年以上大的功勋有很大不同。因此，后来不得不用高爵厚禄，来寻求那些能征善战的人士，推究当局的一片苦心，这也是不得已而为之啊！今天的世道大乱，荆棘丛生，还期盼着您贬损自身的德行来救民于水火之中啊。

曾国藩：你说得对，只是苦于没有志同道合的人啊！自从胡林翼、江忠源去世后，这些主持大事的人很少能够同心同德，衮衮诸公的所作所为，都是仅仅看到眼前的利益，没有长久之计，令人感叹。

第三个方面是猎取。曾国藩平日留意人才，发现别人评价非常好的人才，就一定要把这个人才给挖过来，甚至连八旗兵和绿营兵中的高级官员也不放过。如朱孙诒原来是湘乡知县，办团练很有名，后来曾国藩出省作战，将朱挖过来，在营务处任提调。李宗羲原来是安徽知县，因为善于断案而为曾国藩所赏识，将他调入。

第四个方面就是投效。投效的人都感到曾国藩是一个可以共大事的人，能成就一番事业的人，因而主动投奔过来，很多下层的知识分子都选择了这条道路。前面提到的张德坚就是听说曾国藩可以共事，所以立刻投效而来。

李元度也是如此。

李元度是湖南平江人，字次青，举人出身。少年时慷慨任侠，勤奋向学。曾任黔阳县教谕。道光末年，他随奉天学政张之万来到了清朝的"龙兴之地"沈阳。咸丰二年，各地开始办团练，曾国藩刚得到在籍办团练的旨令后，李元度便托名罗江布衣，上书曾国藩，大谈兵略战守。曾国藩展读后大加赞赏，立即要见这位上书人。可是，人海茫茫，"罗江布衣"究竟在哪儿呢？最后，曾国藩几经周折，终于找到了李元度，并称赞道："非君之才，何以能写这样的文章！"召见时更知李元度博通文史，脑中有物，非寻常辈可比，遂"引与规划军事"。可是李元度还颇为犹豫。曾国藩多次去信李元度，请他"临危受命，同为东征之役"。

次年年初，曾国藩在衡州加紧训练湘军水师，准备出兵东征之时，又复书李元度，恳邀来衡筹商一切："即不能从我东下，亦聊可临歧相送，惠我至言，无任翘企。"起初，李元度对是否归附曾国藩犹豫不决，曾国藩深感"此必鄙人平日立身无似，无以取信于君子，故相弃如遗乎"？经曾国藩诚心相邀，李元度终于带所部兵勇火速赶到衡州，从此进入曾国藩幕府，成为曾国藩身边一位重要的谋士。

再如无锡人薛福成。同治四年，薛福成听说曾国藩在北上"剿捻"的途中张榜"招贤"，感到这是一个进身的机会，便赶写了一篇万言书，在曾国藩坐船行至宝应时呈了上去。曾国藩看过"故友"薛湘的儿子薛福成的上书，发现他见识不凡，特邀他到自己手下做事。薛福成便加入曾国藩的幕府。

曾国藩为求取人才，用尽各种办法，同时又特别尊重人的个性。

郭昆焘当时是湖南知名大儒，一个诸葛亮式的智多星，很多封疆大吏都想把他网罗到自己麾下，但是郭昆焘这个人开价很高，一般的人他也不屈就。郭昆焘还有一个嗜好或者说是生活习惯，就是跟妻子的关系特别融洽，可以说是"形影不离，朝夕相伴"，一天也分不开。可是湘军每天都在打仕，不时被太平军打得东奔西跑。曾国藩既然认定要把这个湘中名儒网罗来，便用非常诙谐的语言写了一封信。信中说：公（郭昆焘）是麋鹿之性，不堪束缚，请屈尊暂时到我这个地方，奉商一切军政大事。后面曾国藩还加了关键的一句话，请你一定携仙眷，一定把你的夫人一起带过来（曾国藩明白，如果让郭昆焘离开妻子，他就不会在这里长久）。我这儿现在已经"扫榻以俟"，把床都给你安排好了，你快来吧。

郭昆焘见曾国藩如此盛情，很难推却，便到了曾国藩那里，当然这次他没有带夫人。曾国藩一想没带夫人，那是不想久留，所以给他写了一封信。信上说：

> 燕雁有待飞之候，鸳鸯无独宿之时。鸳鸯每天肯定是在一起生活的，朝夕相处，不能一个人独处。你还是回去吧。

郭昆焘收到信之后，便来到曾国藩这里做了兼职幕僚。曾国藩手下幕僚众多，但是很少有做兼职的。郭昆焘是个特例，当时既在湖南巡抚那里打工，又在曾国藩手下任职。

2. 以天下为笼，雀无所逃

猎取人才只是一方面，更重要的还是鉴别人才。察其真伪，鉴别贤否。曾国藩经常说："求人之道，须如白圭之治生，如鹰隼之击物，不得不休。"白圭是战国时人，弃政从商，是中国商业经营理论的鼻祖，司马迁称他为"天下言治生祖"，欣赏他对经商时机的把握和果断决策，"趁时若猛兽鸷鸟之发"这句话，就是赞扬白圭理财决策雷厉风行。白圭把经商的理论，概括为四个字：智、勇、仁、强。他说，经商发财致富，就要像伊尹、吕尚那样筹划谋略，像孙子、吴起那样用兵打仗，像商鞅推行法令那样果断。如果智不能权变，勇不足以决断，仁不善于取舍，强不会守业，就无资格去谈论经商之术了。宋景德四年，真宗封其为"商圣"。曾国藩主张求才要像白圭经营生产一样，一旦看准，就要像鹰隼猎取食物一样迅速，有不达目的不罢休的决心。

曾国藩还提出，求才"又如蚨之有母，雉之有媒，以类相求，以气相引，庶几得一而可得其余"。蚨，即青蚨，传说中的一种小虫子。据晋干宝《搜神记》等书记载：青蚨产卵必须附着花草的叶子，大小像蚕蛾的卵。如果把它的卵取过来，母青蚨就一定会飞过来，不管离得多远。即便偷偷取走它的卵，母青蚨也一定知道藏卵的地方。传说用母青蚨的血涂在八十一文铜钱上，用子青蚨的血涂在另外八十一文铜钱上，每次去买东西，有时先用母钱，有时先用子钱，用掉的钱都会再飞回来，这样循环往复，钱就永远都用不完了。

"雉之有媒"，是说猎人驯养的家雉能招致野雉。曾国藩以青蚨子母相依不离、家雉能招致野雉，比喻在求才时须注重人才互相吸引，使之结伴而来，接踵而至，收得一而可及其余之效。

曾国藩善于总结，还虚心体察自己在用人上的缺失。当他发现自己不如胡林翼对人才更有吸引力时，立即给胡林翼写信，说："台端如高山大泽，鱼龙宝藏荟萃其中，不觉令人生妒也。"又说，"庄子云：'以天下为之笼，则雀无所逃。'阁下以一省为笼，又网罗邻封贤俊，尚有乏才之叹。鄙人仅以营盘为笼，则雀且远引高翔矣。"表示向胡林翼学习。

曾国藩招徕人才，也有的是在"重赏之下"。赵烈文就是其中之一。赵是江苏阳湖人，字惠甫，又字能静。出身于官宦家庭，其父赵仁基，官至湖北按察使。赵烈文少年时代三应乡试不中，于是绝意仕途，一心钻研学问，博览群书，留心时事。与同乡也即其四妹夫周腾虎及刘翰清讲求经世之学，以有才名闻乡里。咸丰五年年底，曾国藩坐困南昌，周腾虎极力向曾推荐赵烈文。曾国藩立即下聘金百两，修书一封请赵。赵烈文欣然上路，当年十二月到了南康大营。六年正月，曾国藩命其参观驻扎樟树镇的湘军水陆各营。赵烈文说："陆军营制甚懈，军气已老，恐不足恃。"曾国藩闻听后颇不高兴，赵也不便再深说下去，似乎感到曾国藩并非虚心纳谏之人，遂以母亲有病为理由，向曾国藩告假。过了几天，正当赵烈文将行之际，传来周凤山部湘军在樟树打败仗的消息，正赶上赵烈文辞行，曾国藩一定要他说出如何看出周军不可恃，赵只以不幸言中搪塞过去。

赵烈文不想把自己的命运交给前途未卜的曾国藩，遂于正月离营。曾国藩只好嘱咐他家中无事，望早来相会。咸丰十年，太平军席卷苏、常，赵烈文无处安身，全家逃往上海。此时的曾国藩已任两江总督，授钦差大臣，实权在握了。第二年七月，赵烈文因受好友金安清之托，为求曾国藩就盐政之事上一奏折，来到东流大营，随即留在幕中。在此前后，籍隶常州的周腾虎、刘翰清、方骏谟、华蘅芳、徐寿五人也赴安庆大营委用。

曾国藩在《人过闻见日记》中把人才分为三类。第一是"闻可"，多是指在曾国藩这里任职的人推荐或称赞的人，包括他人写信告诉者、面交条子所开、当面所称等。大多记载这个人才是什么样子，可以胜任哪一类工作。第二是"见可"，就是不但听人讲过，还经过他的面试和考察，认为这个人是可以用的。第三是"闻否"，就是听别人说这个人不能用，然后把他打入另册。对别人表扬的人才，曾国藩要经过自己的面试、考察，甚至经过一段时间试用，之后才确定是否正式任用此人。

曾国藩特别重视人才的特点、特长、喜好等。如记多隆阿为"善将，不喜儒士"，记彭玉麟"精于水师，无他嗜好"，记骆秉章"大才，能用人"，记冯子材"与士卒同甘苦"，记华蘅芳"能造火轮船"，记冯桂芬"博雅有守"，记陈国瑞"善战"等。有人做过统计，曾国藩日记中的人名有三千三百多人。

而打入另册的名目也是各种各样，比如说这个人"庸而无用"，曾国藩就会把这个人放到"闻否"一栏。这就意味着即使将来这个人来到自己麾下也不能任用。其他"贪而无耻""刻薄害民""好嫖、贪残巧诈"都是要上黑名单的。

当然不光有黑名单，还有红名单，如果听到别人表彰了这个人，曾国藩经过一番面试、考察，确定这个人是一个好人才，这个被称为"见可"。此类标记的人后来一般都是鼎鼎有名的人物。

曾国藩晚年的时候给恭亲王奕䜣写信，以及私下跟赵烈文谈话的时候说，将来真正侵害中国的不是其他的国家，一个是俄国，一个是日本。但是赵烈文不同意这个看法，他说日本人恐怕就是强盗的伎俩，像明朝的倭寇之患。给奕䜣的信中，曾国藩还推荐说，朝廷将来可以担当统帅平定外国侵略的，第一人就是多隆阿。

曾国藩在私人日记里，记载多隆阿有六个字，如果比较《清史稿》的多隆阿传，可以说是相当准确而又概括。说他"善将"，是一个好统帅，一丝不苟，而且既不贪，又不怕死。但是它后面有四个字："不喜儒士"，不喜欢和这些有知识的人打交道。

多隆阿和鲍超是湘军两员虎将，当时以"多、鲍"并称。胡林翼对两人都很爱护，不过后来胡林翼作了一个决定，让鲍超归多隆阿来管。对此曾国藩有不同意见，他与胡林翼讨论来讨论去，胡林翼还是坚持自己的意见。胡林翼去世后，曾国藩对多隆阿有些看法，多隆阿也有觉察，但他本性就是这样：不愿意和知识分子、知识型官员打交道。后来在西北战场，多隆阿很早就死去了。

还有冯子材，曾国藩评价他最大的优点是"与士卒同甘苦"。他记下来每个人才的优点和缺点，不是平淡的流水账一样的记述，因为这样的记载可以说是没有什么用的。比如评价冯桂芬这个人，非常有才，"博雅有守"。"有守"就是操守很好，"博雅"是说这个人知识非常广博。

在网罗人才方面，曾国藩提出撒天下的大网，他还引用庄子的一句话，"以天下为笼，雀无可逃"。就是要把天下作为自己网络人才的范围，不要局限于自己两江总督管辖范围这样一个人才圈，一个营盘。曾国藩还提出"楚材晋用"，就是说，有的地方的人才可能在那个地方很不适合，但是到这个地方又非常适合。他有一个形象的比喻：这就像商人无利不起早一样，就要像白圭做生意一样，像凶猛的雄鹰捕捉猎物那样，不达目的不罢休。因此，一旦有人才进入曾国藩的视线当中，又是经过闻可、见可，那他一定把这个人招来。

曾国藩网罗人才的精髓可以用八个字来概括，就是"以类相求，以气相引"。俗话说"物以类聚，人以群分"，同类的人更容易进入彼此的"气场"，所以曾国藩找科技界的人才容闳时就说过，一定不能让武官同他谈话，因而他找数学家李善兰写信，这样更容易获得容闳的信任。

还有"以气相引"，气就要靠道德操守的修为。怎么找到道德修养好的人，这就叫"以气相求"，两者相互影响。

早年的时候，曾国藩的场子并不是很大，因为他一直没有封疆大吏的权力，因此也不能提拔人。所以每次向清朝奏请的时候，说提拔这个人、提拔那个人，清朝只是给名义上的一种提拔。这样，最初湘军开始创立时，招人成了一个大问题。

此时，曾国藩首先想到了老同学郭嵩焘、刘蓉。三人在岳麓书院读书的时候结成了密友，成为一生的"铁三角"。郭嵩焘是诸葛亮式的人物，摇羽毛扇，出谋划策是其所长。刘蓉更被曾国藩称为"卧龙"。在道光、咸丰年间，湖南士子中还有"三亮"，即三个诸葛亮的说法，即老亮罗泽南、今亮左宗棠、小亮就是刘蓉。曾国藩开始组建湘军班底的时候，没有多少人愿意跟随他，因为打仗这种事情是掉脑袋的。这时候，他把刘蓉和郭嵩焘拉了进来。

刘蓉是湘乡人，字孟容，号霞轩，少年自负，不肯随时俯仰，年三十余还未中秀才。县令朱孙诒惊叹其才，秘密让他的父亲督促就试，赴县试，举为首名，始补生员。道光十四年，曾国藩初次相识刘蓉，相语大悦。随即与郭嵩焘、刘蓉三人拜帖称兄道弟，以后曾国藩又多次拜访这位乡贤，十分友善。道光十九年，刘蓉闲居在家，曾国藩从京会试归里时，曾专程到乐善里去看望他，勉励他攻读史书，勤奋写作。曾国藩作《怀刘蓉》诗，诗中云：

> 我思竟何属，四海一刘蓉。
>
> 具眼规皇古，低头拜老农。
>
> 乾坤皆在壁，霜雪必蟠胸。
>
> 他日余能访，千山捉卧龙。

怀念之情，跃然纸上。组建湘军，最缺的是人才，曾国藩便用软磨硬泡的办法，拿出他一贯的诙谐对刘蓉说："吾不愿闻弟谈宿腐之义理，不愿听弟论肤泛之军政，但愿朝挹容晖，暮亲臭味，吾心自适，吾魂自安。筠仙（郭嵩焘）深藏樟木洞，亦当强之一行。天下纷纷，鸟乱于上，鱼乱于下，而筠独得容其晏然乎？"当时刘蓉已在湘乡与罗泽南等人练湘勇，并很有成效，只有郭嵩焘冷眼旁观，因而曾国藩说不能让郭一个人置身事外。刘蓉随即来到曾国藩这里，郭嵩焘也随后来到。昔日布衣之交的三兄弟，今日又走到一起，曾国藩十分兴奋。郭、刘二人与曾国藩相约——服劳不辞，只是有三点要求：

> 不任仕宦，
>
> 不专任事，
>
> 不求保举。

这"三不主义"被打破，乃是后来之事，当时曾国藩一口答应，并请郭、刘出谋划策。他还对管理银钱的人说："郭、刘二君，是吾兄弟，不与众同。薪水唯所支用，不限数也。"郭嵩焘亲自到益阳、宁乡等地游说，募得十多万两银子，成为曾国藩办团练的第一桶金，可是，郭、刘二人在曾国藩大营数年，却没支一钱，这使曾国藩深感不安。

在挽留刘蓉时，最可见曾国藩的用心。刘蓉因回家葬母，不愿回来。曾国藩用尽办法挽留他，并说只有郭嵩焘来了才放他走。咸丰五年三月，郭嵩焘从湖南来到南昌大营，刘蓉请曾国藩兑现他的承诺，当天就要走。曾国藩实在找不出理由，提出以诗相留。刘蓉提出一个标准，说诗作得好就不走了，而佳诗的标准竟是"使我读之即笑"方可。曾国藩"亟意做诡趣语"，写成长诗一首，名叫《会合诗一首赠刘孟容》。其中最后一段是：

> 困穷念本根，风雨思君子。
>
> 艰难复相逢，得非天所祉。
>
> 回首廿年前，志亢声亦侈。
>
> 忧患阅千变，返听观无始。
>
> 老夫苦多须，须多老可鄙。
>
> 二子苦无髭，无髭亦可耻。
>
> 自乏谐俗韵，不关年与齿。
>
> 贞松无春竞，岁晏行可俟。
>
> 作诗志会合，亦用砭瘝否。

刘蓉"读之不觉失笑"，因此只好继续留下来。自此刘蓉随幕其中，下笔如流，曾国藩很是依赖。曾国藩困顿南昌时，罗泽南上书先攻武昌，刘蓉率左军，收复崇阳、通城。曾国藩因此上奏朝廷，想举荐刘蓉，但因有"不求保举"之话在先，曾先将奏疏让刘看，并说："此亦古人之常。"刘蓉却说："萧朱、王贡以转相之汲引为贤，盖汉人袭战国余习，非相交以道也。

士各有志，何以强为？"曾国藩不得已作罢。郭、刘两人出来做官，是几年后的事。

曾国藩求贤若渴，因求取人才也有受骗的例子。

他平时特别强调，人有没有条理，能不能打动人。在两江总督署时，有一个人来投效，说他愿意在曾手下工作，希望给他安排一个差事。曾国藩说，那你讲一讲用人方面最大的弊端是什么。

这个人说，用人方面最大的弊端就是应该避免欺弊，被别人欺骗。曾国藩说有道理，鼓励他说下去。这个人于是跟他讲了"四种欺"：

第一种是像曾国藩您这样至诚盛德的人，即使想欺骗你，别人也不忍心。这就是不忍欺。

第二种人，像左宗棠那样刚正严厉的人，别人即便想欺骗，也不敢欺。这就是不敢欺。

第三种人，像有的封疆大吏，位置很高，别人不欺骗他，但他还怀疑别人欺骗他。

第四种，自己被别人欺骗了，还感觉不到自己被别人欺骗。

曾国藩很感兴趣，说这"四种欺"很有意思，这样吧，你能不能明天开始到我手下各个大营去看一看，看看我手下这些人当中哪些人真正是人才。

这个人领命而去，过了几天回来了。曾国藩问：你发现我们这里有人才吗？他回答说，你这里人才非常多，但是有两个人真正是人才。曾国藩问：哪两个人是你所说的人才？他说：一个人叫涂宗瀛，还有一个叫郭柏荫，这两个人是人才。

这两人在曾国藩自己的人才名册中也是被列为提拔的人，一听到这里，曾国藩感觉此人真是了不得，有鉴识人才的本领，便想提拔他。只是一时没有更合适的位置，所以就先安排他在制造局当差。没想到过了几天，这个人带着两千两银子跑掉了。手下的人听说后，向大帅建议赶快追，曾国藩说不要追了。大家觉得曾国藩这次被别人欺骗了，曾国藩自己捋捋胡须，一再说

"好一个不忍欺，不忍欺"。他这样说，别人都笑了。

曾国藩总结说：人才凭借求才者的智识而生，也由用才者的分量而出。用人如同用马，得到了千里马而不认识，认识了又不能很好地驾驭使用，那样的话，用人者反倒乐得骑乘驯服、稳当的劣马，反过来指斥千里马的高大、俊伟。

胡林翼说，人才随取才者之分量而生，亦视用才者之轻重而至。

曾国藩做两江总督后，管辖江苏、江西、安徽三个省，朝廷所有的大政方针都要咨询他，场面非常大。曾国藩提拔的人才更多了，主要人才大多是在这个时期提拔起来的。

曾国藩提拔人才主要有四个特点：

一是数量大。曾国藩的人才非常多，封疆大吏这个职位就有几十位，有名有姓、有成就的有几百人。

二是专业性强。曾国藩手下的人才都有专业技能，在各个方面都有专业特长。有的甚至从士兵或者农夫提升到一个很高的位置。

三是求才的心意非常诚。以诚来求才，待之以礼，求人心境有恒，不达目的不罢休。

四是范围非常广。他主张用人五湖四海，不论资格，打破常规。

　　窃谓居高位者，以知人晓事二者为职。知人诚不易学，晓事则可以阅历电勉得之。晓事则无论同己异己，均可徐徐开悟，以冀和衷；不晓事则挟私固谬，秉公亦谬；小人固谬，君子亦谬；乡原固谬，狂狷亦谬。重以不知人，则终古相背而驰，决非和协之道。故恒言皆以分别君子小人为要，而鄙论则谓天下无一成不变之君子，无一成不变之小人。今日能知人能晓事，则为君子；明日不知人不晓事，即为小人。

3. 相人口诀

曾国藩平时留心观察人，并提出著名的"五到"。其中"眼到"特别强调"着意看人"，"手到"提出"于人之优劣，事之轻重，随手笔记，以备遗忘"。

可见曾国藩注意平时与人接触时"相人"，在日常军政生涯中积累了很多经验，有关传闻甚多，并称有《冰鉴》之类。最可信的是，他在同治四年十一月十三日日记中写道：因忆昔年求观人之法，作一口诀。这个口诀就是识人口诀，也可以说是曾国藩对相人术的总结，其中有的内容显然超出了传统相人术的范围，而融入一些新的考察、观察人的方法。中国从唐代始，选拔人才以"身、言、书、判"为标准。"身"，就是人要长得标致，身方端正是最好面相。我们通常说，这个人是国字脸，就能成大器。比如两肩不平，一高一低，就不能担艰巨。曾国藩的日记是这样记载的：

> 邪正看眼鼻，真假看嘴唇。
>
> 功名看气概，富贵看精神。
>
> 主意看指爪，风波看脚筋。
>
> 若要看条理，全在语言中。

第一句是"邪正看眼鼻"。忠、奸是中国人看人当中最主要的两个方面，如果连好人和坏人都不能识别，何谈用人？所以曾国藩把识人口诀中的第一句话定为"邪正看眼鼻"，如果鼻子和眼睛不正，即俗话讲的眼斜鼻歪，在曾国藩看来这个人肯定心术不正。正如看京戏的时候，脸谱一出来就知道这个人是奸臣还是忠臣。相术上讲，七尺之躯不如一尺之头，一尺之头不如一寸之睛。所以，看一个人，除整体外，第一就要看鼻和眼是不是长得正。这也是看人最基本的方面。

《人伦大统赋》说，"欲察神奇，先睹目睛"。眼睛掌贤愚、贵贱、巧拙、勇怯、邪正之宫。孟子说："胸中正则眸子眊矣。"眼睛以长、深为贵，其次是尾部稍微翘起，再次是藏神。因此有"两眼藏神，富贵高名，鱼尾插额，位至相国"。而三角眼通常为人狡诈。再如，瞳仁要如点漆，黑白分明。象眼属于思考理智型，黄眼仁属于长寿型，突目属于性格暴躁，浑浊属于早逝型等。从眼睛观察人的类型，曾国藩记载的例证最多，如"平视无顾"为最佳，"游目为贼眼"，于他人不利，而"痴视伤己"。

鼻子居五岳之中岳，是审判官，位居中央，高高耸立，号称天柱山，上接天庭，下接水沟（人中）。"鼻以准头为主"，两边为"金甲"。

第二句话是"真假看嘴唇"。口为出纳官，不嫌大。口德、口贼是完全截然不同的两极。口以方、广、厚为贵。又有"开欲大而合欲小"。两唇相副好文章。如果上唇盖不住下唇，男必多诈，女必克夫。口像鸟嘴最难交，范蠡辅佐越王勾践成功后决计和他分手，就是看出他长颈鸟嘴，不可共享安乐。史书上记载，汉代老妇人许负，就是凭周亚夫的口，相出他必将饿死：相法说，有横纹深入口内，必然饿死。

第三句是"功名看气概"。一个人有没有功名，曾国藩说要看人的气概。有的人就是一出场就能把所有的人都带动起来，像谈恋爱的时候也有一见钟情，被对方的一种气质所慑服，有一种追随的感觉。咸丰四年年初，贵州黎平知府胡林翼因湖广总督吴文镕奏调，率三百人进入通城途次，得悉吴已战死黄州。曾国藩当时尚不知吴已死，写信称其来，"为甄师（吴文镕）喜，为两湖喜。又接庐州失陷，岷樵（江忠源）殉难之信，为天下忧，为吾党忧"。随即向清廷上密疏，称赞"胡某才胜臣十倍，可大用"。胡遂成为曾的部下。但后来胡最早得到封疆之任，"谨事文正，交欢文恭（官文），推美让功"，"中兴之烈基于此乎！"胡去世后，曾国藩私下与心腹幕僚赵烈文谈话时还说：胡林翼是英雄一类人物。而咸丰十年五月，胡林翼给曾国藩写信说，少荃如论骨法必大阔，才力又宏远，择福将而使之，亦大勋之助也。曾、胡两个人给李相面，都说李鸿章是属大富大贵之相，是一个福将。

第四句是"富贵看精神"。这里的"精神"是精气神的意思。曾国藩说，有的人才即便你着意培养，但因为他不能长享富贵，可能到头来还是竹篮打水一场空。他在私下跟赵烈文谈话时非常惋惜地说，胡林翼是湘军第一苦命人。薛福成也相出胡林翼是苦瓜脸，虽有非凡的英雄气概，却是一种苦相，即精气神不足，所以不能够长久。我们通常讲人活一口气，寿命长的气长，寿命短的气短。这个气就是精气神。而精是有形的东西，气和神是属于无形的东西，但气和神这种无形的东西都要靠精来支撑，不管是男人还是女人，都是如此。精又由肾而出，所以一个人肾衰竭了，人的精没有了，气和神随之而散。康熙晚年有一句名言，说自己为大清帝国殚精竭虑，"心为天下耗其血，神为天下散其形"，是最好的一种表述。所以曾国藩说富贵看精神。

第五句话叫"主意看指爪"。人有没有主意，他说主要看指爪。实际是相手。古书有"四肢象四时，五体象五行"的说法。手以厚、软为贵。手指纤长，其人聪颖，有主意；短而粗者愚鲁。曾国藩说，"手心、手掌心当中纹络清晰而浅者，心定"。这个心定就是主意定，临事不慌乱。"手掌纹络浅而乱者，人心乱、心浮"。

第六句是"风波看脚筋"。我们讲千里之行始于足下。足者，上载一身，下运百体。足代表良马，代表地。足以平、厚、正、长为贵。清朝时每有大的战争发生，要选好马匹，大多会从蒙古、西北这两个地方选。鉴别马匹好和坏的一个标准就是在一个特定的时间段，先到达目的地的就是好马，而没有到达的就被淘汰。人衰老的时候也是从足开始，所以他说"风波看脚筋"。有的人就是无风无浪、无灾无难到三公，位置升得很高；而有的人则是一生坎坎坷坷，才最终有成就。这就属于有风波的那种人。

最后两句是"若要看条理，全在语言中"。这两句不是相人，而是观察人。曾国藩特别重视有条理，并把它作为用人最重要的四个方面之一。他说有无条理，通过语言能够看出来。而语言主要包括两个方面：一是书面语言，包括各种汇报、报告等。在每个人的一生中，可能最离不开的就是写东西。所写的有很多是属于报告之类，报告有没有条理就显得非常重要。曾国藩这里的"语言"主要是指口头语言，他经常讲，古人说的"听言"非常适用，即两个人谈话，能不能切中要害，条理清晰，把对方抓住，就能显示出有没有条理。

其实，曾国藩总结出来的识人察人方法，有的来源于中国儒家经典。《孟子》中载：眸子，人眼睛的瞳孔。胸中正的人，眸子明亮。曾国藩说"黑珠黄者有胆"，就是有胆量；"淡黄深黄数道分明者，胆大而多智慧"。司马迁在《史记》中描写汉高祖为"龙准龙颜"。"龙准龙颜"就是他的鼻头特别大，像龙一样的面目。

曾国藩特别讲究行路的姿势，"行路稳重者贵，轻佻者贱"。所以，他在通信中多次教育他的儿子曾纪泽，走路一定要稳重。所谓人站要有站相，坐要有坐相，除了讲求姿势外，还蕴涵了很多古人养生方面的道理。

4. 独特的面试人才法

史书上有很多关于曾国藩识人察人的记载，包括正史，都说曾国藩有一套独特的秘法。

最典型的例子是江忠源。据《曾国藩年谱》记载：

道光二十四年八月，新宁江忠源以公车举人留在京师，因郭嵩焘求见曾国藩。江素以任侠自喜，不事绳检。曾国藩与语市井琐事，酣笑移时。江出，曾目送之，回顾郭嵩焘曰："京师求如此人才不可得。"既而曰："是人必立功名于天下，然当以节义死。"时承平日久，闻者或骇之。江自是遂师事曾。

而在朱孔彰所著的《中兴将帅别传》中，记载这件事的时间更早，引荐人也变成刘长佑，内容则完全相同。

江忠源早年吃喝嫖赌无所不好，曾国藩当时以理学家自居，对这样的人往往是避而远之。当郭嵩焘把江忠源引荐过来，曾国藩一听是江某人来了，悄声告诉门房说："这个人做事不符礼法，你想个办法把他打发了。"门房是个老实人，实话实说，江忠源急了，大声说了一句话："那些事是有的，难道天下还有拒绝人改过的大臣吗？"

这句话很有分量，意思是说，坊间流传我过去那些荒唐事情都是有的，但是曾大人能够拒绝别人改过吗？曾国藩一听这句话，倒屣走出去，把江忠源迎到房榻内室，两个人畅谈一时。等到江忠源走的时候，曾国藩回过头来跟郭嵩焘说："此人一定会立大功名，但最后会死在沙场上。"郭嵩焘非常不理解，因为现在天下太平，他是一个举人，即使将来出来做官，也是文职官员，怎么能够死在战场上呢？于是不相信。后来江忠源果真死在了战场上。《中兴将帅名录》还记载：曾国藩把自己练兵的计划告诉江忠源，并表示由他来带。江忠源是湖南人中第一个以书生带兵的人，因此也是第一个死在战场上的高官——巡抚。

还有一个典型的事例。李鸿章建立自己的班底，即建立淮军时，对四梁八柱核心团队中谁能够成为他最得力的助手，有些拿不准。当时在安庆，他请老师曾国藩帮他把关。曾国藩说："那好吧，第二天早上，让他们到我办公室外面等候。"于是，李鸿章带了手下张树声、吴长庆、潘鼎新和刘铭传四员大将，让曾国藩给看看，谁将来最有出息。

当时安庆这一带还是很冷的天气，尤其是早上。四位大将一早就来到曾国藩的大帅府，一等就是两个时辰，饥肠辘辘不说，外面瑟瑟的西北风吹得几个人受不了，曾国藩以"耐字决"来考验他们。又过了一个时辰，这时，其中有一个麻脸的年轻人实在耐不住了，说了两句话：

烽火期间如此静候，岂不延误军机？对部下如此怠慢，岂不令人寒心？周公一饭三吐哺，以待天下贤能，而大帅的架子也太大了！见不见应该早一点告诉我们。

这时，曾国藩从室内走出来，对四位说："好吧，今天不见了。"四个人都莫名其妙，面面相觑，而那个麻脸气得拳头攥得紧紧的，口中叨咕不停。过了一会儿，李鸿章来到曾国藩这里，说："老师，我托付您的事情，不知有没有给我办？"曾国藩对李鸿章说："少荃啊，这几位都不错。其中，器瞩非常、声音洪亮的那个麻脸汉子，就是你将来要找的接班人。"李鸿章说："这个人就是在大潜山上喊出大丈夫应生有爵、死有谥，人称刘六麻子的刘铭传。"曾国藩说："四人在外面等待时，其他人都屏息肃立，改容以待，只有那个麻皮不一样。他出言不逊，见我走过，昂然而立，眉宇间有不平之色。此人额广面长，钟声铁面，有雄侠威武之气，胆量和才气在诸人之上。好生栽培吧！"

刘铭传果然成为李鸿章的第一员大将，特别是在平定捻军时，立下汗马功劳，封一等男爵，后来成为台湾第一任巡抚。连战先生的祖父连横著有《台湾通史》，他说台湾历史上真正可以称得上永垂不朽的人中，刘铭传是第一人。

后来，曾国藩北上镇压捻军时，请李鸿章的淮军来支持他，还特别奏调淮军大将刘铭传。刘铭传这个人血气方刚，火气非常大，曾国藩想用合适的方式规劝他。刘铭传的诗集《大潜山房诗钞》完成时，请曾国藩作序。曾国藩觉得这是非常好的机会，于是在序中说，你这个人用兵和写诗一样，都是属于不同凡响，但是你有一点做得不够完美，就是向来藐视敌人之意太多，也就是说，没有经过太多的风浪，心中往往有一种骄矜之气。曾国藩嘱咐他应养成"豪侠而具敛退之气"，即发扬豪侠之气，同时要内敛功夫，遇事冷静沉着，少些锋芒，多点避让，人就完美了。

曾国藩还送给刘铭传一个礼物，是用动物羽毛雕的一把扇子。曾国藩在扇面上题了一首诗。这首诗的大概意思是，要刘铭传向他的前辈舒城（今安徽省庐江县西南）人周瑜学习。周瑜是孙吴的名将，"羽扇纶巾，谈笑间，樯橹灰飞烟灭"，曾国藩希望刘铭传把骄矜之气压一压，要养成一种大将风度。

类似记载非常多，虽有夸张、神化成分，但曾国藩确实在识人方面有独特的本事。《见闻琐录》"曾文正知人"条记载了这样一件事：

曾国藩善知人，预卜终身。任两江总督时，陈兰彬、刘锡鸿颇富文藻，下笔千言，善谈天下事，并负重名。有人推荐到幕府，接见后，曾国藩对人说："刘生满脸不平之气，恐不保令终。陈生沉实一些，官可至三四品，但不会有大作为。"不久，刘锡鸿作为副使，随郭嵩焘出使西洋，两人意见不合，常常闹出笑话。刘写信给清政府，说郭嵩焘带妾出国，与外国人往来密切，"辱国实甚"。郭嵩焘也写信说，刘偷了外国人的手表。当时主政的是李鸿章，自然倾向于同为曾门的郭嵩焘，将刘撤回，以后不再设副使。刘为此十分怨恨，上疏列举李鸿章有十可杀大罪。当时清廷倚重李鸿章办外交，上疏留中不发。刘气愤难平，常常出语不驯，同乡皆敬而远之，设席请客，无一人赴宴，不久忧郁而卒。陈兰彬于同治八年（1869年）经人推荐，进入曾国藩幕府，并出使各国。其为人不肯随俗浮沉，但志端而气不勇，终无大见树。

作者说，观曾国藩预决二人，真如天算一般。然其衡鉴之精，尚不止此。在军命将，说某可为营官；某人可为大帅；某人福薄，当以死难著名；某人福寿，当以功名终。皆一一验证。

曾国藩的幕僚方宗诚在《柏堂师友言行录》卷三记载：

王子怀曾言曾公真有知人之识，咸丰初年，予上振兴人才疏，公见之，即再三称赏，但劝予不要保举徐仲升（徐广缙）制军、周敬修（周天爵）侍郎办兵事，说仲绅前办夷事甚得体，然实无才，留广东使夷人有所敬畏可以，若办兵事，底蕴尽露，岂不可惜！敬修之才，但能办土匪，不能办贼，其后果如其言。

曾国藩的幕僚薛福成在《庸庵笔记》中记载道：

世俗颇传曾文正精相术，于文武员弁来谒者，必审视其福量之厚薄，以定用舍及所任之大小。余谓文正于相术不必精，然接见一人，每于其才之高下，德之浅深，福之厚薄，往往决之而终身不爽，以是负知人之鉴。

这句话颇为客观。而薛福成也有一些识人察人的本领，包括为曾国藩及当时几乎所有湘军高层都有识察：

曾文正公器宇凝重，面如满月，须髯甚伟，殆韩子所云"如高山深林巨谷，龙虎变化不测者"。余所觐当代巨公，无其匹也。知府张澧翰善相人，有癞龙之目，谓公端坐注视，张爪刮须，似癞龙也；唯眉发稍低，故生平劳苦多而逸豫少。

威毅伯沅甫（曾国荃）尚书，体貌颇似文正，而修硕稍逊焉。

合肥傅相肃毅伯李公（李鸿章），长身鹤立，瞻瞩高远，识敏辞爽，胸无城府，人谓其似仙鹤之相。

胡文忠公（胡林翼），精神四溢，威棱慑人，目光闪闪，如岩下电，而面微似皋陶之削瓜。骆文忠公（骆秉章），如乡里老儒，粥粥无能，而外朴内明，能辨贤否。左文襄公（左宗棠），貌亦如老儒，而倜傥好奇，议论风生，适若与骆公相反。

罗忠节公（罗泽南），貌素不扬，目又短视，不善驰马，衡阳彭雪琴尚书（彭玉麟），恂恂儒者，和气蔼然可亲；道州杨厚庵尚书（杨载福），意思深长，貌亦儒雅。鲍武襄公（鲍超），躯干不逾中人，文弱如不胜衣：四公之貌，皆与其行事不同，殆非世俗所能揣测也。

5. 询事考言——识人口诀运用

曾国藩在考察一个人时，主要是从两个方面来考察，即遵循古人的成法：一个是询事，一个是考言。询事是指对事情的看法，有没有独特的见解；考言则指说的话是否符合情理。这些在他的日记中有很多记载。

曾国藩会从多方面了解一个人的背景，包括出身、家庭情况、在哪里参过战、在哪里做过官、现在任什么职务等。

曾国藩在第二次出山后，尤其是任两江总督后，几乎每天都接见下属，包括最基层的文武官员。每次都把他的观察记下来，以备以后验证。因此，他的日记中留下这方面的记载非常多。

咸丰八年九月十五日谈话记录：

何本高：湘阴归义人，兄弟六人，行三。咸丰三年入营。朴实。

陈青云：湘乡五都萧家冲人，兄弟四人，居三。眼圆而动，不甚可靠。语次作呕，眼似邹圣堂。

刘光明：湘潭石潭人，年二十七，父四十六，母殁，有二弟。明白安详。

再如：

丁长胜：前充二旗左哨，本年二月假归。三十五都人。四年，招副五哨入王营。身文而笨，讷于言辞；目不妄动，为可靠。

周惠堂：颧骨好，方口好。面有昏浊气，色浮，不甚可靠。

钟辅朝：目清而不定，明白，滑。

吴兰蕙：面偏神动，目有精光，跳皮。

王春发：口方鼻正，眼有精光，色丰美，有些出息。

唐顺利：目小，有精光，眉粗，笨人。

龚隆贵：二都人。四年二月初十日围在岳州，城破后十五日逃出。在城内杀穿左右颊。十一月复入王营。据称，在湖南与朱洪英战最狠，七年十一月与石达开战最狠。身长视下，有壮气，好说话。父母年六十二三。三年入钟开诚营。

李绳武：湘乡城内人，种田为业。三年入王营。旋至衡州入罗山营，同剿岳州、武汉、田家镇、弋阳、广信，均在事。年四十二岁。充二旗哨长。无英气。无父母，有弟，有二女。尚老成。

他说丁长胜"身文而笨，讷于言辞"，后面又说"目不妄动，为可靠"。就是眼睛坚定，不是转来转去、很机灵、揣摩对方的样子。曾国藩用人最主要的是用质朴的人，即诚实的人。龚隆贵这个人"身长（身材高大）视下（眼睛向下），有壮气，好说话"。李绳武这个人，他的鉴定是没有英气，但是老成。

曾国藩品鉴人才有两个特点：重视品格和性格方面的观察，这类记载最多。

　　文兼武：十二都人，三十岁，其兄亦在王营，拙、直，长工之才。

　　陈品南：老三营湘旗旗长。挺拔，有静气。二十九岁。铜钱湾住。副将衔。

　　喻科癸：平江亲兵百长。年二十四岁，满面堆笑，可爱。矮而精明，略似陈安南。

他说文兼武这个人拙、直，后面写上是"长工之才"，适于做长工；评价陈品南"挺拔，有静气"；说喻科癸"满面堆笑，可爱。矮而精明"。

关于品格的观察：

　　贺国秀：五都人，兄弟六人，行二，有一兄一弟在营。四年三月廿五入王营。静而明白。壮勇百长。作田营生。

　　王胜友：六都人。初入罗信南营，后入萧营。据称，小枪食药一两零，父母俱在。乡间蛮人。

　　成立福：湘潭七都人。父八十，母七十。兄弟七人，二早死，四人在营当勇。年三十七岁。四年，在羊楼峒入营。打义宁后，告假一次。七年六月充前营哨长。初由抬枪班当散勇。朴实壮健，目光渐散。

萧赏谦：平江长寿司。苏官渡入营，贵溪升什长，衢州升哨长。父母皆存，蓝翎把总。兄一，读书，弟一，耕田。耕作为业。武人而有儒雅气，身段稳称，鼻正眉疏，似有用之才。中哨哨长。

二是考察一个人是否可靠，能够做哪方面的事情。如他说李楚盛这个人"目有精光数道，种田为业"，后面四个字"朴实可用"。评价李祖祥时说"目定"，不是游移那个样子，鼻子挺，坚实可靠。类似这样的记载也很多。

第三章 | 用人的理念和标准

曾国藩认为：人生是非常有限的，即使那些引领时代潮流的风云人物，哪怕他们具有至高无上的地位和权力，但一生所为，也只能办一两件对时代有重大影响、让后人记得住的事。在这样的思考下，他特别强调"成大事者，以多找助手为第一要义"。也就是说，要想成就一番大事业，必须要找那些能帮助、辅佐你的人。

关于人才的重要性，曾国藩经典的一句话是："成大事者，以多得助手为第一要义。"俗话讲，一个好汉三个帮，一个篱笆三个桩。一个人能力再强，也不能包打天下、独打天下。近代以来，社会竞争更具有对抗性，人才出现了两个重要变化：一是地域性，二是集团性。一个组织，一个集团，一个地域，或者一个大的企业，必须有一两个出类拔萃的全国性人物，才能将这个组织带出更多的人来。

他还告诉人们：人才访求到以后，就要加以任用，重要的是人尽其才。即使是优秀的人才，如果用得不当，还不如庸俗的一般人。栋梁可以支撑大厦，但不能用来堵窟窿；价值千金的剑，用来劈柴火还不如用斧头。用人如果当其时、当其事，一般的人才就会产生奇特的效果；用人不当，则最终没有成就。因此，世上不怕没有人才，只怕使用人才的人不能器重而又使用不当。

曾国藩还有这样一种认识：人生是非常有限的，即使那些引领时代潮流的风云人物，哪怕他们具有至高无上的地位和权力，但一生所为，也只能办一两件对时代有重大影响、让后人记得住的事。在这样的思考下，他特别强调"成大事者，以多找助手为第一要义"。也就是说，要想成就一番大事业，必须要找那些能帮助、辅佐你的人。这句堪称经典的话是跟他的弟弟曾国荃讲的。有一次，他与赵烈文密谈，说他弟弟用人不出家乡十里，怎么能不出问题，怎么打拼天下啊！

1. 自立立人，自达达人

曾国藩的用人理念，最可贵的莫过于"自立立人，自达达人"。

他以一生经历，在给儿子写的遗嘱中，留下了这样一段话：

> 孔门教人，莫大于求仁，而其最切者，莫要于"欲立立人，
> 欲达达人"数语。立者，自立不惧，如富人百物有余，不假外
> 求。达者，四达不悖，如贵人登高一呼，群山四应。人孰不欲己
> 立、己达，若能推以立人、达人，则与物同春矣。

这里引用的是《论语·雍也》，孔子解说何者为仁：己欲立而立人，己
欲达而达人。能近取譬，可谓仁之方也。这也是曾国藩能够聚拢天下人才，
取得成功的关键所在。自立立人，自达达人，是儒家的重要思想。

咸丰九年五月初八，曾国藩与九弟一起谈话，特别讲到"自立立人、自
达达人"的思想，并把它上升到"四知"中。他在当天的日记里写道：

> 四知之目，即《论语》末章之"知命、知礼、知言"，而吾
> 更加以"知仁"。仁者恕也，己欲立而立人，己欲达而进人，恕
> 道也。立者足以自立也，达者四达不悖，远近信之，人心归之。
> 《诗》云："自西自东，自南自北，无思不服。"《礼》云：
> "推而放诸四海而准，达之谓也。"我欲足以自立，则不可使人
> 无以自立；我欲四达不悖，则不可使人一步不行，此立人达人之
> 义也。孔子所云"己所不欲，勿施诸人"，孟子所云"取人为
> 善，与人为善"，皆恕也、仁也。知此，则识大、量大，不知此
> 则识小、量小。故吾于三知之外，更加"知仁"，愿与沅弟共勉

之。沅弟亦深领此言，谓欲培植家运，须从此七者致力也。

看来，他不但自己努力践行儒家的"立人达人"之"仁道"，而且嘱咐他最亲近的人也要这样做。他还指出，家运旺盛也离不开这一纲领。对此，曾国藩的幕僚说：在军营里，每每听到曾国藩谈到收复安庆的事，他总是归功于胡林翼的筹谋划策，多隆阿的艰苦战斗；谈到后来攻下金陵，则又归功于各位将领，而没有一句话提及自己和他的弟弟曾国荃；谈到僧格林沁进攻捻军的时候，赞扬他能吃苦耐劳，说自己比不上他的十分之一二；谈到李鸿章、左宗棠时，称他们是一代名流，不是说自愧不如，就是说谋略莫及，这从他的奏折和信函中都能看出来。

立人达人的效果如何呢？

有人依据《辞海》进行过统计，自曾国藩组建湘军开始，湖南占据半部中国近代史。近代政治人物中，湖南籍占44人，居全国之首；其次是浙江，22人。现代政治人物中，湖南63人；第二位是广东，44人；第三位是四川，40人。

从曾国藩这里出来的人才，湘军系统仅幕僚出身就有大学士2人：李鸿章、左宗棠；军机大臣2人：左宗棠、钱应溥；封疆大吏和部院堂官23人：丁日昌、刘蓉、刘瑞芬、许振祎、沈葆桢、李兴锐、李明墀、李宗羲、李瀚章、何璟、庞际云、陈士杰、陈兰彬、陈宝箴、恽世临、倪文蔚、涂宗瀛、钱鼎铭、郭柏荫、郭嵩焘、梅启照、黄赞汤、勒方锜；布政使、按察使、盐运使26人；提督、总兵各2人；著名科学家、教育家、文学家、学者13人。最盛的同治初年，其人才占据半壁江山。8个总督中，有5个是从曾国藩那里走出来；14个巡抚中，有8个出于湘军阵营。副省级的职位有53位之多，省以下的更是无法统计。

曾国藩特别强调，一个人单独发达，就像一棵树长得很高大但是没有枝，没有叶，很多人就不会在你下面，受到你的荫庇。风吹日晒、阴天下雨的时候，大家也不会在这棵没有枝干、没有繁茂树叶的树下面，他们会跑到另外的地方去。所以，他用人强调择将分支，让他们各展宏图，不能像母鸡似的，一直不把小鸡仔放出去。

除了用人理念之外，曾国藩非常重视"三缘"：地缘、血缘、业缘。

有一个资料统计，曾国藩湘军的主要将领有182人，其中籍贯可以考证的共计156人。在这156人当中，湖南人就有130人，可以说，整个湘军当中有83%来自湖南。曾国藩的军队之所以叫湘军，就是因为这些将帅大多是湖南人。特别有意思的是，在所有的将帅当中，来自于曾国藩家乡——湖南湘乡的人就有56人，又占到了湖南将领人数的一半以上。这表明曾国藩一开始就特别重视地域，也就是说"地缘"。

"业缘"一般来讲就是大家从事的都是这个职业，但在曾国藩这里主要是指，有一个共同的指向和目标，抱着同样的目的来做这件事情。

还有一条就是"血缘"。曾国藩特别重视亲情的关系，所以在他最初组建湘军基干队伍的时候，把郭嵩焘、刘蓉、李元度及更多的人拉到他这里来，做他的幕僚，给他做参谋，后来又结为亲家。这些人中，有不少跟他是儿女亲家，如长子曾纪泽续娶刘蓉女儿为妻，他将女儿嫁给郭嵩焘之子。曾国藩与李鸿章的父亲李文安是同年，而李鸿章又以"年家子"身份拜曾国藩为师，二人之间是真正的师生关系，李家三兄弟——李瀚章、李鸿章、李昭庆同时为曾国藩所用。此外，如庞际云、陈士杰、李榕、钱应溥等人都是他的门生故吏。可以说，在实际用人中，曾国藩巧妙地利用并重视传统社会有深远影响的"地缘""血缘"和"业缘"这"三缘"。

重视"三缘"，但不能以此画地为牢，他的用人本质上还是五湖四海，其中尤以参谋人员即幕僚群表现得最为突出。据统计，幕僚中就籍贯言，89人中，湖南籍21人，占1/4；江苏籍17人，占第二位；安徽籍16人，占第三位；浙江籍10人，占第四位；其余四川、贵州、广东、湖北、江西诸省无不有人入幕。人员分布共达9省。就出身言，上至进士、举人，下至诸生、布衣，等级不一，均为座上客。

2. 人才分三等　用人三步骤

曾国藩首先依人的才能高低，把人才分为三等。第一等人才，几十年才会一遇，很少有，因此是可遇而不可求。这种人才属于那种受之于先天，成之于后来，集几代积累于一身。人的资质，后天能够完成一部分或大部分，但是不能够完全达到。在他的"运气口袋"说法中，更多的是属于第二等人才、第三等人才。他说，这两种人才是可以找到而储存起来的，经过一段时间磨炼，能够达到第一等人才。他强调才干从历练而出，也就是说，凡是真正有才能的人，都要经过磨砺、磨炼、磨难，经受得住各种考验，才能最终脱颖而出。

他还以人的资质来划分，将人才分为两种：一种是得之于天授者，一种是得之于人事者。前者是自然型，类似生而知之，先天禀赋好，后者是靠历练而成长。他说，自己属于后者。从人才类型来分，他又分为两类：一类是实用型人才；另一类是很有名望，兼有一定智谋的人才。

又据湘潭大学梁贵超《曾国藩人才思想研究》（《曾国藩研究》第二辑），曾国藩属下有10类人才：

1.清节家：德行厚重，仪容端庄，未用时已引人注目，未显达时人乐于举荐。

2.法家：以制度为本，先苦后甜，成功后显效果。

3.术家：聪明多思，深藏不露，计谋成功后显现才华，达于精妙。

4.栋梁才：德足以整肃社会风气，法足以匡正天下，术足以定国策。

5.大臣与地方之才：三才不纯备，德为一方表率，法可治一方，权术足以处理一地之事。

6.智意之士：善于揣度，治道以顺为尚，未发达时易为人容纳，已成功时为宠爱者所推许。

7.臧否之才：褒贬善恶，明辨是非，未成功时为人所识，显达后为人称道。

8.伎俩之才：有专门知识，能以事功显，未成功时为人惊异，已成功后被委以重任。

9.文儒之才：文章写得好，可以传道授业，口才舌辩。

10.饶雄之才：胆力卓绝，才略过人。

曾国藩对人才划分的标准和特点的概括，显然参考了明代大儒吕坤的三分法。即第一等人才"深沉厚重，魅力十足"，第二等人才"不拘细节，磊落豪雄"，第三等人才"聪明绝顶，辩才无碍"。通过具体而重要的事情，可以看出是哪一等人才。即：碰到大事、难事时，看他的担当；遇到逆境、顺境，看他的胸襟；临喜、临怒的时候，看他的涵养；群行、群止的时候，看他的见识。

他还提出，当一个人有所成就的时候，即使台面狭小，也会出现几个人才同时应运而生的情况。在得到几个人才之后，人才的性情又各有不同，兴趣、志向又有远近之分，才识都准备好了，又需要济之以福泽。

在曾国藩的班底里，真正有才华、有才能的人，曾国藩认为李鸿章算一个。但李鸿章的弱点是缺乏磨炼，耐力不足。因而在曾国藩的眼里，李鸿章虽然开始不是第一流人才，但经过磨炼，是能够达到第一流人才的。他在评价李鸿章兄弟时说：李小荃（瀚章）血性不如他的弟弟李鸿章，但做事沉稳要超过李鸿章。李鸿章接替他剿捻后，曾国藩指出李鸿章缺乏耐力，因此在人际关系上往往吃亏。他还看出，新上任的山东巡抚丁宝桢可能会不买李鸿章的账，为此写信嘱咐李要处处忍让。当时李鸿章想把捻军聚拢到胶莱河以东，一举歼灭，但捻军很快识破了李鸿章的用意，率军突破防守最薄弱的东军王心安部防区。而王心安又是两个月前东捻军突破戴庙运河防线冲到胶东的肇事人。消息传来，李鸿章十分恼怒，上奏要将王心安"军前正法"，并连带责怪王的上司丁宝桢"予智自雄，慢师轻敌"。丁宝桢也不甘示弱，向清廷上奏声明失事的海滩地段应该有巡防的鼎军（李鸿章部下潘鼎新的军队）骑兵负责，王心安纵有过失，罪不致死。双方一时打起笔墨官司，清廷只好各打五十大板，李鸿章、潘鼎新交部议处，丁宝桢摘去顶戴、革职留任，王心安免于一死，戴罪留营效力。

据方宗诚的观察，曾国藩在正式任用人才前，总要经过测试、考察。一般的做法是，每当有人才来投效，他先给少量薪资让对方安定下来，然后亲自接见，一一观察。有胆气血性的领兵打仗，胆小谨慎的筹办粮饷，文学悠长的办理文案，讲求性理的采访忠义，学问渊博的校勘书籍。

曾国藩用人有三个步骤，第一个步骤是在身边带。像营务处、秘书处的人，他每天与他们谈话，历练他们，以及自己言传身教。经过一段历练后，就到第二个阶段——到地方领军，任分统，或任中层或下层。从这时开始，如果经受住了考验，有实实在在的政绩，就能够进入第三个阶段——正式任命一个更高的层面，独当一面。

李榕就是曾国藩家信中经常提及的李申夫。他是四川人，道光二十三年中举时，曾国藩是四川乡试考官，因而也可以说有师生之谊。后来考中进士，在礼部任职。1859年，曾国藩将他奏调来，办理营务处。他与李榕谈话很多，也很器重李。历练一段时间后，准备派他出外独领一军。不久听到李犯了文人自矜的毛病，于是写信嘱咐说：

外间或言阁下好笼罩人，己所不知者，以言惝人使言之，入言未毕，则又以己意承接而引申之，好以聪明绌人，而不以至诚待人，云云。国藩久闻此语，未便遽进箴规，今既受统领重任，务祈绌己之聪明，贬己之智术，凡军中大小事件，殷殷请教于朱云崖，处处出于至诚，则人皆感悦而告之以善矣。鄙浅之见，伏希采纳。

3. 一般标准有四

曾国藩用人不崇尚深奥，而专取平实。他任两江总督后，掌握三省（实际是四省）的人事大权，而人事又关系到江南四省的吏治民生，因此他用较长时间，通过比较和探索，找出一条特有的"曾氏"用人法。

咸丰十年的一天，下面报来一份材料，说湘乡人文辅卿表现很好，在筹措资金方面很有创意。曾国藩批示说：用人就是要用没有官气而有条理的人。如果他照这两句话去做，将来即使做了封疆大吏也不可更改。如果有像文辅卿这样的人才，希望你们多推荐几个就更好了。

咸丰十年七月，他给在江西主持理财的李桓和李瀚章写信，谈及四项标准：

国藩于江西绅士熟识无多，闻见亦不甚广。即于湖南绅士，亦不似润帅（胡林翼）之博采广询，左右逢源。仍求阁下就近悉心搜罗，或函商意诚（郭昆焘，当时在湖南主持厘金事务），于湖南厘卡最得力之员，借用一二人，将来即可保作江西之官。如尚未在厘局当差者，亦可仿湖北之例，楚材晋用，但当礼罗江西贤绅，兼进并收，不宜过示偏重，使豫章（江西）才俊，有向隅之感。其自湘来者，先给薪水，优加礼貌，不必遽授以事。收之欲其广，用之欲其慎。大约有操守而无官气，多条理而少大言，本此四者以衡人，则于抽厘之道，思过半矣。务求及时罗致，鄙人亦当帮同采访。

这里提出的四条还仅限于理财人员，后来将它发展到适用于文职官员，并向各处推广。他仍然给二李写信说：

> 前寄一函，道及求人之法，须有操守而无官气，多条理而少大言。日来以此广告各处，求荐才以辅我不逮，尚无应者。两君物色得人否？大抵人才约有两种：一种官气较多，一种乡气较多，官气多者好讲资格，好问样子，办事无惊世骇俗之象，语言无此妨彼碍之弊。其失也，奄奄无气，凡遇一事，但凭书办、家人之口说出，凭文书写出，不能身到、心到、口到、眼到，尤不能苦下身段去事上体察一番。乡气多者好逞才能，好出新样，行事则知己不知人，语言则顾前不顾后，其失也一事未成，物议先腾。两者之失，厥咎维均。人非大贤，亦断难出此两失之外。吾欲以"劳苦忍辱"四字教人，故且戒官气而姑用乡气之人，必取遇事体察、身到、心到、口到、眼到者。赵广汉好用新进少年，刘晏好用士人理财，窃愿师之。请两君仿此格式，各荐两三人。

这里提到的"赵广汉好用新进少年，刘晏好用士人理财"，前者取其没有圆滑习气，敢作敢为，没有框框，勇于探索，锐意进取；后者取士人的自尊心强，不至于做出出格之事，尤其是廉洁，对每天与钱财打交道的人，更为重要。后来，他还特别提出：

> 道府大员少用为好，如厘卡用秀才，营务用末弁，也有好
> 处，盖职卑则感激易生，新近则习气尚浅，故号令易行，江西厘
> 卡多用官员，少用寒士，远不如两湖之旺，就是明证。

下面详细解释一下这四点的意思。

第一是有操守。过去有一句话说："文官不要钱，武官不怕死，天下得
太平。"还有一句话："国乱思良将，家贫思贤妻。"这两句话所讲的道理
都是一样的，即品质的重要。操守是一个人为人，特别是做官员、做领导的
一条底线，是一条永远不可逾越的红线。中国从很早的时候，至少从三国时
期，就形成了约束官员的三条标准，也就是"清""慎""勤"这三个字。
所以，曾国藩把文官的第一条标准定位为"有操守"。

操守含有两层意思，一是要"清廉"，为官不清廉，老百姓怎么能服
气？二是有节操、有节气，有一种临事不惧、临难不苟的胸怀和修养。他
说，下属获得上司偶然青睐，但操守有问题，还是不能持久，手下的人也不
会真心佩服你。即使你的权势可以压他一级，但他心中不会服你，所以曾国
藩特别强调，做领导要有操守。

第二是没有官气。曾国藩提出：一个人无论发展到什么程度，如果官
气很重，这个人的发展就已经受到局限，不会再有大的发展了。所有的讲话
都是由秘书写出，讲官话，说官气，这种人绝不能用。"官气"也就是今天
所讲的"打官腔、说官话"，做事情总是瞻首顾尾，首先考虑自己的乌纱
帽。他说，官气就是"圆滑取巧、心窍太多、敷衍塞责、不能负巨艰、担大
难"。艰难的事情来了，经受考验的时候到了，但是你经受不住这样的考
验，这样的人怎么能够担当大任呢？

湘军招募的原则也非常奇特，城里的市井油滑之人一个也不招，招募

的都是山里的农夫。原来的绿营兵、八旗兵曾国藩也不招，他担心绿营习气或八旗习气侵染到整个队伍，怕一条鱼腥了一锅汤，怕湘军得"传染病"。面试时，一看招来的人是农夫，不善语言，很木讷，甚至还有些呆，曾国藩就会表示满意。而油腔滑调、多言善变的人，曾国藩通常是不要的。他讨厌官气，常说宁肯乡气重一点，不要官气重一点。乡气重一点表现在什么地方呢？就是有一种骨气，说话虽然不能自圆其说，顾头不顾尾，但是很有干劲，这种人他愿意用。

没有官气，用曾国藩自己的话说，就是用人以质朴为尚，不应专取才华。虽说用人只是用他的才能而已，其他无须深究，但也必须足以驾驭，这样才能为我所用，而不致受牵累。人的才品，虽然多有不同，然而只有质朴才能长久。探究起来，以质朴为主而用人的过失不过十之二三，单以才华而用人的过失则常十之八九。

咸丰九年六月，曾国藩给郭嵩焘讲了这样一则笑话：

过去有一个大盗专以盗富家人的棺木为业。有一天他找来工具，好不容易挖开了棺木。这时，从棺椁中忽然有个人坐了起来，对盗贼说："我是伯夷呀，你有什么事要讨教吗？"盗贼吓得要死，立即跑得远远的。过了几天，他又换一个山丘开挖，刚打开墓门时，看见以前从棺木中坐起的那个人尾随而至，对盗墓人说："这是我的弟弟叔齐的冢墓啊！"盗贼也立即跑了。曾国藩随后发挥说："我们现在将巨饷、香饵放到深冷的水中，正好比向伯夷、叔齐的坟冢索要珠宝、玉匣一样啊！"曾国藩说："这则笑话可以有多种理解。一种理解是，伯夷、叔齐本来是清正之人，盗墓贼找错了人；另一种解释是盗墓贼只认金银财宝，对伯夷这样的人才望而生畏。它告诉我们，必须推诚扬善，不能口里到处喊缺人才，见到真正的人才反倒视而不见。"

第三是有条理。曾国藩"相人口诀"当中就有"若要看条理，全在语言中"。他打了一个比喻说，庖丁解牛在外行人看来，这样复杂的一头牛，庖丁很快就能解剖得很清楚、很利索，因为庖丁找到了诀窍。我们做任何事情都是这样，每天用得着的不能太繁多，两句话就够了。一本书也好，古人流转下来的典籍也好，概括起来，可能就是几句话，你千万不要把它变复杂。总之，把很多复杂的事情变为简单，就是曾国藩所说的"有条理"。

"多条理"，不但是工作方法，而且也是一种能力。

咸丰九年十月，他对李榕说：

> 凡与诸将语，理不宜深，令不宜烦，愈易愈简愈妙也。不特与诸将语为然，即吾辈治心、修身，理亦不可太多，知亦不可太杂，切身日日用得着的不过一两句，所谓守约也。

这里的"守约"，就是有条理。曾国藩于咸丰十年四月二十日署理两江总督，这也是他第一次做封疆大吏，兼有兵权和财权、人事权。当月二十八日午刻，曾国藩从官文的咨文中得悉，他以兵部尚书衔署理两江总督，本营员弁纷纷前来道喜。午饭后，他当即与李元度等人讨论"时事应如何下手"。随后多日，他不厌其烦地与幕僚等讨论，又与胡林翼等通信，商酌大局。经过一个多月的思考、调研，特别是在听取各方面的建议后，曾国藩总结出当前应着力做好的十件事。他在同年七月二十九日的日记中，形成了做封疆大吏的主要点，把"治事"分为四类：兵事、饷事、吏事、文事，而把"治之之道"归结为三端：剖析、简要、综核。他具体解释道：

> 剖析者，如治骨角者之切，如治玉石者之琢。每一事来，先须剖成两片，由两片而剖成四片，由四片而剖成八片，愈剖愈悬绝，愈剖愈细密，如纪昌之视虱如轮，如庖丁之批隙导窾，总不使有一处之颟顸，一丝之含混。简要者，事虽千端万绪，而其要

处不过一二语可了。如人身虽大，而脉络针穴不过数处，万卷虽多，而提要钩元不过数句。凡御众之道，教下之法，易则易知，简则易从，稍繁难则人不信不从矣。综核者，如为学之道，既日知所亡，又须月无忘其所能。每月所治之事，至一月两月，又当综核一次。军事、吏事，则月有课，岁有考；饷事，则平日有流水之数，数月有总汇之账。总以后胜于前者为进境。此二者，日日究心，早作夜思，其于为督抚之道，思过半矣。

他将"剖析"列为第一方法或工作步骤。实际是指如何下手，如何抓住主要问题，找到解决问题的症结所在，提出"庖丁解牛"这一日常生活中的成语典故等方法。概括说来，即条分缕析，把各种事务集中起来，分清主次、轻重、难易、缓急。

曾国藩说：大凡办一件事情，其中常常有互相曲折交汇之处，如果一个地方不通，那么处处都会受到牵制。

这段记载非常珍贵，也是曾国藩的工作方法和提高效率的最佳指导思路。而要点仍是有条理。

第四是少大言。大言就是放空话、说大话。他说这是文人习气，或者是书生本色。书读得多了，胸中有些墨水的人，往往认为天下事情容易，所以经常放言高论，不着边际，说话没谱。他说，这种人绝对不能用。少大言，就是要讲实话、讲真话。

咸丰十一年，曾国藩为教育手下人，写了著名的"教令"，要求必须遵守，后来命名为"劝诫浅语"。在劝诫本省乡绅、外省客游之类四条中，第三条为"禁大言以务实"，内容是：

以诸葛亮之智勇，不能克魏之一城；以范仲淹、韩琦之经纶，不能制服一隅之西夏。因此知兵事之成败利钝，皆天也，非人之所能为也。近年书生侈口谈兵，动辄曰克城若干、拓地若干，此大言也。孔子曰："攻其恶，无攻人之恶。"近年书生，多好攻人之短，轻诋古贤，苛责时彦，此亦大言也。好谈兵事者，其阅历必浅；好攻人之短者，其自修必疏。今与诸君子约：为务实之学，请自禁大言始；欲禁大言，请自不轻论兵始、自不道人短始。

他在回复方子白的信中说："古代以询事、考言二者并重。询事就是考察人才对事情的看法和解决方案。考言就是考察人才的语言能力、逻辑性，有无条理。凡人才高下，视其志趣，卑者安流俗庸陋之规，而日趋污下；高者慕往哲盛隆之轨，而日就高明。贤否智愚，所由区矣。"而对品行的考察更为重要：

> 大抵观人之道，朴实廉介为质，有其质而傅以他长，斯为可贵，无其质则长处亦不足恃。

曾国藩还把人才概括为高明、卑琐两大类，而对待这两类人，办法也不同。他说：

> （大抵人才约有两种）：高明者好顾体面，耻居人后。奖之以忠，则勉而为忠，许之以廉，则勉而为廉。若是者，当以吾前信之法行之，即薪水稍优，夸许稍过，冀有一二人才出乎其间，不妨累示假借。卑琐者，本无远志，但计锱铢。驭之以严则生惮，防之稍宽则日肆。若是者，当以两君此信之法行之，俾得

循循于规矩之中。以官阶论，州县以上类多自爱，佐杂以下类多算细。以厘务论，大卡、总局必求自爱之士，宜用鄙信之说。小卡、分员不乏算细人员，宜用来信之说。邵位西之意，亦与两君相同。而鄙说要不可尽废，祈参用之。

高明的人进取心强，不想被别人超过。所以，对这种人，曾国藩提出要正面引导，积极引之向上。可以归纳为积极的用人方法，有三条：第一，薪水要高出一般人员，大体在一倍以上；第二，对他们的提拔和夸奖，要比平常人多一些；第三，对他们应该多放一些权力，不能按照一般人那样来做。

对待卑琐的人，就不一样了。在曾国藩看来，卑琐的人没有远大的志向，看到的只是目前，锱铢必较，一分一毫也不能少他的。对这种人要求严一点儿的时候，他们就会有所忌惮；防范稍微宽一点儿的时候，这些人会一天比一天放肆，最后做出出格的事情。对这种人应该怎么办呢？曾国藩说，要让他们循规蹈矩，每天用规矩和准绳来约束他们，给他们画杠杠、画条条、画框框，不能逾越。

曾国藩说，按照官阶来论，州县以上的人大多自爱，属于高明之士。"佐杂"这些人都属于"算细"，就是每天精打细算，惦记自己既得的利益会不会受到损害，是卑琐者。

李瀚章是李鸿章的哥哥，当时在曾国藩那里是主管理财的财务官员。曾国藩曾经给李鸿章写过一封信，他说，以厘金来论，大卡、总局就应该求自爱之士，这些廉洁的人要求自己就很廉洁，应该用他们的办法；而对小卡、分员等下面派出的一些文员，应该对他们"算细"，就是用规矩准绳，让他们不越雷池一步。曾国藩再三强调，他愿意效仿赵广汉和刘晏理财。赵广汉用"新进少年"，这些人平时有自己的抱负，但没有自己的舞台。曾国藩给他们搭一个舞台，让这些人实现自己的抱负，施展自己的本领，使他们各显神通。曾国藩说："我愿意效仿他们两个人，赵广汉用的新进少年，没有官气，没有圆滑之气，敢作敢为，没有框框，所以当时开创的局面生机勃勃。刘晏多用士人理财，士人必定有自己的自尊，有一个良知，有一条自己的红线不可逾越，所以士人不会做特别出格、贪婪的事情。"

江西、湖南和湖北三个地方，同样的人力和物力，两湖筹集来的钱要比江西多得多。曾国藩给李瀚章写信，让他反思一下，说："你在江西主持财政的时候，为什么筹到的钱就没有两湖旺？道理在哪里呢？我想，可能最重要的还是在于两湖这个地方用的是新进少年或士人来理财。但是，你在江西用的人都是什么样的人？用的都是道府以上的官员，这些官员官气太重，而且还有一些自己的小算盘。以后，你应该向这个方面来学习。"

武职官员的标准也有四项。

第一要"才堪治民"。就是你的才能能够服众，能够让下面的人由衷地钦佩你，这与文职官员不一样。武职官员必须到第一线去，必须拿出实实在在的成绩来，把山头打下来，这就必须得服众。

第二是不怕死。

第三是不急名利。

第四是耐受辛苦。

之所以如此排列，曾国藩回答说，一个人要治理他的辖地，首先要才堪治民，就是能不能让下属、让所有这个团队的人心服口服，非常钦佩你。才堪治民主要表现在哪些方面？不外乎公、明、勤三字，不公不明则他人肯定不服气，不勤则业务必然荒疏，故第一要务在此。敢打敢拼就是身先士卒，要求别人做到的，自己要首先做到，这样下属才能追随你，因此作为第二个条件。为名利而出的人提拔稍迟则生怨，稍不如意再怨，与同辈争薪水，与员工争毫厘，因此列为第三个条件。身体弱过劳则病，精神乏短的人久用则散，因此作为第四个条件。他还提醒说：

> 下级弁勇对于本营将领，其他事尚不深求，唯银钱是否干净（清廉），保举是否公道，则众目眈眈，以此相伺，众口啧啧，以此相讥。惟自处于廉，公私出入款项，使阖营共见共闻，清洁之行，已早服弁勇之心，而小款小赏，又常常从宽，使在下者恒得沾润膏泽，则惠足使人矣。明之一字，第一在临阵之际，看明某弁系冲锋陷阵，某弁系随后助势，某弁回力合堵，某弁见危先避，一一看明，而又证之以平日办事之勤惰虚实，逐细考核，久之，虽一勇一夫之长短贤否，皆有以识其大略，则渐几于明矣。

大抵拣选将材，必求智略深远之人，决不能选用没有生气的人。他力求从书生中选拔人才，强调"秀才带兵"，希望借助于他们的知书明理，练习韬略。

4. 用人的最高原则

以上四条只是一般标准，文官也好，武官也好，这四条标准只是一般性用人标准，而重要的、关键的岗位，仅有这四条标准是不够的。为此他提出一个最高的衡量人才的标准，用他的话叫"上上之选"。那么，这个最高标准是什么？曾国藩用了四个字——"忠义血性"。"忠"与"义"在先秦之前是两个独立的概念。在儒家的概念里，"忠"指的是尽心为人办事，不分对上与对下。如孔子说："为人谋而不忠乎？"（《论语·学而》），

"教人以善谓之忠"（《孟子·滕文公》）；而"义"指的是办事准确，几乎包括处理一切人际关系，如"不义而富贵，与我如浮云"（《论语·述而》），"子谓子产，有君子之道四焉……其使民也义"（《孟子·梁惠王》）。

后来"忠"的含义是为人不贰，为人忠诚，但更多的是对国家而言，要公忠体国，尽心王事。"义"也演变成行侠仗义、赴汤蹈火、在所不辞的义行。血性，是忠义赤诚的性格。一般而言，有血性的人疾恶如仇，敢说敢做，敢作敢为，不向邪恶势力低头。尤其是当别人有危难时能够挺身而出，而丝毫不顾及个人得失。曾国藩提出，忠义血性才是上上之选，是最好的人才。这就是说，人要有激情，有持久的激情，不能五分钟热血、虎头蛇尾，更重要的是敢于担当、有承担。他说：古往今来的英雄，并非一开始就一定要成为一个大英雄，而是有所激、有所逼而成就的。这就是说，"忠"是对一个组织而言的；"义"是对个人而言的；"血性"是有激情，有担当，敢作敢为。曾国藩挑选的接班人也好，重点提拔的人也罢，都是从"忠义血性"这个视角当中选择的。

曾国藩说，表面上看来，如果一个人具备了四条标准，但不具备忠义血性，则不是最好的人才。最好的人才必须具备忠义血性这个上上之选的最高标准。如果一个人具备了忠义血性，即使前面的四条只具备三条、两条或一条，但也能够逐渐地将四条都具备了。相反，一个不具备忠义血性的人才，即使具备前面的四条，但最后临大难，在重大、关键的时候，还是不可靠。所以曾国藩说，忠义血性是上上之选。

他说，湘军之好处，全在无官气而有血性。若官气增一分，血性必减一分。若打仗能出则向前，入则殿后，此一端已有可为统领之质。又有血性而不忘本，有诚意而不扰民，若加意培养磨炼，将来或可成大器也。

而忠义血性大多具有朴实廉介的特点。因此曾国藩又延伸了他的用人思想，指出：大概观察人的办法，以朴实廉介为本质，有这样的品质再加上特殊才能，这样的人是最可贵的。如果没有品质，就是有长处也是靠不住的。"甘受和，白受采"，古人所说的人无本不立，其意义就在于此。

方宗诚观察到，曾国藩"平日取人，皆诚朴厚重一流，而不喜才华浮薄者。若德行文学之儒，则奉为上宾，出入谈论而不肯烦以吏事"。

胡林翼也说：

> 成就大业总以得人为主。子游为宰，首在得人。苟得其人，鸣琴可理；即长孺卧治，亦可理。不得其人，虽日夜操劳，而无济于治。求才之法，谋野则获，谋邑则否。野多朴而邑多巧，野尚质而邑尚文也。又说：天下强兵在将。上将之道，严明果断，以浩气举事，一片纯诚；其次则刚而无虚，朴而不欺，好勇而能知大义。要未可误于矜骄虚浮之辈，使得以巧饰取容。真意不存，则成败利钝之间，顾忌太多，而趋避愈熟，必致败乃公事。

前面提及，文官和武官各有四条标准，而忠义血性是上上之选。曾国藩还提出一个具体入手之处——检验人才能不能胜任，将来有没有发展前途的"五到"，这也是他经常挂在口头上的一句话。他说，办事情，人才要以"五到"为要。这"五到"分别是身到、心到、眼到、手到和口到。

关于"身到"，曾国藩说，文官有身到的要求，武官也有身到的要求，就是要下基层。一个领导没有下过基层，就不是一个好领导。文官就要"亲验命案"，还要"亲巡乡里"，这个地方的每一个州县、每一个乡，你都要看一看。如果是武官、将帅，就应该"亲巡营垒"，探清敌方，包括太平天国那边的营垒是什么样子，这就是到第一线、下基层。

"心到"就是苦心剖析大条理、小条理、始条理和终条理。我们前面讲，曾国藩用人强调有条理，他说："理其绪而分之，又比其类而合之。"

"眼到"主要有二：认真看公牍，着意看人，留心看人，看他是哪方面的人才。公牍，包括国家所有的大政方针都是通过官方文件下发的，公牍里面体现出一些政策上潜在的重大趋向。

"手到"就是每天去做，于人之长短、事之关键，随笔记录，以备遗忘。俗话说，好记性不如烂笔头。曾国藩一生留下许多日记，他随手记的文字非常多。

关于"口到"，曾国藩说，不能只凭上司的一纸公文就完事，还要苦口叮咛。千叮咛，万嘱咐，让下属真正体会你的思路和想法。

曾国藩说，做到了"五到"，再加上前面文官和武官的四个方面，再有忠义血性，就是一个非常好的人才。

在曾国藩的湘军高层里，李鸿章敢于坚持自己的意见。咸丰十年九月，曾国藩派李元度驻防徽州，打了败仗。李元度这个人戴着高度的近视镜，很有才能，长于出谋划策，本是坐办公室的人。曾国藩想提拔他，让他驻防徽州。安徽就是由徽州和安庆的合称而来。曾国藩告诉他，你一定要改掉文人习气，尤其要戒浪战，一定坚壁自守。李元度防守徽州的时候，太平军李侍贤部天天骂他，说他是缩头乌龟。后来李元度违抗曾国藩坚壁自守的命令，出城一战，几千的人马几乎全都被吃掉。曾国藩很气愤，要给清廷上奏折，弹劾李元度，有"革职、永不叙用"之类内容。

按照工作分工，李鸿章负责起草这个奏折，但李鸿章说："一定要参劾的话，门生不敢拟稿。"李鸿章心里在想，曾国藩这次识人不明，李元度出谋划策是其所长，临守战场是其所短。曾国藩说："你不写，我自己来写。"李鸿章想以去留相争，因此说："那样的话，门生也将告辞，不能留在您的身边服侍了。"曾国藩答以"听君自便！"李鸿章一气之下走出了曾国藩的幕府。李鸿章打算回南昌，中途到了湖北。胡林翼是湘军高层中最有贡献的，他是湖南益阳人，半路上把李鸿章拦到湖北巡抚衙门，劝李说："你环顾天下，能够因依谁而起，我相信你最终能够发迹起来，但舍掉曾老夫子，似乎不好。"李鸿章回答说："没有想到你老英雄也是这样看人。我原来把你当成豪杰之士，现在看来，我的眼光有问题。"胡林翼一再挽留的同时，立刻给曾国藩写信，说："从面相上看，李是富贵之相，李某终将会发达，不若我们引之前进，足以张吾军。"让曾国藩一定把李请回来，曾国藩也意识到这样不好，立即写信把李鸿章请回来。在李鸿章的书信中，保留了多份他劝阻曾国藩不要弹劾李元度的信函。

李鸿章的作用确实很大。举一个例证，这也是曾国藩一生当中遇到的三大难题之一。1860年9月，英法联军攻占天津，直逼北京。咸丰皇帝在逃往热河之前，下令天下带兵之人，带兵保卫京师。如果皇帝被洋人抓住了，那真是奇耻大辱。因此所有臣子没有任何讨价还价的道理，应该立即带兵前去。曾国藩接到这个命令后，感到十分为难。为什么？因为他制定的战略是在这个时候要把安庆拿下来。长江自源头至湖北省宜昌为上游，水急滩多；宜昌至江西省湖口为中游，曲流发达，多湖泊（鄱阳湖最大，洞庭湖次之）；湖口以下为下游。长江中游，从武汉而下紧接着就是九江、安庆，下面是芜湖，最后是南京。如果把安庆打下来，太平天国就没有天险可以凭借，被攻灭是指日可待的事。而湘军进围安庆已有一年有余，现在如果撤兵，势必前功尽弃。

为此，曾国藩感到非常苦恼，他请所有的幕僚出主意，召开讨论会。李鸿章只说了一句话，八个字，"按兵请旨，且无稍动"。他说："洋人已经到了家门口，所谓入卫只是一句空话，三国连衡，将来不外乎是这样一种结局，就是割地赔款。现在劳师远道而来，安庆距离京城遥遥几千里路程，每天急行军即使走百里路，还有粮草辎重，至少也要一个月，等你到京城的时候，城下之盟早签订了。"但是这个话又说不出口，曾国藩不是以忠诚为天下的表率吗？这样做就是不忠诚、不忠心。所以李鸿章用"按兵请旨"这四个字，实际是拖延。曾国藩随即向皇帝上了一个折子，请求皇帝在曾国藩和胡林翼当中，选一个人带军北上。那个时代没有像今天这样的信息传递手段，军报传递，六百里加急，往返也要十几天。等咸丰皇帝接到这个奏折的时候，他已经逃到了热河，让所有带兵的人都回去了。李鸿章帮助曾国藩渡过了非常重要的一个难关。

曾国藩本人不是足智多谋的人，但是精于算计，尤其善于吸收众人的智慧。曾国藩于咸丰十年五月初十的日记写道：

> 与希庵（李续宜）熟论安庆、桐城两军应否撤围，约沉吟二时之久，不决。中饭后得少荃（李鸿章）数言而决。因写信与胡中丞（林翼），定为安庆、桐城二军皆不撤动。

当时尚未接到进京之旨，至同年九月六日，上奏请派他或胡林翼带兵入卫。以后多日记载皇帝逃往承德、英法联军进京、和议已成等事，非常详细。直到十月初四，他接到不必带兵北上的廷寄，悬着的心才放下。日记写道：

> 旬日寸心扰扰无定，因恐须带兵北上入卫，又须进规皖吴，兵力难分也。今接奉此旨，可专心办南服之事矣。

随即，他又将无须北上的谕旨遍告各处。

第四章 | 培养人才秘籍

　　曾国藩特别强调培养人才的作用，他曾经有这样一个比喻：人才相当于什么？相当于农夫种庄稼，人才就像他们栽在田地当中的禾苗。如果农夫没有天天到田间去耕作，会出现什么样的后果呢？那就是，好的苗和坏的苗良莠不齐地在一起生长。在这种情况下，应该怎么办呢？长官就要像农夫一样，到田间去，每天和下面的人打交道，才能知道哪一个人是优、哪一个人是劣，哪一个人在这个方面有特长、哪一个人在那个方面有缺陷，这样使用起来才能更好。

1. 曾氏花名册

《礼记·学记篇》提出："善歌者使人继其声，善教者使人继其志。其言也约而达，微而臧，罕譬而喻，可谓继志矣。"培养人才同样如此。曾国藩说过："人才靠培养而出，器识靠历练而成。"这句话具体概括了曾国藩在培养人才方面独到的见解。

他提出培养人才有四个方面：教诲、甄别、保举、超擢。上司对于下属，"一言嘉奖，感而图功；片语责惩，畏而改过"，这说明教诲不可缓。"荆棘不除，兰蕙减色；害马不去，骐骥短气"，这说明甄别不可缓。

曾国藩又将培养人才概括为两个过程，即教化和督责。

教者，诲人以善，而导之以其所不能也；化者，率之以躬，而使其相从于不自知也。督责者，商鞅立木之法，孙子斩美人之意，所谓千金在前，猛虎在后也。

有一次，曾国藩到黄州去拜见湖北巡抚胡林翼时（当时湖北巡抚署理所在地是在黄州），偶然发现在胡林翼的案头有一本叫《同官录》的书。

这个《同官录》主要记载了每一个官员的出身、来历、做过哪些事情，记载得井井有条。让曾国藩感到非常惊讶的是，在每一个人后面都注上了一条考语，相当于对这个人的鉴定。

曾国藩感到如获至宝，临走的时候，跟胡林翼说："胡公，求你一件事情。"胡林翼说："是什么事？"曾国藩说："你手中的那本《同官录》，我只要带过去看几天就奉还你。"胡林翼说："好吧。"

关于宝善堂的来历，胡林翼曾说过：

> 弟曾设储才馆，为更换分局委员起见，后因立名太显，改为宝善堂，所费至少，所益至大。倘无此处，则明知分局之有弊，而无人可易。储材馆主持无人，已成虚设，夏间当修雪堂之基以处之。提调无人，鉴衡不审，则滥竽者多。林翼于雪堂之左，构宝善堂七楹，意欲为事贤友仁之居，而提挈无人，衡鉴或误，乞请老前辈为宝善堂主人。

这是说，宝善堂原来是储才馆，但怕引起人们的非议，只好改名宝善堂。胡林翼非常肯定设立宝善堂的做法，评价说"所费至少，所益至大"，即花钱不多，效果很大。对胡林翼的宝善堂，《清史稿》也有记载：

> 士有志节才名不乐仕进者，千里招致，于武昌立宝善堂居之，以示坊表。

经曾国藩细心查探，原来负责宝善堂工作的严树森，把所有人才，包括调查视野内的人才分成若干类，编上号码，在每一类、每个人名下面，注上事实，即这个人以往做了哪些事，现在从事的工作是什么，效果怎样，并让湖北各级官员定期或不定期地将手下人员的情况报告上来。如果有奇才异能必须破格使用，或者不走正常选拔程序的，另外记录在册，以备选拔。

曾国藩回去后，又给胡林翼写信：

　　察吏耳目之长，当另有密诀。是否手头常有清单，注记评骘，抑全凭心中暗记？如有密单，幸示一二，迅速璧还。

胡林翼回信说：

　　察吏并无秘诀，亦无记注评骘清单。渭春去年偶有佐杂评骘一册，旋即遗忘矣。楚，小国，尚易记仿佛；吴，大国，或须记于册，或竟密存于心。丈自酌之。

　　胡林翼谦虚了，他说湖北是个小地方，人才有多少，每个人才怎么样，多能记得大概；而两江就不一样，那是天下英才荟萃之地，因此他委婉地建议曾国藩有必要做个人才档案之类的东西。曾国藩任职两江总督的时候，开始做一项工作，就是给每一位官员建立一个人才档案。它不同于我们今天所熟知的很简单的个人履历式的档案。这种人才档案是根据官员的所有既往经历，结集成一些非常准确而又具体的名册。它大体上包括两个方面：

　　一是官员的履历，特别是现任的职务、过去担任的职务。

　　二是曾国藩专门为每一个人员做的考语，类似于我们今天的鉴定。具体参照了清朝的京察。每三年中央和地方高官如总督巡抚，要接受一次考核，以"四格"、"八法"为升降标准。"四格"为：守、政、才、年。每格按其成绩列为称职、勤职、供职三等。列一等者记名，得有升任外官的优先权。"八法"为：贪、酷、无为、不谨、年老、有疾、浮躁、才弱。分别给以提问、革职或降级调用的处分，年老和有疾者退休。"八法"后来去掉贪、酷，改为"六法"。

　　曾国藩参考了清朝考核官员的做法，但又不完全照搬。他在会见每一个官员时都要重新造册，对照先前造册的内容，通过与他们进行谈话，进行校对。在谈话过程中，曾国藩发现有的造册不是很准确，于是就在上面进行改动。跟人谈话完后，又在下面记上这个人的特点。

曾国藩特别强调培养人才的作用，他曾经有这样一个比喻：人才相当于什么？相当于农夫种庄稼，人才就像他们栽在田地当中的禾苗。如果农夫没有天天到田间去耕作，会出现什么样的后果呢？那就是，好的苗和坏的苗良莠不齐地在一起生长。在这种情况下，应该怎么办呢？长官就要像农夫一样，到田间去，每天和下面的人打交道，才能知道哪一个人是优，哪一个人是劣，哪一个人在这个方面有特长，哪一个人在那个方面有缺陷，这样使用起来才能更好。

所以，曾国藩在讲到培养人才的时候，特别提出四个概念：

第一个就是"教诲"，后来他把"教诲"这个词改为"教化"。教诲时，长官对下属，"如有一言相奖许"，也就是说他好话、表扬他的时候，下属就会很高兴，并乐意为上司卖力气。即使说一句责备的话，下属也会及时地来改正。可以说，教诲在培养人才的过程当中，应该是最重要的。

第二个概念是"甄别"，也就是对人才进行甄别，建立档案，对人才进行分门别类。

第三个是"保举"。"保举"就是举荐的意思，如果觉得这个人适合做这样的工作，那就进行保荐。

最后一个是"超擢"。"擢"就是提升的意思。超擢主要针对特殊人才，特别是非常有才能的人才，只要认准了就破格提升。像左宗棠、李鸿章，都是从局级破格提拔到正部级。

曾国藩特别善于把古汉语当中的词汇拆开来解。比如说，他开始办团练的时候，就把"团"和"练"两个字拆开来。他在讲教化的时候，也把"教"和"化"两个字分开来，一个"教"，一个"化"。

"教"就是诲人以善，用好的方面来引导一个人向前发展，向好的方面发展；导就是下属做不到的事情，由上司用一种方式使他们能够进入一种境界，从而使他们完成孟子所说的"曾益其所不能"的事情。"化"主要是领导自己起到表率的作用。俗话说"言传不如身教"，所以曾国藩特别重视"身教"的作用。

下面是曾国藩考核下属的一个具体例证——同治元年六月初二的记载。其程序是：

> 首先造册，第一项是现任官职，第二项是履历，包括历任官职、所派之差、所游之地，第三项是家世，包括三代脚色、兄弟宗族科名、官阶等内容。曾国藩召见后，在下面填注评语。第一天召见的是三位安徽州县官。曾国藩对三人的表现并不满意。他在当天的日记里写道：本日传候补人员言南金、茹晋、周甫文三人，令其手写履历，久候不能写毕，俟至中饭以后，始传入，与三人坐谈良久，申初散。

如果从十二点吃中饭，下午一点传见算起，到申初是下午三点，曾国藩至少与三位候补州县官谈了两个小时。六月初二谈话召见的三个人，曾国藩有非常详细的记录，后来被完整地保存了下来。比如说言南金这个人，曾国藩对他的断语是"面微偏"，说他面很不正。还说这个人在展云处阅卷五年，从给别人做秘书起家，"似尚自好"，也就是说，这个人从表面上看是一个洁身自好的人。

第二个人——茹晋，曾国藩说这个人很像印山，但没有印山那样的刚气。还缺一颗牙齿，所以说他"牙缺"，有一只眼睛向外面鼓一点儿，后面他自己打了个括号，说这个人好像吸洋烟。我们知道，"洋烟"也就是吸鸦片。所以最后一句话是："精力已不逮。"说这个人没有多少精力了，就是不能胜任更重要的工作。

还有一个人是周甫文，曾国藩给他的结语是这样的："面色正派，初次当差，汗出不止。"因为这个人是第一次见到这样的高级领导，所以汗出不止，一直在流汗。后来，曾国藩派了这个人去当差。

有意思的是，所有他接见的人，曾国藩都会画上一个特殊的标记和符号，主要有三角、圆圈、点或竖四种符号。画三角的，是不能用的人；画圆圈的，是能用的人；如果画上两个圆圈，那就是最好的人；如果画上一竖或一点，就是这个人一点儿也不能考虑，如同打入冷宫一样。

这些标志是曾国藩特有的。比如说，当时有一个候补知县叫陈德明，曾国藩给他写的评语是：这个人鼻歪、眼大，下面写了"心术不正"，后面还写了"精明能干"，另外还有几个字——"颇放肆"，可能是在他的面前不是很规矩的样子。曾国藩画了一个三角，表示这个人是不能用的。

还有一个叫宋尧金的人，经过在一起交谈、了解，曾国藩给他下了一个定语，说这个人有小伙子派头，但后面又说这个人在无为（安徽的一个县城）的官声极坏，并在"官声极坏"这四个字的后面分别画了一个三角，最后说这个人"心术不可靠"，画了一个大大的三角，就是说这个人不能用。

在曾国藩所有这些下属的履历表当中，有两个圈的不是很多。其中有这样一个人，叫龙舜臣。曾国藩跟他谈话之后，给他下了一个定语，说他是忠烈之后，颇有清刚之气，心地明了，腰挺拔，可以做事情。

经查其履历、家世得知，龙舜臣的父亲原来是大沽副将，在咸丰九年英法联军攻打大沽炮台的时候，因死守大沽炮台，与英国人作战中阵亡。咸丰十一年，28岁的龙舜臣任池州府青阳知县，多次带勇剿灭土匪，在镇压捻军的过程当中屡获胜仗。无怪乎曾国藩在他的履历后面画了两个圆圈，表示这个人可用，后来也确实被曾国藩提拔得很快。

2. 练本事有四类，各人专精一门

曾国藩将人才招到麾下之后，他会给每个人进行一个详细的分工。

他把天下所有的事情、工作，都归纳概括为四个方面：第一个方面是"军事"，说的是关于行军打仗这样的事情；第二个方面是"吏事"，就是当官，怎么做官，主要是文职官员；第三个方面叫"饷事"，筹饷的"饷"，即从事筹集资金、管理财政方面的事；第四个方面是"文事"，"文事"就是怎么当秘书，搞创作，从事教育、文化、科技等。

曾国藩要求所有到他这里来的人，一定要在这四门功课当中选一门，要求学精。而且，曾国藩还要对他们进行定期的考核，特别是后来对抗太平天国并不是特别激烈的时候，他每半个月，最长间隔一个月，都要出题考核下面所有的人。考核的内容也非常有趣，主要是国家当前所遇到的大政。这在过去叫"策论"，也就是建言的意思。在几种疑难当中，提出一个或两个最佳的方案，供领导采纳、决策、参考。

在这四门功课当中，曾国藩会给每一个方面提出入手之处。如果一个人立志将来做一个军事家、一个将帅，曾国藩会让他从三件事情上入手：一是战守，一是地势，一是敌情。如果这个人是做文职官僚的，曾国藩会让他从以下四个方面入手：一是怎么教养百姓，一是怎样缴纳赋税，一是怎样处理地方治安，最后是劝民兴业。如果是从事财政工作的，主要有三个方面：一个是税种，当时主要是厘金、盐税等税种，其次是开源，最后是节流。从事文事的，要从上报奏疏、草拟公文、往来书函三个方面提高本领。

也就是说，在每一个方面，曾国藩都提出了具体的、可以努力的方向，可以进步的阶梯，不是没有抓手和空洞的东西，然后一步一步地把这些人带到专家的行列当中。

曾国藩说，学习也好，教化、培养也好，在这些事情当中，我们每个人要选择适合自己的一个方面，成为一个专家型的领导人。但是，怎么开始做呢？曾国藩提出两个字："学"和"问"，他把"学问"这个词拆开来解读。

学要向古人来学习。古人留下了众多典籍，供我们阅读学习。另外还要向今人学习，这就要多找榜样。曾国藩有一句名言，他说：无论为官为将，都要找好师、好友、好榜样。人生的过程就是寻找榜样的过程，如果人生没有学习的榜样，那就太可悲了。所以他说，学习这个"学"字就是向古人学习，看书籍；向今人学习，找榜样。

曾国藩说，问，要问两类人：一是问当事人，一是问局外人。当事人处理一件事情时，可能会有自己的苦衷，有自己的方法。他是当局者，问当局者，才会知道办事情的苦衷。但当局者也有迷失的时候，特别是往往不能客观评价自己的作为，因此曾国藩提出还要问"旁观者"。旁观者对一件事的成效评价往往更客观，也能提出当局者意想不到的好办法、好措施。再者，局外人可能对局内人有一个更高的期许、有一个更客观的看法。

所以他说：讲究的办法不外乎"学"和"问"二字。向古人学习就要多看书籍，向今人学习就要多觅榜样，问当局者就会知道甘苦，问旁观者就会知道他的效验。勤习不已，才能就会逐渐增长而自己还没有发觉。

曾国藩要求人才要专精一门，他自己也是按此来做的。同治元年，方宗诚第一次在安庆拜见曾国藩，他对曾大人处理事情井井有条印象最为深刻，他说：

> （曾国藩）督办四省军务，加之三江吏治，安徽善后，海疆夷务，筹饷调兵，文书涵札，他人办一事，日不暇给，公事事躬亲，处之如无事，尤以眼读书写字，与诸贤士论文讲学，事事有条不紊，凡生平所见人物书籍，大致皆能记忆，而外貌浑然不露，真伟人也。予初次见面，以公虚心纳善，知无不言，公皆笑纳。

同年八月十九日，曾国藩的日记写道：

近日公事不甚认真，人客颇多，志趣较前散漫。大约吏事、军事、饷事、文事，每日须以精心果力，独造幽奥，直凑单微，以求进境。一日无进境，则日日渐退矣。以后每日留心吏事，须从勤见僚属、多问外事下手；留心军事，须从教训将领、屡阅操练下手；留心饷事，须从慎择卡员、比较入数下手；留心文事，须从恬吟声调、广征古训下手。每日午前于吏事、军事加意；午后于饷事加意，灯后于文事加意。

当天日记给自己订下了工作日程安排：

上半日：见客，审貌听言　作折　核保单　点名、看操　写亲笔信　看书　习字
下半日：阅本日文件　改信稿　核批札稿　查记银钱账目
夜间：温诗、古文　核批札稿　查应奏事目

曾国藩正是通过前面提到的四个方面来检查自己，也以此督促手下人的。

3. 培养人才三法

古人有言：教者高则习之而高矣，教者低则习之而低矣。

曾国藩说，如果一个人能够选择适合自己发展的道路，学问勤习不止，就会像禾苗逐渐地生长，像树一样每天在长高，自己却感觉不到每天的进

步。但是，如果日积月累，这个人的进步就会非常快。曾国藩有自己的日程表，他对自己是这样要求的，对所有的下属也是这样要求的。

说到具体培养人才，曾国藩概括为三个方面：一是课读，一是历练，一是言传身教。笔者认为，曾国藩是一个真正的好老师，他经常和下属在一起谈论学问。看他的日记，有一个非常明显的感觉，即他每天重要的事情就是接见僚属，跟下面的人谈话。无论战争间隙，还是最紧张的时候，他一定要到他的幕僚群体里，广泛地进行交谈。他还会跟这些人讨论诗词、歌赋，所以他是一个真正的学问家，是经师兼人师。古人讲，经师易得，人师难求。就是说能够言传身教，与之相处的人，会潜移默化，这样的教育更容易产生效果。

同治元年五月下旬，曾国藩为幕僚们出了一篇策论，题为《多将军会攻金陵或援陕西议》。当时的情况是，在湘军打太平天国最吃紧的时候，也就是包围太平天国的都城金陵城（南京），这场仗也是检验曾国藩的湘军能不能立得住的最关键的一场战役。在这最紧要的时候，多隆阿却要被调往西北战场。当时捻军从河南向北一直到了山东，后来又转到山西，从山西进入陕西。清朝政府担心捻军和陕西当地的回民起义联合在一起，如果这样，清朝就很难收拾局面了，所以就让军中最善战的多隆阿带领他的精锐部队到西北战场去。

这就出现了一个大难题：如果把最精锐的部队撤掉，势必会影响攻打金陵城。曾国藩因此出了一道题，让幕僚提出解决方案。题目是：多隆阿应该留在金陵继续攻打南京，还是应该到陕西支援剿灭回民起义？当时，赵烈文提出了一个非常重要的解决方案，他特别提出西援关中有"五不可"，攻打金陵有"四应该"。据赵烈文日记载：

> 大军会攻金陵，捻军进逼长安，关中糜烂，京畿震动，皇帝令多将军撤金陵之师西援陕西，总督命幕下议其事。某献策多将

军留攻金陵有四宜，西援关中有五不可。

曾国藩听后，觉得这个方案是最好的，并据此向皇帝上奏，请求把多隆阿留下来继续攻打金陵城。

这样的一个课读不是一个单纯的考试，主要是检验一个人面对一件事情尤其是重大事情时，他的抉择和独特看法。

曾国藩通过信函、批札等，对手下人进行教育、历练的案例，举不胜举。特别要说明的是，曾国藩对待属下，即使职位非常低，也一定认真、具体地提出指导意见，从不模糊处理。

如咸丰十年九月，他批示游击叶光岳禀恳湘勇一营时说：

你初来时，英气外溢，我爱之如子弟，期望很高。你自当上哨官后，沾染官场揣摩习气。前年进入陆营，稍给权力，你手下的人背后议论你，因为你待人不诚实，说话没有信用，所以他们不服。我因你随口编造谎话，曾经当面训责过多次，但你仍未完全改正。本想弃你不用，但又爱惜你聪明过人，似乎可以渐渐陶镕而变化。现在你请另带一营，志向可取，但你素来言而无信，我怎能相信你？现准你带三百人，试你真否得到士兵的拥戴。如果你真能体会到本部堂陶镕你的苦心，那么你要做到三条：第一说话要谨慎，不能编凑谎话；第二要耐劳苦，不要学文弱浮薄傲惰样子；第三心窍要正、要真，不可弯曲，动好与人斗机斗巧。这三条如能改变一二，将来还可以造化，如果三个月毫无长进，立即革去。

可见，批示内容非常具体，使得下属知道哪些应该做，哪些不应该做，有所依归。

言传身教方面，曾国藩做得近乎完美。他一生过着苦行僧一样的生活，看过他日记的人都会有这样的感受。他这个两江总督，直到后来打下安庆的时候才稍微好转，之前他都是居无定所，一直漂泊。他言传身教的事迹，在史书中留下了非常多的记载。

"曾国藩家训"有八字诀：早、扫、考、宝、书、蔬、鱼、猪。这八字诀当中的第一字诀就是"早"字诀，即一定要起得早。

一个人勤奋也好，愚钝也好，主要体现在这个"早"字上。早还体现为一种勤奋的精神，所以曾国藩在军中有一条规矩，就是每天大约五点钟放醒炮，就像军营里吹号角。五点多的时候，所有的高参——湘军的高层，在一起吃饭。曾国藩一定要等大家到齐了才开始吃饭。过去曾国藩的下属把这叫作"进场饭"，早晨的时候，你到这里，才能算你"点卯"，也包含今天所说的"报到"之意。曾国藩借此检验手下人的勤惰。

李鸿章的出身跟曾国藩完全不一样，他是贵家子弟，父亲李文安是一个部级领导干部，他在家里又排行老二，所以受到了很多优待。开始李鸿章不愿意过这种早起的清苦生活，结果往往是：曾国藩让下面的人叫他的时候，他今天说头痛，明天推脱肚子疼，总会找一些理由来搪塞。

有一天在东流大营，曾国藩派下面的侍卫一遍又一遍地去叫李鸿章，终于把他叫来了。之后，曾国藩除了说"大家吃饭"之外，一句话也没有说，只听到筷子的声音与喝稀粥的声音。等吃完了饭，大家察言观色，猜想曾国藩肯定要发火。

曾国藩吃完饭，把筷子往桌子一放，正襟危坐地说："少荃，你到我这里来，我这里只崇尚一个字，那就是诚。"言外之意，如果连最基本的都做不到，何谈其他。他经常说，为人处世都是从这一个字——诚开始的。李鸿章哪里遇到过这种情况！他觉得，曾国藩在大庭广众之下让他下不了台。后来，曾国藩又从正面称赞李鸿章的与众不同之处，并用"青出于蓝而胜于蓝"来积极引导他。

不久，曾国藩的一个幕僚欧阳兆熊要回老家，向曾国藩请假。曾国藩这天很高兴，专门为他置酒饯行。酒足饭饱之后，欧阳兆熊说："老师，我有一个请求，在这里不知当讲不当讲？"曾国藩说："可以讲，什么事情？"欧阳兆熊说："我们这里的人每天五点多钟要吃饭，这个进场饭，不是说我们不能起早，主要是，我们肚子不饿，吃不下去。我请求以后能不能把这个进场饭给免了？"曾国藩一笑，说："承蒙你提出，进场饭今后就免了。"欧阳兆熊回到自己家中后，给李鸿章这些人写信，开玩笑说："从今以后，你们这些人每天早晨觉睡得非常好，饭也吃得香。但你们每天吃饭的时候，一定要想着，免进场饭这件事情可是我给你们争取来的。你们何以报答我？我只要求你们每天吃饭时，祝福我一次！"李鸿章给他回了一封信说："承蒙你的关照，进场饭已经免了。但是我们最痛苦的一件事情又有了，我们现在又要自己另起炉灶，这个钱不知道谁能给我出。你能不能给我出？"

吴汝纶在为李鸿章写的《李公神道碑》中说："公生平严事曾文正公，出治军，持国论，与曾公相首尾。其忠谋英断，能使国重，是非成败，不毫发动心，一秉曾公学。"

有关李鸿章接受曾国藩的教训，曾国藩的孙女婿吴永在《庚子西狩丛谈》专门讲道：

公（指李鸿章）平素最服膺曾文正公，启口必称我老师，敬佩殆如神圣。尝告予：文正公你太丈人，是我老师，那真是大人先生。我老师实在厉害。从前我在他大营中，跟随他办事，他每天一早起来，六点钟就吃早饭。我贪睡，总赶不上，但他偏要我一同上桌，我没法，只得勉强赶上，胡乱盥洗，朦胧前去过卯，真受不了。但习以为常，也渐觉不甚吃苦。所以我后来自己办事亦能起早，才知道受益不尽。这都是我老师造就出来的。

至于督责的例证，就更多了。刘铭传的铭字军没有经过训练，特别是军纪方面很差。刚组建不久，就发生了打死奉贤县令的事情，曾国藩给刘铭传等人写信，信中说：

> 我成立淮军，有良苦用心。两淮风气刚劲，自古以来，多出英雄豪杰，近来没有人倡导这种风气，使淮人甘心与国家作对，为敌军竭力苦战至死不悔，即使为国家所用，也因久染恶习，骚扰百姓。我与李鸿章组建淮军的目的，是想力挽他们的恶习，把他们变成国家的干城。为此，第一要教他们忠君，忠君必须先敬畏官长，这是义；第二教他们爱民，爱民一定先保护家乡，这是仁。这就要求纪律严明，训练有素。李鸿章在上面倡导，全靠你们鼎、铭、春、树各营的领导教导、训诫他们。淮军里的人将来成为国家的名将达官，乃是你们训诫的功劳，假若成为骄兵悍卒，危害国家，也是你们不教导训诫的罪过。成败祸福，可以说系于你们身上，尤其在于初创的数月之内。

曾国藩从不板起面孔训斥人，而是讲道理，注意对人的感召。他后来又亲自给李鸿章写信，督促将杀县令的士兵绳之以法，教育淮军要严明军纪。

4. 培养忠诚和献身精神

曾国藩曾提出"天道恶贰"，"贰"就是不忠诚，首鼠两端。他早年目睹那些身居高位而又无所事事的人，曾痛切地发出这样的慷慨之言：

我一直以为，无兵不足深虑，无饷不足痛哭，独举目今世，求一攘利不先、赴义恐后、忠愤耿耿者，不可立得；有时即使得到，又屈居卑下，往往抑郁不伸，或遭遇挫折、或离职而去、或抑郁而死。而贪婪庸劣的人，位高而权重，而富贵、而名誉、而老健不死，此其可为浩叹者也。

　　咸丰十年七月，郭嵩焘因盛推大学士翁心存，当月二十三日，曾国藩回信表示"知人甚难"，他说：

　　往在京师，如祁寯藻、杜受田、贾桢、翁心存诸老（皆为大学士），鄙意均不以为然，恶其不白不黑，不痛不痒，假颠顸为浑厚，冒乡愿为中庸，一遇真伪交争之际，辄先倡为游言，导为邪论，以阴排善类，而自居老成持平之列。三四年间，尝以此风为云仙（郭嵩焘）亲家言之，今来示盛推翁公，殆以一荐之惠难忘。去年来示，盛推僧邸，仆与舍九弟曾私虑其不终。人固不易知，知人固不易也。

　　这种看法与胡林翼极为相同。胡林翼说：

　　吾辈不必世故太深，天下惟世故深误国事耳。一部水浒，教坏天下强有力而思不逞之民；一部红楼梦，教坏天下之堂官、掌印、司官、督抚司道首府及一切红人，专意揣摩迎合，吃醋捣鬼。今日之廷臣，与凡一切官吏，皆亡国之人与彼处耳。所以愿与彼处，不愿与师友处，何也？好谄佞、好柔媚、恶冷、恶淡、恶方严耳。

曾国藩大表赞同，对胡说：

默观天下大局，万难挽回，我们所能做的，引用一班正人，培养几个好官，以为种子。吾辈所慎之又慎者，只在用人二字上，此外竟无可着力处。

因此在曾国藩看来，培养人的过程中，最重要的就是培养一个人的忠诚感和献身精神。他一直说，现在的天下早已没有是非，他希望用几个人的表率作用，让更多的人向他们学习，以忠诚作为天下倡导。常常把"书生以忠诚相期奖""我不知战，但知无走，平生久要，临难不苟"作为教育人的根本。

他在培养献身精神方面，有一个最典型的例子。

曾国藩做了两江总督后，清朝给他最高的一个期许，就是让他在最短时间里把南京城拿下。曾国藩接到署理两江总督的任命后，立刻做了一件事情，就是把两江总督署的大营，同时也是行军的统帅部搬到了天下最危险的地方——祁门。

在安徽祁门这个地方，湘军遇到的危险非常大，陈玉成、李秀成等太平天国后期的这些大将，经常率几十万大军包围祁门。曾国藩几乎被太平天国的小将们抓到。所以，下面的人经常提醒他，是不是应该离开这里，不要继续在祁门这个最危险的地方驻扎下去？并说统帅应该找到一个更安全的地方。但曾国藩坚决不退。到休宁时，有的人还提出更有说服力的理由：休宁不是你死的地方，两江都是总督辖境，何者为退？何者为进？曾国藩笑着回答说：前两江总督何桂清离开常州时，身边的人可能也是这样说的。

原来，两江总督署在常州，面对太平天国即将大兵压境，何桂清请求驻到苏州筹饷，实际是逃离，因此将行时，常州绅民塞道请留，何的随从开枪向挽留的人射击，打死十余人，才得以脱身。至苏州时，巡抚徐有壬拒绝打开城门，何桂清只好逃到上海。随即苏州也被太平军攻陷，徐有壬死，遗疏再次弹劾何桂清当了逃兵。但因英法联军进犯京师，咸丰皇帝逃往热河，何桂清的案子迁延两年没有结果。王有龄及江苏巡抚薛焕都是他原来的属吏，迭次上疏为何乞恩，清廷不许。言官也数次劾奏，直到同治元年，才将何逮捕下狱，判拟斩监候。大学士祁寯藻等17人上疏论救，尚书李棠阶力争，谳乃定。何桂清援引司道请他的禀牍作为洗脱自己无罪的辩词，清廷将事情交曾国藩察奏。曾国藩上疏说："疆吏以城守为大节，不宜以僚属一言为进止。大臣以心迹定罪，不必以公禀有无为权衡。"当年冬天，将何桂清弃市。

曾国藩讲出这样一则因逃亡而被清朝处死的案例，并且，这件事可以说就是曾国藩处理的，现在轮到自己，不能搞"双重标准"，因此任凭属下怎么劝，他也不动摇。但曾国藩有一个观念，就是"身履诸艰，不责人以同难"，因此对身边的幕僚说："这样吧，你们要走的话，我给每一个人开三个月的薪水，等事平之后，最危急的时候过去了，大家再回来。我仍然会按照以前那样对待大家，毫不介意。"

曾国藩这样一说，下面的人纷纷表示："我们一定要跟大帅共甘苦，共患难！"所有人都不走了。于是，曾国藩在这里度过了他一生中最危险的一段时间。曾国藩一生有四次自杀：在祁门的时候，他每天把剑悬挂在自己的船顶，太平军要是打进来的话，随时准备自杀。而且他还写了一份遗嘱，早已做好了战死的准备。

5. 甘雨兴苗，正面教育为主

曾国藩在总结人才培养的重要性时说：天下无现成的人才，也没有生知的卓识，大概都是由勉强磨炼而出。《淮南子》说"功可强成，名可强立"，《中庸》所说的"人一己百，人十己千"，讲的就是勉强功夫。

胡林翼也说：人才因磨炼而成，总须志气胜人，乃有长进。成败原难逆睹，不足以定人才。

曾国藩特别重视正面教育，即以积极鼓励、引导为主，他说："人的可塑性是很强的，哪有固定的道理，如果你经常褒扬鼓励它，就像甘甜的雨露滋润禾苗一样，它就会健康地成长为人才；如果你经常贬斥打击它，就像严寒的霜剑凌杀万物一样，它就会凋零萎缩，不能成为有用的人才。因此，我们必须学会培育人才。"

李元度是曾国藩着意培养的人才之一，他发现李有"喜大言"的弱点，多次与他倾心交谈，戒其改正，但还是正面教育为主，而且注意给人留情面，甚至还将自己放进去一并检讨，这让下属非常受用。他对李元度说：

> 吾辈均属有志之士，亦算得忍辱耐苦之士，所差者，咬文嚼字之习气未除。一心想学战，一心又想读书。所谓"梧鼠五技而穷"也。仆今痛改此弊，两月以来，不开卷矣。阁下往年亦系看书时多，料理营务时少。其点名看操、查墙子等事，似俱未躬亲，此后应请亲任之。

咸丰十年七月，曾国藩给李元度的好友沈葆桢写信，希望沈葆桢到来后对李元度所用的人一一甄别，并希望对自己用人不当之处，不吝指正。他说：

> 次青（李元度之字）过人之处极多，惟弟（自指）与阁下知之最深，而短处则患在无知人之明。对于那些在高位者，犹或留

心察看，分别贞邪。对于位卑职小，出己之下者，则一概"援善从长"之义，无复觉有奸邪情伪。凡有请托，无不曲从。即有诡状发露，亦必多方徇容。此次青之短。将来位望愈高，终不免为其所累。阁下知人之明，远胜侪辈。务求台驾迅出，且先在信州小驻，将次青所用文武各员，一一经法眼甄别，位置得宜，优劣得所。次青去此一短，则众长毕露，幸甚。敞处用人间有不当，亦望阁下时时惠锡箴言，以资质证，至祷至祷。

曾国藩认为，李元度长处甚多，但没有"知人之明"，特别是在下属面前，谦恭包容，使得命令不行。为此，请沈葆桢来把关。

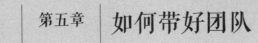

第五章 | 如何带好团队

呼吸相顾,痛痒相关,
赴火同行,蹈汤同往,
胜则举杯酒以相让,
败则出死力以相救。

——湘军的练军纲领

曾国藩的心腹幕僚薛福成曾经总结曾国藩之所以能成功，是因为他"以团练始，不以团练终，幸其改途之速"。意思是，曾国藩虽是靠团练起家的，但他最终走的道路不是团练的路。后面这六个字，即"幸其改途之速"最重要，意思是，最幸运的是，他"改途之速"。途是另外一条道路，速是快的意思，指他很快就转轨了。

曾国藩打败太平天国之后，跟他的心腹幕僚赵烈文在一起聊天，倾诉自己的衷肠。

赵烈文问曾国藩："老师你历经艰险，辛苦备尝，你所走过的路仿佛从严冬到了盛夏，但是你在极逆境和在极顺境的时候，对自己有没有成功的把握？"

这就是"赵烈文之问"，可以说问到了曾国藩一生成就的一个根本，因为这个问题太沉重，也太重大。赵烈文的日记中写道，曾国藩摸索着自己的胡须想了很长时间，然后说："现在想来，我做事情本着三个字，就是'不怕死'，这是不是你所说的把握？"

赵烈文回答说："人生至高的境界就是'生死'二字，一个人能够把生和死置之度外，何事不可为？他怎么能不成功呢？"曾国藩这时候已经把太平天国打下来了。

话题一转，赵烈文又说："然在佛教看来，人生仍然是'不了义'，没有到一个更高的境界。"

曾国藩说："阁下的话有点儿玄虚，跟我讲一讲什么是'不了义'。"

赵烈文说："一个人把生死置之度外，就能够做成一番事业，但是一个人最高的境界，'生死'二字都是我们所能决定的吗？生是我们不能决定的，死也是我们不能决定的。在佛教看来，人生有生死仍然没有到达最高的境界，仍然是不了义。什么是'了义'？就是没有生死。连生死这个概念都没有，就进入了义。"

曾国藩说："请你推荐给我一本书看。"

赵烈文于是向曾国藩推荐了《圆觉经》。

1. 团队目标：万人同心，生死不弃

曾国藩有一个理念，这是他在笔记当中写到的。他说："凡是修业之大，人必有景从之徒党。"也就是说，你要成就更大的事业，必然有更多的追随者，这是曾国藩带团队的一个基本理念。他想把湘军打造成一支什么样的队伍呢？

他在办湘军之初，首先基于对八旗兵、绿营兵的腐败无能，找到问题的症结。曾国藩通过很长一段时间的研究得出，八旗兵、绿营兵之所以没有战斗力，概括为四个字，就是"败不相救"。也就是说，越是在打败仗的时候，另外一支军队越是看你的热闹；当你打了胜仗的时候，别人就一起来争功。他说湘军不会这样，他让湘军赤地练军，就是一张白纸重新开始筹划。他给湘军设定了一个目标叫"生死不弃"，是湘军最高的纲领，其他的都围绕这一纲领。湘军具体要练成什么样？曾国藩说：

> 呼吸相顾，痛痒相关，
>
> 赴火同行，蹈汤同往，
>
> 胜则举杯酒以相让，

败则出死力以相救。

当你打了胜仗的时候，我举起酒杯为你庆贺；当你打了败仗的时候，我会出死力把你救上来。曾国藩用生死不弃来形容，这是湘军与其他军队根本不同之处。太平天国自金田起义开始到1853年占领南京，一路上没有遇到大的阻碍，可以说势如破竹。但是定都天京之后，真正遇到了一个对手，这就是湘军。所以太平天国后来流传一句话，叫"逢队最怕曾老虎"。这个曾老虎就是曾家军，指的就是湘军，意思是太平天国最怕跟湘军打仗。那他们最愿意跟谁打仗？愿意跟八旗兵、绿营兵，因为他们腐败无能，每当打仗的时候，他们掉头就跑，所以太平军所到之处势如破竹。

湘军有一种效忠精神，每次打了胜仗或者败仗的时候，曾国藩一定会修一个"昭忠祠"。曾国藩在湘军当中还专门设置了一个机构，叫"忠义局"，主要采访那些死去的将士生前是如何与太平天国作战的所谓所谓"英勇事迹"。昭忠祠的祠文，曾国藩每次都写得淋漓尽致，写完之后，命所有将士一起跪倒在昭忠祠下面，给他们念这个祠文，为的是鼓舞士气！

湘军打败太平天国之后，曾国藩写了一篇最有名的《湘乡昭忠祠记》。

这个"湘乡"狭义指的是他的家乡，从广义上来理解就是湘军。曾国藩在文章中的话，最能体现湘军的战斗力。他这样说，当所有的战士"负羽远征（负羽就是背着行囊，带着武器），乖离骨肉（跟自己的至亲骨肉相分离）"时，"或苦战而授命"（打了几场战役，人死去了）；或"邂逅而戕生"（两个士兵刚刚互相通了姓名，说你来自于哪个乡，他来自于哪个乡，还没有报完，就在战场中死去了）。他们的残骸暴于荒野，"凶问迟而不审"，连最后是死是活都不清楚。"老妇寡母，望祭宵哭"（老妇寡母每天祭拜，从晚上哭到第二天早晨，没有什么比这个更悲惨的了）。

说到这里，曾国藩话锋一转：为什么"死者前赴后继"（就是说前边的人死去了，后边的人紧接着冲上去）？这些人"虽蹈百死而不辞，虽困厄而不悔"，是因为被前面这些死去的人所感动和激励。后面他用了一句话——忠诚所感，气节鼓舞，而不能自已，就是想要苟全偷生都不可能了。

曾国藩鼓舞湘军所有士兵，让他们真正投身到镇压太平天国的战争中去。他说："君子之道莫大乎以忠诚为天下倡。"现在世道这么乱，我们能做的就是"躬履诸艰而不责人以同难"，就是说，我们眼前的大难，都由我们湖南的这支军队来解决，不要求其他人与我们一样。最后得出结论，这是"拙和诚"的效果。

2. "以利为义"，文人领山农

曾做过曾国藩幕僚的王闿运，对湘军的基本体制有一段概括的话，就是这段话招致曾国荃等人的强烈批评。他说：

> 湘军之制，上下相维，将卒亲睦，各护其长。其将死，其军散；其将存，其军实，岂所谓以利为义者耶？

曾国藩"趋湘中所有农夫皆为兵"，单纯靠一个目标、一个价值追求、一个主义，能够做得到吗？当然办不到！还有更重要的，那就是实际的待遇。这个实际的待遇就是"以利益为义"，给别人更好的利、更大的利、更多的利，服务于一个义，这个义就是曾国藩所认定的——把太平天国镇压下去，恢复清朝中兴的局面。所以，湘军一个典型的架构，是"文人领山农"，文人就是知识分子，这些管理团队完全由知识分子组成。山农就是农夫，从大山里头走出来，是一张白纸，思想简单、单纯，便于对他们的思想进行灌输。

曾国藩说，卑琐的人锱铢必较，只看眼前这些小利。若你要求得大利，拥有天下这样一个胸怀，没有一些办法是不行的，没有一个更高的"义"来统率是不行的。

湘军基干的构成，武职人员当中，现在可以查到的有264人，而有功名的人只占11%！也就是说，将帅大多没有更高的文化层次。但是文职官员，即曾国藩的管理团队这一块，现在能查到的211名文职官员当中，有学历的占了多少？208人，其中翰林和进士各有24人。

他的这个管理团队，仅翰林和进士就各有24个人，所以，这是一个有高智商的管理团队。此外，举人有33人、秀才23人。而在所有出谋划策的人员当中，1/3都有学历，即156名参谋当中，103人有学历，其中翰林17人、进士18人、举人29人。

战略是一个方面，用人是一个方面，最后拼什么呢？拼智力！

胡林翼在与曾国藩通信中有这样一段话：开一个作坊，即七八个人开一个作坊，有一个能人就足够了。但是，有五百人的一支队伍，没有七八个智谋之士，绝对不可能存在下去！湘军是有几十万人的大团队，最高峰的时候有三十几万人！这样大的队伍，必须有一个专门的智囊团。这个专门的智囊团里，要有各方面专业才能和专业背景的人，属于高端人才，所以他们能够"文人领山农"。

曾国藩回家为他的父亲居丧期间，向清朝政府历陈办事艰难有三，其中之一是不能取得与绿营同样的待遇。从高层到一般人都是招聘的，不是上级任命，因此有提升的机会也轮不到。有的人立了大功，虽然在吏部备案，职位已经是督抚、司道，但真正有提拔的机会时，却轮不到他们，他们的待遇还和原来一样。一旦告假，所有职务都开除，不能按照绿营的制度领养老金、养廉银。如果他们换了门庭，在省里军、政机关做事，就可以得到提拔。而在这儿连任命最低级的职位都要与地方领导商量，办事的权力还不如地方一般官员。为此，他提出要有人事权，才能把更多的人提拔起来，这是为团队而争的典型事例。

3. 建立有效的激励机制

西方市场经济发达，早就探讨过人的本质及如何调动人的积极性。泰罗提出人是经济的人，梅奥提出人是社会人，一个强调人的经济属性，一个强调人的社会属性，都没有错。

湘军里面对待普通的士兵，采取的是"厚饷养兵"。曾国藩最初组建湘军前，跟"农夫"谈话，他问一个农夫一年能赚多少钱。很多人告诉他，一个农民的一年收入大体上是十两白银。曾国藩说："我组建湘军，这是玩命，如果没有三倍四倍的军饷，就不足以鼓舞这些人，把他们从乡村当中、从大山当中吸引过来。"所以湘军一开始把军饷报酬定得很高，比当时的八旗兵、绿营兵高一倍还要多。普通的士兵月薪最低为四两二钱，一年有五十两白银，与一个知县的薪资水平差不多。

总结它的特点，有几个方面：

一是员工一律按日计酬，按月发薪。普通员工（陆军正勇）每日计薪一钱四分，月薪四两二钱。如果遇到二十九天为一个月，实发四两零六分。

二是员工有试用期，一般为一两个月，试用期每日计薪钱一百文。期满合格，由上级派人点名登记，成为正式员工，薪酬待遇同前。

三是建立伤、亡等恤赏补贴。死亡发恤银三十两，受伤者分为四等：头等十五两，二等十两，三等五两，成废者加倍。

四是所有员工要签订聘用担保合同书，员工由营、哨官回原籍招聘，取具保结（邻佑在上面画押），造具府、县、里居、父母、兄弟、妻子、名姓、箕斗（人手指纹作螺旋形的叫斗，不整齐的叫箕，箕斗册将员士左右手各指箕斗，验明登记，以备核查）清册、各结附册，作为员工档案，以便清查。无保结不收，不明来历不收。

五是开支有法定时间，不能提前，也不能拖后。员工应拿多少，他们人手一册，而管理人员各有公费银，一来防止他们克扣，二来为他们养廉。为每位员工建立了十分详细的档案，哪天进入，哪天离开，中间有任何变动，由专人负责，每个月用款，重新核对多少，如果有空饷，交到固定的公所，可视为员工基金，等他们离开时，视情况发还给他们。

所以，湘军不但在高层当中有主义，有目标，有价值追求，更重要的是，普通的士兵也能得到实实在在的利益。但是，大家可能会问，这么高的数额，钱从哪里来？

曾国藩绞尽脑汁，给士兵开60%~70%的薪水，余下的那些让地方财政做担保。这样做是有好处的，曾国藩说是"一箭三雕"：

第一，暂时解决了他的财政困难。因为初期甚至一直到曾国藩做两江总督时都没有那么多钱，军费一直是困扰他的最大问题之一。

第二，自古以来，士兵钱多之后往往不学好，因为年轻，又背井离乡，吃喝嫖赌，沾染恶习。曾国藩说："我把湘勇从家乡带出来，要像你们的父母一样，对你们的将来负责，不能让你们学坏，所以给你们留一部分钱。"

第三，等这些士兵将来退伍转业回家的时候，就有了一笔钱，在军队时间越长，这笔钱存得越多。有一段时间，清朝政府想把一部分湘军纳入国家体制当中，但是很多湘军不愿意，因为他们服役的时间非常长，这样回家时领的钱都很多。有的人查到民国年间慈善簿的捐款记录，当时很多都是湘军这些将帅捐的，这是曾国藩做得非常好的一个方面。

4. 培养效忠精神，又要有过硬本领

曾国藩打造湘军最重要，也是最成功的一点，是不放松对士兵的精神训练，培养他们的效忠精神，这是湘军训练的最大特点，也是将利转化为义的典型案例。曾国藩说，打仗这些东西，南拳北脚我分不清，兵法的书我几乎没有看过，但是敢说自己在训练这方面最有才能。八旗兵、绿营兵不能打仗，即便把孔夫子和岳飞从地下请出来，也没有办法。但是湘军是赤地立军，完全重新打造，从一开始就非常注重训练。

曾国藩把"训"和"练"两个字分开。前面提到，曾国藩最愿意玩文字游戏，往往把两个字组成的一个词分开，比如他把"教"和"化"分开，把"团"和"练"分开，现在又把"训"和"练"分开。

其中"训"有两条：一个是训家规，训做人之道。用家法来培训这些士兵。他说：

> 新募之勇全在立营时认真训练。训有二，训打仗之法，训作人之道。训打仗则专尚严明，须令临阵之际，兵勇畏主将之法令，甚于畏贼之炮子；训作人之道则全要肫诚，如父母教子，有殷殷望其成立之意，庶人人易于感动。

新的队伍拉上战场之前，曾国藩一定要训话。每逢三、八放操之日，他都会在操场上训话，是为了把自己的思想灌输给士兵。他讲话多达一两个时辰，甚至几个小时，说得口干舌燥。他有一个目标，就是一定要达到"顽石点头""杜鹃滴血"的效果。他要让所有的士兵理解自己的苦衷，理解他们是干什么来了。

曾国藩还把"四书五经"抽出来，选择重点段落，专门编成歌谣进行普及，让那些几乎没有任何文化基础的士兵也能听得懂。他用儒家这套伦理办

法，给他们灌输《孝经》，编成歌谣发到每个士兵的手中，让大家学习。如《劝诫浅语十六条》《营规二十二条》等，都是浅显易懂、日日用得着的纪律规范。

这套办法是从湘军教父罗泽南那里学来的，后来觉得非常有效，就普及下去，因而湘军有个口号：白天上马杀敌，晚上下马读书，这是湘军非常典型的特点。琅琅读书声，湘军好像不是一座军营，简直像一所学校！曾国藩在这方面的训练确实非常成功。这是精神训练，不仅让大家觉得有奔头，重要的是培养了效忠精神。所以史书有记载说：曾国藩常教士卒写字读书，书声琅琅如家塾一样，又以义理反复训谕。义理就是儒家忠君爱国的观念，就像慈父训谕他的爱子一样，听者潸然泪下。

这样做的效果是什么呢？招募一千人的时候，有一万人来响应；招募10000人的时候，有数万人来应。最后"人人乐从军，个个争效命"。湘军为什么有战斗力？他们都不怕死！

后来杨度写了一首诗，非常有意思，他说：

> 城中一下招兵令，乡间共道从军乐。
> 万幕连屯数日齐，一村传唤千夫诺。
> 农夫释耒只操戈，独子辞亲去流血。
> 父死无尸儿更往，弟魂无返兄逾烈。
> 只今海内水陆军，无营无队无湘人。
> 独从中国四民外，结此军人社会群。

此诗描述了湖南人特别是农民都愿意来湘军投军的一番景象。中国不是有句话叫"无湘不成军"吗？就是从这里来的。

但是，只有精神训练还远远不够，前边有了"训"，后面还有"练"的部分。练的部分就是基本技能。曾国藩说：练有二，练队伍，练技艺。练技艺则御一人足御数人，练队伍则御数百人如一人。

在培养忠诚感、效忠精神之后，还要有一个基本技能。曾国藩为所有的湘营订立了十二条，其中《日夜常课之规》七条规定：

一、五更三点皆起，派三成队站墙子一次。放醒炮，闻锣声则散。

二、黎明演早操一次，营官看亲兵之操，或帮办代看。哨官看本哨之操。

三、午刻点名一次，亲兵由营官点，或帮办代点。各哨由哨长点。

四、日斜时，演操一次，与黎明早操同。

五、灯时，派三成队站墙子一次，放定更炮，闻锣声则散。

六、二更前点名一次，与午刻点名同。计每日夜共站墙子两次，点名二次，看操二次。此外营官点全营之名，看全营之操无定期，每月四五次。

七、每次派一成队站墙，唱更，每更一人轮替。

对领导层包括他本人的检查、督促、训练，也有五项要求：

一、每逢三、六、九日午前，本部堂（曾国藩）下教场，看试技艺，演阵法。

二、每逢一、四、七日午前，著本管官下教场演阵，并看抬枪、鸟枪打靶。

三、每逢二、八日午前，主要管官带领赴城外近处跑坡、抢旗、跳坑。

四、每逢五、逢十午前，即在营中演连环枪法。

五、每日午后，即在本营练习拳、棒、刀、矛、钯、叉，一日不可间断。

除此之外，士兵还有最重要的五条技能。这五条技能是达标训练：

一、练纵步上一丈高的房屋，跳步越一丈宽的壕沟，以便踹破敌营。

二、练手抛火球，能至二十丈以外。

三、练脚系沙袋，每日能行百里。

四、练每十人一队，皆习戚继光的鸳鸯阵、三才阵，以求行伍不乱。

五、练马枪、抬枪，必须打靶较准。

曾国藩编的歌谣非常多，如《爱民歌》，此外还有《解散歌》《水军歌》《陆师歌》等，让士兵传唱。《爱民歌》唱道：

三军个个仔细听，行军先要爱百姓。
第一扎营不要懒，莫走人家取门板。
莫拆民房搬砖石，莫踹禾苗坏田产。
莫打民间鸭和鸡，莫借民间锅和碗。
莫派民夫来挖壕，莫到民家去打馆。

筑墙莫拦街前路，砍柴莫砍坟上树。

挑水莫挑有鱼塘，凡事都要让一步。

第二行路要端详，夜夜总要支帐房。

莫进城市占铺店，莫向乡间借村庄。

人有小事莫喧哗，人不躲路莫挤他。

无钱莫扯道边菜，无钱莫吃便宜茶。

更有一句紧要书，切莫掳人当长夫。

一人被掳挑担去，一家啼哭不安居。

如今百姓更穷困，愿我军士听教训。

军士与民如一家，千万不可欺负他。

湘军是一个完整的教育体系，从培养目标到基本技能、体能训练等，构筑各方面的防线。对此，曾国藩有一段经典的总结，他说：

带勇之法，用恩莫如用仁，用威莫如用礼。仁者，即所谓欲立立人，欲达达人也。待弁勇如待子弟之心，常望其成立，望其发达，则人知恩矣。礼者，即所谓无众寡，无大小，无敢慢，泰而不骄也。正其衣冠，尊其瞻礼，伊然人望而畏之，威而不猛也。持之以敬，临之以庄，无形无声之际，常有懔然难犯之象，则人知威矣。守此二者，虽蛮貊之邦行矣，何兵勇之不可治哉！

曾国藩治军可以用三礼来概括：礼遇、礼制、礼治。

5. 高薪养将

在湘军发达和建立的整个过程中，还有一个重要的特点叫"高薪养将"。不仅士兵如此，将领也是高薪。他们的待遇非常优厚，优厚到什么程度？

一个统领五百人的营官，一个月固定拿五十两白银，更重要的是，每个月还有一百五十两的公助银。这个公助银归自己支配，实际上一个营官一个月能拿到二百两白银。我们知道，清朝的一个总督，正常的薪俸只有一百八十两左右，不包括他的养廉银，养廉银当然更多。

中层管理人员营官每月薪水加办公费计二百两。月薪是普通员工的四五倍，完全贯彻厚饷养将的精神。曾国藩说：不宽裕，不足以养廉耻。对海归人员容闳的待遇，月薪银高达二百五十两之多。

一个营官一个月有二百两，一年就有两千多两白银；一个大将不是只带一个营，如果带十个营有多少收入？带二十个营又有多少收入？我们举一个例子来说：彭玉麟是湘军水师的第一大将，属于统领级的，仅次于曾国藩这一级。湘军最后把太平天国镇压下去之后，彭玉麟可以领到多少钱？大家可能想不到，六十万两白银！但彭玉麟这个人很淡定，把这六十万两白银全部捐献了，做了慈善大使，此事气得曾国荃直骂娘。而彭玉麟在郡城东岸买的小洋楼，名"退省庵"，也花了不少钱。

因而王闿运说，统五百人的中层，每年收入三千两，统万人的高层，岁入六万两，还是廉洁的。

这说明湘军是高薪养将。过去，将领经常克扣兵饷，士兵没有战斗力，没有士气，又不服上级，这时候，曾国藩采取高薪养将，对这些管理者实行高待遇，这是非常重要的。

最阔绰也最豪爽的还是曾国荃，因此也招致世人的议论和不解。曾国藩经常写信予以规劝，他说：我过去多次批评你于银钱取与之际不甚斟酌，朋友及高管中有人讥议菲薄你，根本原因实在于此。去年冬天你买梨头嘴、栗子山，我劝你不要买，你也不听。以后必须和你约法三章，做到不妄取分毫，不寄银回家，不多赠亲族。你在湘乡建造的豪宅，规模之大超出你的身份，必须限期拆毁。

曾国藩私下与赵烈文密谈时也为此感到忧虑。一次，他问起曾国荃攻破南京时的情节。赵回答说："沅师是受身边人的牵累了，其实，没有人向他进献子女玉帛。当时各文武将官，以及派遣到外面的人，每个人都预备了一个用竹子编织的簏，凡是得到贵重物品，就打开竹簏藏起来。遇到陌生人时，就弯下身体竭力挡住，那种丑态百出的样子十分可笑。"曾国藩听了这番话后，狂笑不止，随后说道："我的老弟所获无几，但老饕的名声传遍天下，不是太冤枉了吗？"赵说："何冤之有？自古以来，成就大功业的人，哪一个不蒙受怨谤之言？往往也有招致杀身之祸的，有被打入狱中对簿公堂的，有废弃终身不再任用的，为什么？因为诽谤的话与功名二者之间，从来都是如影随形般相附而行的，有什么值得怏怏不能忘怀的呢？况且，如果沅师加意掩饰自己，那么，怎么还会有对他的谤言呢？但是，沅师如果一意掩饰自己，夹起尾巴做人，那就不能成就沅师的功业了。我曾看见沅师专门派遣一个将领进京，用八百两白银买笺纸，京城的官员因为这件事，闹得沸沸扬扬的。凡是亲近他的人，都为他惋惜。不才赵烈文则以为，这正是沅师过人和可喜的地方。现在，沅师大功已成，众多人对他的谤言不久就会慢慢地减退，千秋之后，盖棺论定，最终沅师还是瑕不掩瑜，到底自成一家，有什么损害？！如果在这个时候，突然改变他平时一贯的做法，违心地顺应世俗风气，对沅师而言，没有丝毫功效。相反，邯郸学步，不但让人笑话，而且，真性即内在的东西也会逐渐丧失掉，最后，必然落得个进退都没有凭借的地步啊！"曾国藩说："你的话很有道理，我的意思也正是如此。因此，当我的老弟弹劾官文相国后，群起而非难他，我并没有说一句责备的话，也是前面你说的那个意思。"

关于曾国荃是否发了大财，王闿运对其弟子费行简说："曾氏兄弟都不富，曾国荃任湖北巡抚时，弹劾官文提用公款，当时官文声势显赫，如果他自己也有贪污之类事情，他岂敢如此弹劾官文！后来，官文的党羽佛尔国春弹劾曾国荃，也没有这方面的内容。可知传说的事是不实的。"费行简也说："世间说曾国荃攻克江宁时，洪、杨军中的奇货宝物全归了他，实际是诬蔑不经之词。他们兄弟都统率大军，又历经多年，而曾国荃于同治三年（1864年）乞病归乡时，倾其以往的积蓄购置田产，实际不过白银三万两而已。他的姻亲曹襄纪对我说得最详细。"

6. 扩张须独当一面之才

在湘军的整个扩张史中，还有一个重要的特点，就是为觅独当一面之才而处心积虑。我们知道，任何一个大的团队在发展过程中都有一个急速发展的时期。在某一时间段内，它得到了非常快速的发展，而能否度过"扩张期"，对发展至关重要。

湘军就是这样。曾国藩任两江总督之后，胡林翼告诉他：你不要做谨慎宰相，要破格请将，放胆添兵。当谨慎宰相收拾不了现在的残局。所以，湘军出现了一个急速发展的时期，由几万人发展到三十几万人。与此同时，又出现了很多新问题。

湘军的管理架构是这样的：统帅的下级叫统领，像曾国藩是所有军队的统帅，他的下级就是统领。统领下面是营官，营官下面是哨官，最基层的是士兵。现在军队扩张之后，就缺乏了能够独当一面的统领之才。过去一个统领管理很多营官，像我们前面讲的鲍超，一个人带二十个营，怎么能照顾得到啊！曾国藩找他谈话，对他说：你自己照顾不到就要分出去一些。

所以，湘军在扩张期也遇到了今天我们大集团、大型组织遇到的同样问题，即实行管理，还是实行垂直型管理，要么就是中国古代最普通的金字塔形管理。湘军在体制改革中做得最大的建制，就是在统领和营官中间又加了一层架构，叫作分统。对此，曾国藩与胡林翼几个人在一起讨论得非常多，最后设了分统这个层级。就是说，在层级当中加了一层，这一点对我们今天的管理非常有借鉴意义。

随着湘军的扩张，战场分布在江西、湖北、江苏、安徽等省，每一个省的主要地区都需要独当一面的人才，这就和开始时只在长江水上一线展开攻势的情况不同。既然要分多路作战，每路就必须有一个统领作指挥，所以统领的人选成为极严重的问题，当时曾国藩、胡林翼都有缺少统领之人的慨叹。

曾国藩给胡林翼写信说：现在营官不乏其人，但到几个省后，很难找到合适的统领。而且，即使增加几个新营也不是什么难事，但找到统领实在是千难万难！这就好比开作坊与开店面。开作坊有几个人就可以开张，但开店面就不同，必须要有得力的人才行。如果把店面开到一个省、几个省，则必须有大将才。

胡林翼回复说：

> 现在并不缺乏营官，而哨长、队长尤易选择，所缺乏的是统将。统领必须具有勇敢的素质，但这不算本领，必须智略足以进行运作，器识足以服众，方可胜任。总须智勇二字相兼，有智无勇，能说而不能行，有勇无智，那么，力量弱会失败，力量强也会失败。不明方略，不知布置，不能审势，不能审机，即使千万人终究也一定会失败。

曾国藩还认为，统领这样的人才必须天生是人才，并非靠学习锻炼能达到的。1858年，他与胡林翼说：王开化不知可否算一个？李续宜曾经称赞他，我也问过左宗棠。李瀚章的弟弟李鸿章，他的才能与气魄似乎可以统领方面。郭昆焘的性格内耿介而外圆和，论事观人都很有见地，是我们湘乡的一把好手。沈葆桢与江西省的官员多龃龉不和，每天在那里怄气，我担心他忧闷成病。还有建昌的王太守明决有才，这三个人再加上李元度，都是济时的良器，但都不是做统领的最好人选。所谓千军易得，名将难求，我为此睡不好觉。

这里，曾国藩提到了七个人的名字，但是哪个人可以胜任统领？明确说的只有李鸿章，为什么曾国藩后来让李鸿章组建淮军呢？原因正在于此。

1860年，曾国藩接任两江总督、钦差大臣，为适应湘军急剧扩张，由胡林翼提出，曾国藩最后决定设立分统的制度，使营官到统领中间有了个过渡，多了一层历练的阶段。

具体做法是，凡是统领超过十个营的，必须分拆为二，大体上以5个营为基准，把二十余个营分为前、后、左、右、中五个分统。胡林翼与曾国藩讨论时提出，设一个分统，多了一个层级，有七个方面的好处。他说，赏罚调遣大权仍归统领，就是曾国藩这一层级，指挥权、战略部署权不变。但给下面一层具有权益处理权，遇到紧急事情，进行危机处理。如此的话，纲举目张，事理专一，大权不至于旁落。

分统得当，职权专一，易于领导下面的营官，这是他讲的第一个好处。

第二个好处是，分统和营官上下之间平常很熟悉，互相非常了解，情谊较密，融洽相处。而统领不一样，他统领二十几个营，每天都和每个营官打交道是不可能做到的，所以，加了一个分统，营官就易于领导，临事也能够应付。

第三个好处，他打了个比喻，说营官好比州县官，如果一个国家只设州县官，而没有设中间一层道府官，直接在州县上面设督抚，就是省一级大员，这样就会产生很多问题。现在设分统，就等于中间加了一层，类似道府，使他们便于领导，也使统帅更加有力。权力既得到伸展，又能够有所制约，所以这个措施非常好。如果临时出现事情，一个营官原本要向统领请示，现在直接向他的上级分统请示就可以了。一个分统负责三四个营，很快就能运转起来。所谓"则事以分责而自理，不致一一请示统领，致丛脞于前，疏忽于后"。

第四个好处，参天松柏之下，小草就不会茂盛，因为大松柏把所有的营养都吸干了，如此一来，小的枝叶就不会茂盛了。父母荫蔽之下，子女安享富贵，就没有上进心了。现在多设了一阶，好多人就有机会了，营官也有向上的进取心了。这样足以鼓舞这些营官做好事，因为那样就会有提拔的机会。"派分统总管四五个营官，则用心必专，可以练习大事，如果他有才，因得到磨炼而成长，如果没有才，因为有试用期，他的才能良否也不能掩饰，这也是一个选拔人才的办法。"

第五个好处，提出大集团以善于分支为妙用。如果太平军入境，这时候就可以临时把每几个营分散开来，进行指挥作战也比较顺畅。如果把营的建制比喻为手足之分支，足分则支短，故仅能行走站立，而不能做事，但手分支长，故万事万物皆一手造成。故大集团，以善分支为妙用，如果并于一处，则亿万人中打头阵的只有几十人，其余均在拥挤杂乱之列，无法发挥其力量。如果预先分支，可免临事张皇。

胡林翼非常有才华。他说，一个大团体最重要的是"以善分支为妙用"，我觉得这句话非常有启示意义。你做大团体，要善分支，分支就是让大团体有几个四梁八柱，有几个方面军，这样每个人才能"各显手段"，发挥各自的才能，还能使他们有用武之地、有建功立业的机会。如果并于一处，大家都团在一起，那么打仗冲锋陷阵的时候，肯定只有那么几个人。况且，好多人窝在一起，也没有更多的升发希望。

第六个好处，如果有小股力量，分统有人，则防守、反攻都很方便。

第七个好处，统领总会有一些不得已的事情，就是他请假了或有病了，或有其他事情。在这种情况下，如果"分统得人"，就是运用得当，即使统领离开了，分统也可以暂时处理下面的事情。

因为有这七条益处，所以湘军在其组织架构中设立了分统。但是，统领和分统都是独当一面的人，这样的人才都不好找，因此要进行广泛的培训、培养、提拔、选拔。曾国藩形象地说，营官是负责五百人的团队，找好营官如同为女子找婆家，要慎重。找统领，找分统，同样如此。

曾国藩在设立分统的时候，还提出一个非常重要的概念。他说开创事业要"先求人后立法"，这非常重要。某个人被派到一个方面，做方面军的统领，能不能打开局面？这时，选对人最为重要，因此他说先求人。

一个大集团中是有很多规章制度的，有许多程式化的管理办法，这极大地限制了一个人发挥才能。曾国藩提出，在开创事业的时候，应该先求人后立法。先求人，就是先找到最适合担任这项工作，能够打开局面，有创新精神和开拓精神的人，到那个地方去，之后所有的规矩都由他自己创造。等他重新订立了一套规矩，打开局面之后，再让后面的人去遵守。这就是"先求人后立法"。湘军在建立的过程中，采用的就是这个规则和办法。前面讲到，包括像李元度、李鸿章、左宗棠这些人，都是逐渐成为统领，一个方面军的，所以湘军才能成为一支相当强大的队伍。

曾国藩对胡林翼说：我的浅见是，吏治是有一定规矩的，因此可以先立法后求人；行军打仗没有常规套路可寻，所以要先求人而后立法。求人以独当一面的统领为最难，好得非常称职的营官也不易得到。李续宜自三河之战他的长兄故去后，怆怀抑郁，看他的样子，如上了钩的鱼、失去配偶的小鸟，势必难以要求他另辟门面，重立规模。彭玉麟久疲思息，没有昔日那种朝气了，即使勉强他，也一定吃力不讨好。如果在杨岳斌、彭玉麟之外，再求统领人才，不知陈金鳌、刘国斌、李成谋三人可否胜任？还是由胡公定夺。

7. 妥善处理转岗与在职者的关系

如何处理转岗、下岗与在岗者的关系，也是湘军当时亟待处理而且必须处理好的一件大事，曾国藩在此提出"不能影响在岗"、"不使门面遽倒"两个做法。

早在打安庆前后，曾国藩作出"以淮济湘"的战略，即用淮军接续湘军。南京收复前夕，正式实施，他向曾国荃透露：金陵收复后，你的属下肯定不能全部遣散。一则江西是管辖之境，湖南是桑梓之邦，必派劲旅防御保全；二则四五万人同时遣散，肯定没有这么多银钱，而坐轿者愿息，抬轿者不肯，其中又有许多人情物理，层次曲折。

经过反复核算，需要白银五百万两才能将手下十万人全部裁减下来。为了有条不紊地进行，成立了一个专门机构——江宁善后局。先落实曾国荃的员工欠薪，因为曾老九也急着"下课"。

在补发拖欠工资的过程中，又发现，如果让"下岗"的人拿到更多的钱，在职的人心会有动摇，因此曾国藩找了个折中的办法。他跟九弟商量说：老弟所裁的人员，若都让他们在长沙领补全额欠薪，肯定办不到。我打算让他们过长沙时暂补一半，如果裁下来的人今年发全资，则留者皆不愿留。余下的营官发给一些限期期票，或者给下岗的人期札，在定期内向所在政府财政支取。

李鸿章也赞同用期票、期札的办法解决裁撤人员的欠薪问题。这一办法是在规定的时间里，由指定的地方库银去兑现票面、札面上的银钱数额。既解决了一时拿不出、筹不到更多银两的困难，也减少了裁减人员携带现银的风险，尤其是避免引起在岗者的羡慕，而导致动摇军心。

关于曾国荃本人回家，也要处理好与曾国藩这位在岗者的关系。他在写给九弟的信中，反复强调"为阿兄撑门面"的道理：

你想退下来是肯定的，但退中次序不可凌乱，痕迹不可太露。弟撤勇之事，余必一一速办。弟之退志，兄应成全；兄之门面，亦赖弟成全。倘兄之门面撑立不住，弟亦无颜久居山中矣。熊登武、张诗日、刘南云三人，弟万万不可放走；陈舫仙稍迟一步，明年再退可也；此外孰留孰散，听弟裁酌，总不使我遽倒门面为要，千万千万。

这番话说得非常明显，就是阿弟退下来，要保证阿兄在台上站得住为根本，否则，不但阿兄要倒台，而且阿弟将来也没有东山再起的机会。

第六章 | 满足下属成长需要

"自立立人、自达达人"是他对待下属的一个
基本理念，意思是不但自己发达，也让他的团队、
追随他的人发达。

曾国藩有一个用人的理念，就是自立立人、自达达人。同样，这也是他对待下属的一个基本理念，意思是不但自己发达，也让他的团队、追随他的人发达。

1. 中国管理的"八字法"

这使人想到，春秋五霸之一的——齐桓公。齐桓公刚即位时，想称霸群雄，他把鲍叔牙找来问策。鲍叔牙说，如果要让我帮助您治理好国家，我能胜任；如果要我帮您称霸天下，我不能完成您赋予我的使命。我可以推荐一个人，是我平时交往最好的朋友管仲，因为我在五个方面都不如他。我们今天所熟知的历史典故，叫管鲍之交，说的就是关于鲍叔牙和管仲的故事。管仲是何许人？他就是齐国公子纠的师傅。齐国大乱后，国君空缺，他在同公子纠从鲁国往回赶时，差点儿将同样逃难在外（莒国）回国抢夺国君之位的公子小白射死。公子小白装死，才躲过一难，即位做了国君，称为齐桓公。在齐桓公的要求下，管仲被鲁国装在死囚笼子里送回来。人要成就自己的事业，待英雄就要屈身。齐桓公不计前嫌，把管仲请来，一见面就问，你有什么办法让寡人称霸？

管仲告诉他，需要有三个层次的人才：

第一个层次是英雄豪杰，这是制定战略的人。

第二个层次是高级管理人才，国家的精英。

第三个层次是专业的人才。

这三种人才都要用不同的办法，才能网罗来。他有一个纲领性的东西，叫"假而礼之，厚而勿欺"。"假"和"借"在中国古代是通用的，"假而礼之"的"假"就是授权。管理当中最重要的原则，就是授权，让你的下属充分发挥他的才能和智慧，所以他用的第一个字是"假"。"礼"是礼遇。礼遇是培养一个人对一个组织的忠诚感、使命感。

萧何追回韩信，对刘邦讲，如果你能够用韩信，天下就是你的。刘邦说，我马上封韩信为大将。萧何说不行，大王平素待人简慢无礼，今拜大将像呼小儿一样，这就是韩信所以要离开您的缘故。您如果真心要拜大将，一定要择良辰吉日，还要斋戒多日，同时要造拜将坛场，所有礼仪都准备好的时候，才能拜。于是刘邦就大造舆论，手下所有大将都以为自己会封大将军。但是，等宣布的那一天却是韩信。《淮阴侯传》记载，"一军皆惊"，所以韩信终生为刘邦卖命。当时，有很多精通相面术的人，特别是齐人蒯通提醒韩信说："我观察人，贵贱在于骨法，忧喜在于容色，成败在于决断。以此互相参证，万无一失。刘邦这个人，绝对不能跟他在一起做，打江山之后要立刻远离他，要不然你就会招来杀身之祸。"但是韩信不动摇，他说："大王对我的礼遇太高了。将他的车子让我乘，衣服让我衣，饮食让我食。在我没有更多战功的情况下，封我为大将军。我不忍心背叛他。即便为他死，我也认了。"一个人能够把另一个人感动到这种程度，让他死心塌地地为自己效忠，这是最重要的。

"厚而勿欺"的"厚"字就是讲待遇，待遇一定要优厚，有实实在在的利益，其他的东西不行。胡林翼曾说，对待一个人，"责之要严，待之要宽"。若你赋予他的使命职责非常严格、非常高，那你给他的待遇就一定要优厚，不能按常规行事，所以他说"厚而勿欺"。最重要的是后面两个字"勿欺"，我觉得是这样。

齐桓公一直重用管仲，达四十年之久。司马迁认为，齐桓公称霸，九合诸侯，一匡天下，都是管仲辅佐的结果。一直到孔子的时候，当子路和子贡问到管仲算不算一个仁者时，他回答说："微管仲，吾其被发左衽矣。"不能用百姓的视角来看待管仲没有为公子纠而死这样的"小节"，对管仲的评价提到了非常高的一种程度。

所谓"勿欺"，就是当一个组织、团体打下江山之后，你一定要让追随你的人分享胜利的成果，兑现当初许下的诺言，不要做出"飞鸟尽，良弓藏"的事。待遇要高，不要欺骗他，这样天下豪杰就会来了。

齐桓公接着问，第二层次的管理人才，要用什么样的办法得到？管仲说："五而六之，九而十之，不可为数。"以别人给他的待遇作为标准，你给他五到六倍的待遇，或者九倍十倍，"不可为数"，意思是没有一个界线。总之，不管用什么样的办法，只要能把这个人才挖到手，就是最终目的。

齐桓公最后问他，那些能工巧匠、技术型的人才，应该用什么办法得到？管仲告诉他："三倍不远千里"。意思是说，给他出三倍的价格，他就会不远千里到你这个地方来。

齐桓公最后说，我已经知道"战胜之器，攻取之数"了，你不要再说了。

这是古代中国非常好的一个管理案例。第一次把人才分为三种级别、三个层次，而对待的办法不同，但八字法是相同的。

2. 满足成长需要

曾国藩在他掌控的资源能够满足下属成长需要时，践行了一个非常重要的理念："合众人之私，以成一人之公。"

不过，他起兵之初并不是这样的，那时他吝惜花钱，因为他手中的那点有限资本是他四处"化缘"来的，所以很吝惜，舍不得重赏。

打下武汉时，胡林翼向清朝奏请，提出应该奖励或提拔的人，是所有参战人员的百分之二十多。同样的战绩，曾国藩打下武汉的时候，向清朝奏报，提出奖励或提拔的人只占百分之二到百分之三，比例很小，不足以鼓舞士气。结果，好多人跑到胡林翼那里去了。曾国藩每天在那里反省：是不是自己的道德修养不够，还是在某一方面做得很差？不然的话，为什么许多人舍弃了我，而到了胡林翼那个地方？

这时，刘蓉、赵烈文给他提出了非常好的建议。早在曾国藩刚办湘军时，刘蓉就劝告他：

> 当今天下祸乱方兴，欲驱天下智勇才辩之士，捐坟墓，弃亲戚，出没锋镝以与敌斗，非赏不劝。汉高捐四千户封赵壮士，而陈豨授首。项羽印信不忍给别人，而韩信、陈平终于弃他而去。所以，滥赏则有才志士耻与庸人为伍，而吝赏又无以维系豪杰之心。以廉自奖，又将以廉绳人，那些功名之士，就会掉臂而去。所以说，廉介操守，作为自我约束的志向则可，而要做大事，鼓舞群伦，显然不行。

刘蓉举出项羽功高而不赏、终失韩信等事例，劝曾国藩通过赏功以维系天下豪杰之心，这对曾国藩产生了直接而深远的影响。曾国藩接到刘蓉的信后，大为折服，随即写信力邀入幕。

后来，刘蓉几次劝曾国藩，希望他的舞台能够迅速地壮大起来。他说，左宗棠、郭嵩焘这些豪杰，为什么不乐意为您所用？而这些人对您都非常了解，更不要说不了解的人不愿意追随您了，了解您的人都想舍弃您，原因在哪里？他说，古往今来，失去天下人才的就有三条：第一条求才不竭其诚。即不用一种诚实的心态来求人才，人才就不会来。第二条，遇之不优其礼，即待遇不优厚，同时对人不够礼貌尊重，人才来了也不会留住。第三条，用之不尽其才。人才受到限制，他的才能得不到发挥，也会另谋高就。您要检讨自己，看看自己在这三个方面是不是都有问题，特别是不要每天都想着自己的聪明，要多看别人的长处、优点。

刘蓉最后说："多士景从，大事乃成。"古往今来都证明了这是真理。只有拥有更多的追随者，才能成就自己的一番事业。否则就会"师未举而势已孤"，事情还没有做起来，你就成为孤家寡人了。后面还有一句：组织、机构没有创立完成，人情已经涣散，您此时孑然一身，谁跟您共功名、济艰险？

这句话打动了曾国藩。但曾国藩此时没有人事权，因而没有更多的施展机会。咸丰十年以后，他任两江总督、钦差大臣，四省（浙江暂时代管）人事大权在握，如何能快速见成效，是个大问题。为此，曾国藩四处招贤，让众人帮他出主意。

后来，成为他心腹幕僚的赵烈文给他上了一份万言书。他的结论主要有四点，用一句话来表述，就是"合众人之私，以成一人之公"：

第一，天下人都是为求利而来。天下混乱时，人的志向日益奔放，凡是才能出众的人，都想奋发自立，四处奔波，寻找靠山，大多数是为了求利而来。

第二，聪明的领导应该满足人的欲望，不失其意，责人之力，不求其情，因而人人都认为自己得到了信任，誓死效力，满足众人的私欲，才能成就一个人的大公。

第三，与人共患难的时候，对进取心很强的人，提拔时务求缜密，这恐怕是自我孤立的做法啊。您应该多储藏人才，广纳贤明，这样，就能收到偶然有用得着的时候就很有益处的效果，即使其中有识辨错误或者滥等充数的，对您的损失也非常小，而您因此获得了礼贤下士的美称，由此而带来的利是很丰厚的。

第四，自古以来，英豪霸主的方略不同，但均须寻求贤明辅助自己。祈望您宽宏大度地接纳天下贤明之才，严格要求，责以实效，这实在是关系到安危存亡的重大事情。

赵烈文提出"合众人之私，以成一人之公"，众人之私。也就是说，每个人投到湘军阵营，加入曾国藩的队伍，都是抱有不同目的的，这相对于个人而言是"私"。只有满足了众人之"私"，才能成就一人之公。文官要名的，你一定要满足他的名；武官要钱的，你要给他钱。等到满足了所有人的需求，也就成就了你一个人的"公"。这个"公"不就是你想要的兴天下、把太平天国打败吗？曾国藩读到万言书之后，"幡然悔悟，一改前志"，以前的做法完全变了。为什么？因为在草创事业和事业大发展的时候，如果慎重提拔、吝惜钱财，这就是一种自我孤立的做法，应该反其道而行之。曾国藩从此一改前志，大胆地用人，大胆地举荐。

3. 让有才能的人各建功业

曾国藩认为，政治家不管职位多高，实际上只有两件大事要抓紧，这也是衡量他真正功绩的所在，即得人和做事。得人不仅反映在人尽其才、人尽其用上，更重要的是让下属有发展的空间，直到展翅高飞。

曾国藩致信李鸿章说："昔麻衣道者论《易》云，学者当于羲皇心地上驰骋，无于周孔脚跟下盘旋。前此湘军如罗罗山（罗泽南）、王璞山（王鑫）、李希庵（李续宜）、杨厚庵（杨载福）辈皆思自立门户，不肯寄人篱下，不愿在鄙人及胡（林翼）、骆（秉章）等脚下盘旋。淮军如刘（铭传）、潘（鼎新）等气非不盛，而无自辟乾坤之志，多在台从脚下盘旋，岂阁下善于制驭，不令人有出蓝胜蓝者耶！"

自先秦荀子等人开始，就鼓励个人发展。不过，真正见诸行动者比较少见。曾国藩力倡"自立门户""自辟乾坤"，把传统文化中尊重个人的因素发挥尽致。他甚至主张，宁用"好逞才能，好出新样"且能"遇事体察"者，也不用"好讲资格，好问样子，办事无惊世骇俗之象"的官气十足之辈。他充分调动部属的主动性和创造精神，显示了他博大的胸怀。

李鸿章赴上海练淮军，曾国藩说："少荃去，我高枕无忧矣。唯此间少一臂助，奈何？"李鸿章再请，曾国藩不但欣然同意，还送上马扶一程，令李鸿章终生铭记。

湘军实行"分统制"后，由于在层级上多了一层，也就给更多人以升迁的机会，但也有人反对。因为这使得自己手下直接掌控的人员减少了，而人员减少会直接影响到自己的力量、收入等利益。鲍超就是其中之一。

为此，1862年4月，曾国藩给鲍超写信，明确提出让有才能的人各建功业的主张。对他说：

> 你统领的营实在太多。营官、哨官都是中层，管理本就不易。一个人的精力毕竟照管不到，不如选一两个分统。宋国永、娄云庆这二人，资格、才识都是胜任的。霆字十五个营，完全可以分五个由宋国永掌管，再分出五个交娄云庆统带。其余五个由你亲自统领。这好比大树长得很高大，如果没有枝，就没有叶、没有荫，一定要有大枝长条才有密叶浓荫，所谓枝繁叶才茂，就是这个道理。从人之常情来说，有才能的人都想独当一面，本事

更大的甚至想自立山头。如果手下有这样的人，就应该让他们独当一面，使他们各显手段、各建功业，这样才能使他们减少久居人下的怨气。像近来从你这儿出去投奔别的地方的陈由立、余大胜，就是因为久居人下，想另寻出头之日啊！这样也使你的担子减轻，照管事情容易周到。你如果再不分支，将来另谋高就的，恐怕不止陈、余这几个人吧！我十分忧虑，希望你早日去落实。再者说来，做到我们这样位置的，凡是利益所在，应当与人共有；名之所在，应当与人共享。你统领的用费浩繁，但似乎没有做到与下面的人同甘共苦。以后若派分统之人，必须将经费公平使用，使他人宽绰有余，那样的话，人心都会归服。希望你考虑。

后来，鲍超在曾国藩的一再劝说下，把手下的人逐渐地择将分支，建起了更多的营。这是一个非常重要的理念。

4. 为下属承担责任

曾国藩为下属承担责任，是他获得更多追随者、支持者的重要原因。李鸿章刚到上海，清廷几乎几天就下一道谕旨，要李出战。但曾国藩告诉李，没有把握，坚决不出战，朝廷要处分你，你就说是我曾某人要你这样做的。

这样的事例很多。如他坚定支持刘铭传的"倒守运河"之策以平捻，堪称是他为下属承担责任的典型事例。

曾国藩在镇压捻军的过程中，遇到一个非常大的问题，就是捻军的战术是用一种飘忽不定的作战方式，每天奔袭几百里，"多打几个圈圈"，将官兵拖得疲惫不堪。跟太平天国不一样，太平天国有固定的根据地，而捻军以骑兵作战为主。按理说，清朝是马上得天下，骑兵作战应该是本行。捻军擅长突袭，因而即使是清朝最倚重的僧格林沁亲王，能征善战，但统领三千骑兵，开始镇压捻军时，亦三战三败。最后于1865年5月在山东曹州高楼寨之战中，为捻军所灭，本人被杀。

曾国藩打仗喜好"以静制动"，他吸取僧格林沁的失败教训，制定了以堵截为主、以追击为辅的战略。1866年6月，捻军各股聚集到河南省沙河、贾鲁河以西以南。这时，刘铭传提出防守沙河的建议，要点是将捻军阻遏在沙河、贾鲁河以南以西，然后将其逼向河南、湖北交界山多田少的山区，再聚集湘淮军将其消灭。这就是有名的防河之策。但是沙河自西向东长千余里，贾鲁河又泥沙淤积，湘淮军人数不足，只好补充以河南的豫军。曾国藩事先奏报清廷，说贾鲁河上游朱仙镇以北到省城开封四十里，开封再往北到黄河岸三十里，全部豫军只守这七十里的地段，虽然地段很短，但这七十里全是沙地，挖壕筑墙都很难。将来如果得胜，守这七十里的豫军一同论功行赏；如果整个防河计划不成功，他独自承担责任，而请朝廷不要处分河南巡抚李鹤年。

在这种极为艰难的情势下，曾国藩于同治五年六月二十五日给刘铭传写信，约定共同坚守"防河之策"，并表示由他承担一切责任。他说：

　　　　这种方案以前没有人跟我建议过，这是你提出来的，现在由我来主持实施。自军兴以来，凡有一个谋划动议，有一件兴革创建之事，必有风波磨尽，必有浮议摇撼。从前水师之设，创议于江忠源；安庆之围，创议于胡林翼。后来本人办水师，一败于靖江，再败于湖口，将领们都希望舍弃水而就陆，坚忍维持，而后再振；安庆没有合围之际，祁门危急，黄德糜烂，许多意见都要撤安庆之围，支援两处，因鄙人坚忍力争，而后有济。至于金陵百里之城，孤军合围，大家都恐怕重蹈和、张之覆辙，即使我本人也不以为然，其后坚忍支撑，竟以地道成功。可见天下事，果能坚忍不懈，总可有志竟成。

平灭捻军的办法，骑兵既然不得力，防河即属善策，但须以坚忍持之。假如初次不能办成，或办成之后，一处疏防，敌人仍蹿过沙河以北，开、归、陈、徐的百姓一定会怨我们不能屏蔽，中外一定讥讽我们既不能战，又不能防。无论何等风波，何等浮议，本人当一力承担，不与建议者相干。即便将来要归咎到豫兵不应株守一隅，我也当一力承担，不与河南巡抚等相干。这就是我贵于坚忍的所在！

在捻军后面追击虽然劳累无功，但容易显功效，容易收名誉。防河虽劳而功不甚显，名望也会稍减，统禁旅者不屑为之。你现在做的既不显功名，又极为艰难，同僚和下属中未必人人谅此苦衷，识此远谋，难保不有一二违言，你应当勤勤恳恳，譬如自家私事一般。求人相助，央人竭力，久之人人都鉴其诚而服其智，等到防务办成，则又让他军接防，而自带铭军游击，人必更钦其量矣。这是你贵于坚忍的所在。若刚受磨折，或闻浮言，而意沮而思变计，则掘井不及泉而止者，改掘数井，亦不见泉矣。愿与你共勉。

1866年9月，捻军毁掉豫军壕墙，冲过贾鲁河，豫军三营没能堵住。等到驻守朱仙镇的刘铭传发现时，捻军已冲过贾鲁河，直奔山东。防河之策受到朝野一片诟病，御史朱镇、卢士杰、朱学笃、穆缉香阿、阿凌阿等人，一再攻击曾国藩。

清廷不愿给曾国藩更多时间，将他调离，而接手的李鸿章所用的战略，还是曾国藩根据刘铭传的建议所制定的重点防御，另辅以游击之师追剿的办法。最终用防守沙河之策，将捻军镇压下去。

5. 与下属保持适当距离

这个距离不但是身体距离，还有礼仪、交往、做事的距离。实际讲的是上级和下属应该如何相处。过于生分不好，太亲密也失体统。曾国藩经常讲，用恩莫如用仁，用威莫如用礼。这句话不但适用于下属，甚至可以说是原则。他在上奏清廷时，对胡林翼待下属的方式大加推崇，说：

> 近世将才，推湖北巡抚胡林翼麾下为最多，如塔齐布、罗泽南、李续宾、都兴阿、多隆阿、李续宜、杨载福、彭玉麟、鲍超等，胡林翼均以国士相待，倾身结纳，人人皆有布衣兄弟之欢。他有时将自己的私财拿出来周济将领的家室，有时寄送珍贵的药品以安慰他们的父母。前方将领，求饷救援，竭力经营，夜以继日，书问馈遗，不绝于道。四年以来，每次打胜仗要奏报时，胡林翼总是推官文与我两人来主稿，偶然一次上奏，则极力称赞诸将的功劳，而从不提及自己。外省盛传湘军内部团结，亲如骨肉，而对胡林翼在其中的苦心调护，或不尽知。我因此感到过去不如胡林翼，更忧虑以后难有这样的大臣。

他还通过自己几十年的军政生涯，总结对待下属不能过于谦让。李元度是他精心培养的人，但这个人文人气特重，有时不着边际，属于曾国藩所说的"好大言"之人。因此，当派他防守徽州时，提出五戒：

第一是戒浮。曾国藩一直认为，文人心多委曲，不像武将直来直去。同时，文士多读书之辈，自以为胸中有点墨，遂认为天下事很容易，因此常放言高论，但多不切实际。曾国藩认为李元度本身也有文人的毛病，如果重用这类文人，极易坏事。

第二是戒过谦。李元度这个人平时对自己约束比较严格，对别人的过失则多能宽恕，这本是从曾国藩身上学到的一种美德。但曾国藩反过来认为，这不是好事。因为行军打仗不同于平时与人相处，打仗必有胜负，如果不能让下属有畏惧感，就会关键时刻号令不通，因此必败无疑。

第三是戒滥。李元度跟随曾国藩多年，从没有独当一面。久屈下位的人，一旦权令在手，往往忘乎所以。曾国藩知道李元度平时交往较多，常意气用事，认为这也足以妨碍他成功。因此嘱咐他不宜过多保举，不要滥花钱。

第四是戒反复。说李好朝令夕改，因此没有权威，没有公信力。

第五是戒私，是说用人当为官择人，不为人择官也。

五戒的关键是如何当一个称职的领导，主旨是领导就应该有领导的样子。曾国藩经常讲他的祖父不怒而威。人往那儿一坐，别人都很害怕。他说：君子要持重，重就是稳重，这是《论语》里讲的，因而下不敢犯。领导尤其不能跟下属扯不清，像兄弟一样，肯定不行。他举出三国时期的例子，他说孙权跟他的将帅谈论床笫之事，即下属个人的私生活他都要操心，以此来笼络将帅，实际并非真心相交。应该回归传统，上级就是上级，下级就是下级。

戒私就是不要引荐私人，安插亲信。曾国藩最初连他的弟弟都杜绝，不让他们到战场上来。曾国荃的"功"也是一步一步打出来的，靠的是敢打能战，才做到前方的统帅。同治、光绪两朝帝师翁同龢与曾国荃交往颇多，他在日记里多次写过对曾国荃的评价。在法源寺见面后，翁说曾国荃"名言甚多，知其成功非侥幸矣"。后来又评价他"学有根底，再见而益信，吾弗如远甚""其学贯彻汉宋，侪辈无此人也"。

6. 纳新不吐故，保持高管稳定

曾国藩集团里的高级和中层以上人员，如果用一句话总结，莫过于"纳新不吐故"了。他说："古人曾经讲，利不百，不变法；功不什，不易器。"就是说，如果没有百倍的好处，就不能轻易改变过去的规章制度和祖宗传下来的做法。"功不什，不易器"，指没有十倍的功效，不能把旧的器物废弃。他说：我借用这句话，改一个字，即"人不什，不易旧"。"什"是"十倍"的意思，如果换上新人，代替过去的人，没有十倍的好处，就不会把旧的人淘汰下去。

湘军高层，乃至中层以上的架构非常稳定，大多数人都和曾国藩走到最后。对现在的启示是，比较高级的职员，经过长时间培养，如果轻易更换重要或关键岗位，付出的培养成本将非常高。

人员稳定主要指两个方面，一方面是指不要让一个人经常调换工作岗位，否则会使一个人难以达到专业精通的水平。曾国藩举例说：荀子说耳朵不同时听两种声音就会很聪，眼睛不同时看两种东西就会很明。用人的忌讳是席未暇暖，就将他换到另一个工作岗位或部门去。人员稳定的第二个方面是某个岗位要有相对固定的人员，这好比以新换旧，但不能割韭菜，否则很难保持正常状态。因此曾国藩主张不轻易辞退人。

曾国荃当时因手下人少而烦恼，曾国藩写信对他说："虽然这样可能造成有时'人气不旺'的景象，然不轻进人即他日不轻退人之本，不妄亲人即他日不妄疏人之本。'轻进轻退''妄亲妄疏'比起'严进严退''慎亲慎疏'造成的伤害和损失就大得多了。"

不轻易辞退人，就要珍惜已有人才。对那些好的人才，不能因有小的毛病、缺点就炒他的鱿鱼。1863年，由于苗沛霖起兵相向，临淮局面为之一变，所以当时很多人建议曾国藩换掉一些看来不太可信的人。李鸿章建议撤换都兴阿，陈鼐建议换掉都兴阿、吴棠、乔松年、冯子材等人。曾国藩这时又提出了用新不如用旧的主张，他强调说，如果没有十倍的好处，不应轻易更换人。他还对李鸿章说，眼前人才缺乏，富明阿专在扬州设防，兼顾临淮，能有人超过都兴阿吗？我这里没有独当一面之才。即使江北地盘丢失，也找不到一个好手前去经理。又对陈鼐说，你的评论是恰当的，古人说戢子上戢来，也不过如此。全力经营淮扬，从大处着笔，确实高屋建瓴。从前先哲说过，"利不什，不变法"，我则认为，人不什，不易旧。都、吴、冯、乔这几位，确实无法满足人们对他们的期待。但看看现在的人才，想找能够替代他们的，谁的才能胜过他们十倍呢？或者有比他们强一倍、五倍的有吗？杨岳斌、彭玉麟都愿终老水乡，不再有其他的想法。即使让皇帝发话，勉强让他们接受他们所不愿做的事，而终归要给他们安排一个什么位置呢？也未必一定远远胜过前面的人。

曾国藩强调高层特别是管理决策层的相对稳定性，就是因为他痛彻认识到，培养关键岗位中合适的人，非常不容易。由于培养的成本非常高，而担心的事又经常发生，也就是培养得差不多、羽毛丰满时走人了，把原来的资源也带走了。曾国藩网罗人才，重要的不但是能够把人才聚集到他这里来，用不易旧，即不轻易换人来招徕人才，因而高层队伍有很大的稳定性；更重要的是，待遇、礼遇、权力都相应跟进、配套，曾国藩在这方面做得很好。他经常说，不能让人有"向隅之感"，即让人有被抛弃的感觉。用人的时候把人抬得很高，有求必应，不用的时候则把人抛弃了，曾国藩最厌恶这一点。他讲"天道恶贰"，核心也是这一点。

7. 局面狭小，切忌自立门户

一般而言，当局面狭小时，如果核心人物另立门户会对事业发展造成很大影响，甚至带来连锁反应。曾国藩为了维护湘军内部的完整统一，对另立门户者严厉禁止，甚至决不手软。后来台面做大了，天下人才趋之若鹜，在他的提携下，"另谋发展"反倒成为他延续做大事的基本做法。

李元度追随曾国藩最早，时间最久，但当他要自立门户，特别是要加入绿营体系时，曾国藩不顾身边人的劝阻，不念旧情，上奏将李元度革职。

李元度在徽州打了大败仗，曾国藩上奏将他革职，但浙江巡抚王有龄向清廷奏请，说只要李元度收复失地，就可以为他取消处分，仍可以任职道员。因为王有龄所部大半是江南大营的残兵败将，扰民有余，作战无能，曾国藩明显意识到，他企图拉拢李元度分化湘军。

胡林翼是个有勇略的人，对王有龄的用意也看得很清楚，遂以好友的身份给李元度写信说：

近来知你有愤激不满之言，老兄以仓卒召募之师，像个跛子一样，连走路都困难，就立即进入徽州城，如果说锐于行义则可，谓精于治军则不可。涤生（指曾国藩）参劾你，虽有过分，但你也不是没有过错。林翼我敬佩李兄，说你爱才如命，疾恶如仇，其诚心可以共谅，而知人之明，则尚未敢相许，最重要的是不至于随人指嗾，因而失去你所亲近的人。近闻右军（王有龄）欲勾致阁下，遣人由祁门而江西，如苏秦以舍人随侍张仪故事，其用计亦巧，而兄不加以拒绝，何耶？岂未免动心耶！我们这些文人任事，与正人同死，死亦得附于正气之列，是为正命。如果投错了人，而得不死，亦为千古污点，况又不能不死耶！处世无远虑，必陷危机，一朝失足，则将像蚁蝇那样同臭，而为正直的人所讥评。右军之权诈，不可与同事，兄岂不知，而欲依附以自见？则吾窃为阁下不取也。兄之吏才与文思过人，我这里与李续宜处都欢迎你来，涤帅也会赞成你这样的选择。如果你投奔王有龄，就是另外一回事了。

胡林翼的意思是，如果跟随王有龄，即便你李元度职位升得再高，也会成为一生的污点。如果跟随曾国藩，即使战死在沙场，也死得其所。但李元度不听劝阻，结果，王有龄奏调李元度，李元度的处分也被取消，并将所募湘勇取名"安越军"。太平军攻克杭州后，曾国藩力荐左宗棠任浙江巡抚，随即再次参劾李元度。清廷将李元度革职遣戍，经李鸿章等多方营救，才免于千里之遣。

直到多年以后，曾国藩的局面已经打开，舞台非常大了，才感到当初所做有些过分，但不这样做，就会有更多的人舍此就彼。

8. 同享胜利成果

一同分享历经患难之后的成果，在中国传统文化的土壤里，是非常难以做到的事情。现在也是如此，可能最难的就是同富贵了。好多一同打江山的人，不能同享胜利果实，似乎已经成为常例，而非个别。很多大的失败也往往出现在这上面，创业的时候，几个兄弟在一起，甚至抛头颅都在所不辞，但事业做大以后，就不能同富贵了。

曾国藩为自己、为他的集团、为湘军，确实跟清朝政府争。打了胜仗，太平天国的危机解除了，他出于多种考虑，将湘军全部裁撤。在此之前，他给清朝政府上了奏折，大意是说：所有的湘军都将解甲归田，但不能让他们有向隅之感，有被国家抛弃的感觉，意思是当初承诺的要兑现。湘军薪水相对较高，十几年的军饷支出是很高的，但欠饷仍经常发生，除非假归，一般不清算。二十几万湘军一下子解甲归田，欠饷几百万怎么解决，能不能解决？这关系稳定大局，也关系国家如何对待这些人。曾国藩一时筹不到这么多钱，所以他上书清廷，说筹到这笔钱，给湘勇发下去，让大家回家。

还有更重要的，曾国藩过去每次大战结束，都奏保多则几百人，少则数十人，清朝政府有时候批准，有时以没有看到实据为由给搁下了。到湘军解散前夕，这种奏保案已经积压了22个（次）之多。为此曾国藩上书说："战场上瞬息万变，如果每一案都查个清清楚楚，非数年不能办到，这对他们很不公平。而这些人都是积年有功之士，所保官阶，悬而无薄（兑现），将使他们有被朝廷抛弃之感。"最后，清朝政府照单全收，完全照曾国藩说的那样做。有人依据同治年间修纂的《湘乡县志》统计，仅湘乡一县，文职有总督3人，巡抚6人，司道37人（含虚职，下同），知府110人，知州、知县206人，武职提督181人，总兵403人，副将1137人，无一不是曾国藩一手保举提拔。

还有属于"个人请求"的，他给皇帝上奏说：

> 我过去提拔了很多人，但是我有几个人对不起。这个是我自己的衷衷私情，希望朝廷考虑。李元度就是其中之一，我因识人不明，他没有打仗的才能，我却把他派到战场上去，并革了职。因为我的失误，而耽误了他人。

第七章　建设核心团队，盛时找好接班人

　　诸葛亮不如曾国藩的地方在于，曾国藩培养了更多的技术官僚，他所培养的人才，是中国近代化过程中的领导者，甚至到今天仍有影响。现今的财经人物，追溯源流，是自曾国藩一脉而下的技术官僚管理系统而出。特别是曾国藩把自己的四梁八柱，也就是核心团队建立起来了，这是曾国藩比诸葛亮做得更好的地方。诸葛亮临终之前提出让蒋琬、费祎这些人做丞相，但是他没有想到，"蜀中无大将"，这些人已经打不开局面了。所以史学家陈寿在为诸葛亮写传时说"将略非其所长"，是有道理的。

　　　　　　　　　　　　——著名历史学家许倬云

古往今来的无数事实证明，能否成功培养核心团队中的领军人才，特别是能否选拔好、培养好接班人，是事关成败的关键。实际这里包含两个问题，一是核心团队特别是班子建设得好不好，二是接班人选得好不好。

1. "破格请将，放胆添兵"

曾国藩在建设自己的核心团队的时候，有一个基本做法，也是非常成功的做法，就是破格提拔。彼得·德鲁克曾经说过这样一句话："接班问题始终是对任何最高管理层和任何机构的最后检验标准。"他把接班的问题强调到无以复加的地步——对任何组织、任何机构最后的检验标准在哪里？就是你这个班能不能接好。

曾国藩是深谋远虑的。这个人很复杂，他的复杂就在于，还没有打下天京城的时候，甚至在安庆组建淮军的时候，他就有一种想法，要把湘军裁撤了，同时要找一个能够接自己班的人，这时他选择了李鸿章。

著名历史学家许倬云在他的《从历史看领导》一书中特别指出：曾国藩和诸葛亮的不同在于对继承人的培养。他说，两个人治国的理念中有非常大的不同，当然，曾国藩没有达到诸葛亮那样的位置，但是他说：诸葛亮不如曾国藩的地方在于，曾国藩培养了更多的技术官僚，他所培养的人才，是中国近代化过程中的领导者，甚至到今天仍有影响。现今的财经人物，追溯源流，是自曾国藩一脉而下的技术官僚管理系统而出。特别是曾国藩把自己的四梁八柱，也就是核心团队建立起来了，这是曾国藩比诸葛亮做得更好的地方。诸葛亮临终之前提出让蒋琬、费祎这些人做丞相，但是他没有想到，"蜀中无大将"，这些人已经打不开局面了。所以史学家陈寿在为诸葛亮写传时说"将略非其所长"，是有道理的。

曾国藩最经典的话是："大厦非一木所能支撑，大业凭众人智慧而完成。成大事者，以多得助手为第一要义。满意之选不可得，姑且选取那些次一等的人才，慢慢教育就可以了。"

曾国藩还说："出类拔萃的人，就不能用通常的标准来看待，而有大才的人最厌恶别人把他视同一般。韩信受辱于樊哙、彭宠，是因为他的期望高而无法实现。因而用人者还要能够甘居人下，不矜持骄人。刘备得到诸葛亮就是如此。"

湘军的发展、扩张，以及在相对较短的时间内将太平天国镇压下去，与曾国藩成功建立核心团队，班子组建得好而快，使得有大才能的人很快到位，然后用这些人立即开拓一个新的局面有直接关系。荀子在《议兵篇》中提出"至臣"概念，就是能够发挥一个人、一个集团的最大力量。他说："百官得序，群物皆正，则主不能喜，敌不能怒，夫是之谓至臣。虑必先事而申之以敬，慎终如始，终始如一，夫是之谓大吉。"通俗地说，就是主要领导安排得当，就能出现最佳局面。

曾国藩网罗成大事的人，还要让这些人尽早到位。他过去对清廷不满意，是因为自己没有提拔人的权力。一旦做了两江总督、钦差大臣，执掌三省乃至四省人事大权，就完全不一样了。一开始曾国藩还是有所顾忌，主张有兵权的人不能再分朝廷人事权。还是胡林翼对他的反复规劝起了作用。清朝的任命一下来，他与胡林翼两个人的通信非常频繁，几乎是一天一封，有的时候一天两封。他把自己怎么想的统统说给胡林翼，并请求胡林翼帮他定夺。胡林翼告诫他：不要学诸葛亮做谨慎宰相。胡林翼说：

思拟再四，竟须放胆放手乃可有济，非加募四万人不为功。此时唯有破格请将，放胆添兵，倾湘中之农夫以为兵。秋冬之际，陆续取齐，则江西后防不失。皖北之大局不失，武惠之声名不失。办此等事，非强拉人不为功，莫过于慈和也。

次日又写信：

昨夜沉思，总是放胆放手、大踏步乃可救人，救不得吴越，仍损武惠之名，不如尽力一救也。又少荃、小荃可奏江宁、江苏实缺，即是江北筹饷之本。杨廷和乘时革弊政，一笔勾消之法，可敏决之。急脉缓受，大题小作，或恐不济。饷事不怕无钱，只怕无人。丈毋专取丞相谨慎为也。天下事误于正人怕包揽之名，庸人得推诿其间。丈不包揽，天下事尚可为乎？

曾国藩私下评价胡林翼是真正的大英雄，他的话非常有分量，真的是掷地有声，字字珠玑。他告诉曾国藩，要成功必须"破格请将，放胆添兵"，"倾湘中之农夫以为兵"，把湖南大山里的所有农民都赶到战场上去，只有这样才能把太平天国最后打下去。你现在有了两江总督、钦差大臣的权力，如果再不用，时机不再来。不要过于仁慈，并且让他仿效明代"救时宰相"杨廷和的做法，才能整理出一片崭新的天地。当年，明武宗不理朝政，积弊已极，他死后，在杨廷和的力主下，立16岁的藩王为皇帝，这就是嘉靖皇帝。而杨廷和不避嫌怨，实行大刀阔斧的改革，一扫多年积弊，历史上将他称为"救时宰相"。

曾国藩听取胡林翼的劝诫，湘军自曾国藩任两江总督后，处于高速增长的时期，也就是说快速发展，急剧膨胀、扩大的阶段。曾国藩做两江总督之前，湘军只有几万人，很快发展到最多时达三十几万人的一支队伍。几十万人的队伍建起来了，那么主要的领导、大帅级的将领怎么来寻找？曾国藩也听从胡林翼的劝说，破格提拔最核心人员。胡林翼对他说："你做两江总督，就要把安徽省、江苏省、江西省、浙江省这四个你管辖的地方的巡抚，即第一把手安排好，你才能放手一搏，在短时间内把太平天国镇压下去。否则，清廷就会换人，江南人日久也会生长怨气，你的位置就会得而复失，这对'武惠'之名是个大损失。"胡林翼还亲自点了两员将，开始是李鸿章兄弟两人，后来曾国藩觉得李瀚章缺乏血性，于是胡林翼又推荐左宗棠和李鸿章，说把这两个人放到淮上，放到浙江，都可以独当一面。

曾国藩后来与赵烈文谈话时说："胡林翼在湘军发展史上，特别是在镇压太平天国上所起的作用很大。"胡确实是一个敢作敢为的人，曾国藩评价胡林翼是"湘军第一苦命人"，一再说胡林翼是所有人中真正属于大英雄一样的人物。

2. 破格提拔领军人物

曾国藩在认真听取胡林翼的意见后，开始进行两江人事布局。

第一个破格提拔的，是由道员提拔到正部级的沈葆桢。

1858年，在曾国藩的提拔下，沈葆桢升任广饶九南道道员，开始进入地方大员。

咸丰十年五月初三，曾国藩接到清廷任命他署理两江总督的上谕后，写了谢恩折。同一天，他上了奏折，题目是《请起用沈葆桢折》：

> 他拟定三路进军，而江西最为重要，没有威惠素著的大员，
> 不能得力。沈葆桢明而能断，咸丰六年坚守郡城，后筹兵筹饷，
> 吏畏民怀。他离开广信时，士民遮道攀辕，到我这里呈请将他留

下来的有十数次。他离开，是因双亲年迈。现在时局艰难，应先国家后小家，而且，他的双亲尚健康，应该让他出来一同与我共赴时艰。

他给清朝政府上书的最后，用了最简练而有力量的话。他说，沈葆桢"器识才略，实堪大用"，这就是人们经常讲的八字考语，最重要的是落实在这八个字上。沈葆桢有很多优点，但是这八个字最重要。"器"是讲一个人的胸襟，"识"是见识，"才"是才能，"略"是一个人的谋略、办法。他说"器识才略，实堪大用"，今天讲"重用"，这个词轻了。在曾国藩这里用"大用"，那就要有更高的一个位置。他怕清朝政府还不提拔，后面又加了一句"臣目中罕见其匹"，即我的眼睛当中很少见到像他这样的才能。曾国藩也没有忘记，他说这个奏折是与江西巡抚毓科一同商量好上奏的。皇帝朱批是"另有旨"，很快任命沈葆桢为江西巡抚。

自太平天国军兴以来，清廷不再拘泥以往人事提拔的程序及论资排辈，但从道员直接升到巡抚这样封疆大吏的仍极为少见，只有三人，其中沈葆桢是一个，李鸿章是一个，而此二人都与曾国藩的举荐有直接关系。

对左宗棠，曾国藩一直非常慎重。左宗棠是这样的人，才华太外露，而且不讲情面，有时候让人很下不来台，应该怎么用？曾国藩非常踌躇，大费斟酌。曾国藩做两江总督后，对这样一位有大才华的人，如果安排不好，绝非是左宗棠个人的事，可以说关系全局。最初，曾国藩跟胡林翼商量，应该让他到四川去，可以做帮办，而在自己这里，只能做襄办，级别上低了一级。胡林翼不赞成，心想，曾国藩心中还是对左宗棠有芥蒂，有不信任的一面。于是，他给曾国藩写了一封信，这封信写得特别好，提醒曾国藩必须认识到左宗棠的价值。

他说，左宗棠这个人为人谋事情，非常忠诚，你交给他什么事情绝对忠诚，用情浓烈而专一。这个人也有缺点，性情偏激，但这不是缺点，如"朝有争臣，室有烈妇"，就好像在朝廷当中有一个敢跟皇帝拍桌子、敢于骂皇帝、敢于说真话的人一样；也像一个家庭当中，虽然妻子不是那么柔顺，跟你吵架，但都是为了这个家庭好。平时有不同意见，甚至疙疙瘩瘩，磕磕绊绊，临到危难时候，才知道他最可靠。况且，依仗季公，你才能成功。胡林翼还具体建议说，可将左宗棠分任皖南或者到淮扬，这些都是在你统辖的范围内，也都需要这个人，又绝对忠诚，这样的人不能不用。胡林翼甚至跟曾国藩说，你把我湖北巡抚的官衔挂在你两江总督的后面，我跟你一起上个折子，你来主稿，我们就把左宗棠保举上去。

曾国藩决定重用左宗棠，所以他向清廷保举他。过去保举是要实行问责的，即如果出现问题，举荐的人要受处罚。而左宗棠的案子刚刚了结，清廷是否能信任他？确实要打问号。

左宗棠这个人，在清廷那里一直留下非常好的口碑，林则徐、陶澍都举荐过他。而左宗棠没有考中进士，影响到对他的使用，左宗棠也一直觉得自己没有中进士，在人前低一等，所以一直发奋，四十多岁了，几次进京考试，就是考不中。一次，咸丰皇帝召见郭嵩焘，郭嵩焘这时是天子的近臣。他问郭嵩焘："左宗棠现在还要再考进士吗？他多大年纪了？"问得非常详细，当得知他已经四十几岁时，皇帝说：告诉他，他应该出来为国家做事情！但是，后来左宗棠有了很坏的名声，这是因为1859年的樊燮案。当时樊燮是湖南永州镇总兵，总兵是二品大员，品级与总督相同，比巡抚还高半格，但因重文轻武已久，社会普遍不重视武职官员。左宗棠当时打了这人一耳光，而且骂他是王八蛋。樊燮就把这个事情捅到他的上司、湖广总督官文那里去了。官文向朝廷奏报，朝廷派钦差大臣到那里去查案，如果事情属实，就地处斩。后来湘军胡林翼、曾国藩这些人开始营救左宗棠，通过郭嵩焘在皇帝身边的特殊身份，把事情压下去了。但是，左宗棠在朝廷中有了桀骜不驯的名声。

这种情况下，曾国藩上奏就得特别讲究。也就是说，用语怎么才能更准确，怎么才能让朝廷讨论的人不再讲左宗棠的坏话、能够用他，颇费思量。

曾国藩是这样上奏的，一开始讲左宗棠的缺点，说这个人求才太急，或有听言稍偏之时。我们知道，做一个领导者，尤其是高级领导，最忌讳的就是偏听偏信。但是曾国藩没有用肯定的口吻写，他是用"或有或没有"这个词，先封住那些不想提拔左宗棠的人的口。后面还有一句话，写左宗棠性格上的问题，"措辞过峻，不无令人难堪之处"，经常让人下不来台，这就是指上面提到的那件事情，这是有隐含的意义。后面开始说这个人的好处，紧接着用个"而"字转折，说左宗棠怎么好，"思力精专，识量宏远，于军事实属确有心得"。最后说，与我以前举荐的一样可以担当封疆大吏的职任。

左宗棠从幕僚开始起家，没有做过地方官，需要非常有力量的人物，才能把他提拔到一个非常高的位置。当然，如果不是时事紧迫，清朝廷也不会答应曾国藩的请求，所以时局也帮了左宗棠的忙。1861年，任命左宗棠为浙江巡抚，这是曾国藩破格提拔的第二个人。左宗棠果然不负所望，带领五千"楚军"进攻金华、衢州，并很快升任闽浙总督。1864年，攻破浙江省城，控制全浙。

这里再讲几句胡林翼。胡生前就考虑到曾国藩与左宗棠在性格上有许多不同，将来可能有不愉快，因而嘱咐左宗棠：

> 兵事本无万全之策，谋万全者，必无一全。且涤帅奉命已久，吴人喜极生怨，六月于兹矣。水深火热之情，亦无怪其日夜引领。凡将帅之是非，朝臣之疑谤，均可一笑付之。而士论民情，却宜顾念。吴人好歌谣，善著作，顾亭林言《明史》最精确，林翼读《明史》，则嫌其诬罔不信。《明史》均吴人手笔也。涤公之德，吾楚一人，名太高，望太切，则异日之怨谤，亦且不测。公其善为保全，毋使蒙千秋之诬也。

这封信的核心是说：涤公（曾国藩号涤生）之德，是我们湖南的第一人。他的名声太高，国家及江南人对他的希望太迫切。他日之后，怨谤相随，甚至遭遇不测，你要善为保全，不要使他身后蒙受羞辱！

曾国藩破格提拔的第三个人是李鸿章。

曾国藩与李鸿章的父亲李文安是戊戌同年。1845年，李以年家子身份随曾国藩习应试诗文，两人遂有师生之谊。1852年年底，李随工部侍郎吕贤基往安徽帮办团练，自此开始跟随他人的九年时光，但才能一直得不到发挥。1859年年初，李鸿章满怀希望地投奔曾国藩大营，以为老师肯定会立即大表欢迎，哪知曾国藩借口军务繁忙，等待多日没有相见。李鸿章得知道光丁未科同年进士陈鼐在这里，请陈去打探曾国藩的意图。陈鼐试探地对曾国藩说："少荃与老师有师生之谊，以往相处，老师对他非常器重。现在，他愿意在老师门下得到磨炼，为什么拒他于千里之外？"曾国藩回答说："少荃是翰林，了不起啊！志大才高。我这里局面还没打开，恐怕他这样的艨艟巨舰，不是我这里的潺潺溪流所能容纳的。他何不回京师谋个好差事呢？"陈鼐知道曾国藩的用心，于是说："少荃这些年经历了许多挫折和磨难，已不同于往年少年意气了。老师不妨收留他，让他试一试。"曾国藩会意地点点头。就这样，李鸿章进了曾国藩幕府。

李鸿章初来时，掌管文书，后来帮曾国藩批阅公文，撰拟奏折、书牍。李鸿章做事心细，处理事情很有条理。几个月之后，曾国藩当众夸奖他："少荃天资聪明，文才出众，办理公牍事务最适合，所有文稿都超过了别人，将来一定大有作为。'青出于蓝而胜于蓝'，也许要超过我，好自为之吧。"这对李鸿章是极大的鼓励和鞭策，从此他对老师佩服得五体投地。他对人说："过去，我跟过几位大帅，糊里糊涂，不得要领；现在跟着曾帅，如同有了指南针。"

李鸿章确实很有见识，曾国藩考虑多时犹豫不决之事，经李鸿章几句话而决断，曾国藩的日记中也多有记载。

李鸿章为曾国藩草拟弹劾安徽巡抚翁同书的奏稿，最得曾国藩的欣赏。翁同书因对苗沛霖的处置失常，激成大变，翁又在定远失守时弃城逃走。曾国藩对此极为愤慨，想要弹劾而难于措辞。因为翁同书是前任大学士翁心存之子，翁心存门生弟子布满朝列。如何措辞，方能使皇帝决心破除情面，而朝中大臣又无法利用皇帝与翁心存之间的关系，来为翁同书说情，实在很费脑筋。他最初让一位幕僚拟稿，觉得甚不满意，不愿采用，而自己动手起草，怎么说也不能稳当周妥。最后乃由李鸿章代拟一稿，觉得不但文意极为周密，其中更有一段极为警策的文字：

> 臣职分所在，例应纠参，不敢因翁同书之门第鼎盛，瞻顾迁就。

这段话的立场如此严正，不但使皇帝无法保护，也足以让那些想为翁说话的人钳口夺气。曾国藩大为欣赏，即以其稿入奏。翁同书随即被革职拿问，充军新疆。但李鸿章不是久居人下的人，他做梦都想有一块属于自己的地盘。曾国藩看在眼里，安慰他说："观察阁下精明强悍的神色，流露在眉宇之间，写字则筋骨胜于皮肉，像不会长期置身于玉堂者。假若要当四方诸侯，按图索骥，不是南方的两粤，就是东方的三吴。"曾国藩果然看得准。

曾国藩与李鸿章之间也有一些分歧。在曾国藩的幕僚群中，真正敢跟曾国藩拍桌子，敢于争是非的只有几个人，李鸿章是其一。李鸿章开始和曾国藩合不来，曾国藩做两江总督后，把大营搬到兵家所说的极危之地——祁门。李鸿章劝曾国藩：你是统帅，把自己放置到这样最危险的绝地不行，应该走出这个地方。曾国藩不听劝，并振振有词地说：大臣退一步都是死，只能进不能退，我做两江总督，朝廷要我做什么？就是要做收复太平天国这件事情。李鸿章随即因为弹劾李元度的事情跟曾国藩闹翻了，到了湖北。胡林翼听说这件事情，马上到李鸿章的下榻处去。他说，你看今天的天下，谁可以因依，你能够靠谁发达？除曾公之外，没有第二个人能够把你很快提拔到一个很高的位置上。

李鸿章犯了安徽人的牛脾气，他说：胡公，你在我的眼中原来是大英雄，没想到你也这样看人。然后请胡林翼走人，胡林翼说不谈这些事情，我们只喝酒，陪李鸿章喝了三天酒。

郭嵩焘也给李鸿章写同样内容的信，劝他回到曾国藩那里。

这其间，胡林翼给曾国藩写了一封信，这封信写得非常好，尤其是其中两句话，他说，李鸿章是什么样的人？从面相上看，他是大富大贵之相，是个福将，有这样的福将，你不用他，那太后悔了。后面一句话，"足以壮我军"，意指把李鸿章提拔到更高的位置上，足以壮大我们的力量。

曾国藩也觉得自己做得过头了，立刻给李写了一封信，情词恳切又不乏诙谐，请李鸿章回来相助：

> 阁下久不来营，我颇为不解。以公事论，阁下已与淮扬水师各营官有堂属之名，岂能无故弃去，起灭不测。以私情论，去年出幕时并无不来之约。今春祁门危险，我怀疑你有曾子避越之情。夏间东流稍安，又怀疑你有穆生去楚之意。鄙人遍身热毒，内外交病，诸事废阁，不奏事者五十日矣。如无醴酒之嫌，则请速来相助。

大体是说，过去你离开我这里并没有说不回来，我现在五十多天没有给朝廷写折子了，每天自己都不能安心做事情。这样，李鸿章又重新回到了曾国藩这里。

曾国藩提拔李鸿章，是所有幕僚中最快的，因为李鸿章到他这里来是比较晚的。他给清朝政府上了一个折子，说李鸿章"才大心细，劲气内敛"。劲气内敛是指修炼到家了，喜怒不形于色，城府特别深，最适合做大官。清廷很快任命李鸿章为江苏巡抚。当时，上海还只是道，局级建制，归江苏管辖。

3. 盛时找好接班人

在用人问题上，再没有比找接班人更重要的了。传统中国是一个人治色彩非常浓厚的国度。孔子讲："人在政存，人去政亡。"意指你这个人在位的时候，你所制定的政策、措施仍然存在；人不在位或者告别人世了，你所制定的所有政策、措施就极有可能被推翻。因而，能不能找到合适的接班人，尤其是做大领导、做高级领导，甚至会关系到自己的身家性命和死后的荣辱。历史上将"萧规曹随"作为正面的案例来推崇，就说明这方面我们做得不好。

曾国藩并无严格意义的接班人问题，因为好多事情，特别是重大的人事安排，他本质上没有决定权，这个权力握在皇帝手中。但他也不是无所作为，通过提拔人，特别是提拔到足以影响清廷决策这个位置时，可以说就高枕无忧了。另外，湘军统系也有接班人问题。

打下安庆前后，曾国藩就有"湘军暮气"的判断，即久经战阵，打了近十年的仗，原来的青年已经进入中年，战斗力、士气都受到考验。而一旦打下南京，清政府会逼迫他裁掉湘军。但内忧外患并不会少，今后怎么办？

咸丰十一年十月十六日，江苏太仓举人、户部主事钱鼎铭受上海官绅委派，到安庆曾国藩的两江总督府请求援兵，携有冯桂芬主笔的公函。钱鼎铭效法春秋时被吴国攻破的楚国申包胥到秦廷哭救的故事，在曾国藩面前叩头痛哭。曾国藩随后即与李鸿章商量救援办法。

因为这是一次绝大机会，吴坤修主动请缨，表示募兵六千赴上海救援。曾国藩"以新兵恐难得力，未许"。一连几天，钱鼎铭痛哭不止。

二十一日日记载：

钱苕甫来，久谈，语次声泪俱下，叩头乞师，情词哀迫，余愧无以应之。

次日又与钱久谈，曾国藩答复没有两个月不能筹出一支军队赴上海。曾国藩意识到这是一次重要的带有战略性的部署，也可视为选择接班人的时候。他经过了非常大的踌躇，举棋不定。最初他觉得弟弟曾国荃可以，毕竟是自家人。但被否定，最后认定能够光大门庭的是李鸿章。多年来他着意培养的人中，李是其倾注心力最多的。曾、李之间通信、谈话，一起做事情也是最多的。更让曾国藩钦佩的是，李敢于讲真话。俗话说，百人诺诺，不如一人谔谔。在曾国藩的幕僚、下属、同僚中，不乏讲真话的人，但能够坚持己见的，李鸿章是一个。

曾国藩认定最合适的人选是李鸿章。

曾国藩这个人非常复杂。在裁军之前他就想，朝廷借助湘军马上要把太平天国打败了，他手中的几十万人最危险。按照以往王朝的一贯做法，朝廷很有可能要拿他开刀，因为他功高震主！韩信临死之前就说"飞鸟尽，良弓藏，敌国已破，我故当死"！他怕重蹈这个覆辙。为什么说曾国藩老谋深算，或者有急流勇退的想法？因为南京刚打下来时，朝廷派满人来监视他，也刺探情报。李秀成在狱中写了一个"自供"，真伪已难以考证，因为有不少地方被勾抹。有人说，删掉的主要内容是李秀成劝曾国藩代替清王朝，他愿意把太平军的所有余部都归曾国藩指挥。因此，清朝甚至连抓到的这个李秀成究竟是真是假都怀疑，可见形势的危急。还有幼天王逃出、南京的金银等问题，御史们接二连三上书弹劾曾家兄弟。

不过，曾国藩还是未雨绸缪，在打下安庆前后，就已经物色到合适的接班人了，他找到了李鸿章。1862年2月28日，曾国藩与李鸿章谈了个通宵，嘱咐他先把兵练好，不要急于出战，吏治、洋务可以缓办。他对自己发迹的历程最清楚，深知"有军则有权"这个硬道理，告诫李鸿章必须先站稳脚跟，而站稳脚跟的关键是练好精兵，能打大仗，这样才能飞黄腾达。李鸿章此刻也非常虚心，行前向各师友请教临别赠言，曾国藩用"深沉"二字相劝，李续宜则告以"从容"二字，沈葆桢、李桓又以"勿急"相戒。李鸿章表示把这些劝诫奉为枕中秘籍。更早的时候，他向胡林翼取经，胡告诉他：

> 做任何事情，都有一条颠扑不破的道理：一是不屈不挠，二是条理精密。这好比在大江大海中放舟，必然要经受风浪，关键在于是否经受得住最初的三五番风浪，渡过去了，以后就安稳如平地了。现在的江苏官场，一个接一个登场，但在我看来，虽然都有极强的欲望，但缺乏血性之气。你与这些人打交道，开始他们会怀疑你，接着会诽谤你，再后来会畏惧你，最后会求助你。因此，与这些人共事，你所依靠的，正是抛弃患得患失之心，而与患得患失之人同处。如果没有不屈不挠的品格，是不容易站稳脚跟的。

曾国藩的这个班是通过李鸿章编练淮军来传承的，所以后来有这么一段经典对话。李鸿章到了大上海，在曾国藩的举荐下，很快被破格提拔为江苏巡抚。当时上海还是道员的局级建制，自开埠以后，很快发展起来，特别是十里洋场，是洋人的租借地，还有驻军。最初李鸿章带着淮军到大上海的时候，都把他说成叫花子军队，李鸿章坚守来上海之前曾国藩对他的教诲，"以练兵学战为性命根本"，他完全克隆湘军的做法，几乎搬过来照抄，写信时一再表示自己的成就都是"中堂夫子积年训植，随事裁成"的结果。尽管做了江苏巡抚，但写信时仍用尊称。曾国藩告诉他以后不要这样：我们两个平起平坐，我是两江总督，你是江苏巡抚，都是朝廷的封疆大吏，主掌一方，你只要无愧于国家就行。

对湘军、淮军及曾国藩与李鸿章之间的关系，曾国藩在一次回信中，说得最清楚。李鸿章来信称曾国藩为国家的中流砥柱，曾回信说：

> 来示谓中外倚鄙人为砥柱，仆实视淮军、阁下为转移：淮军利，阁下安，仆则砥柱也；淮军钝，阁下危，则仆累卵也。

这段话翻译成白话就是：你来信说中外都以鄙人为中流砥柱，我曾国藩这个中流砥柱，实际根据淮军、阁下为转移；我这个股肱大臣、朝廷重臣，是因为阁下而存在，阁下才是中流砥柱。如果进一步探究，阁下的位置也以淮军为转移，淮军打胜仗，在前面收复失地，把捻军占领的地方收复，这样的话，阁下李鸿章你的位置就坐得稳当，只有这个时候，我老朽曾国藩才是中流砥柱。反之，如果淮军打败仗，阁下的位置就坐不稳，这个时候，我这个老朽还谈得上什么砥柱，这个砥柱更像鸡蛋堆积在一起，随时都可能坍塌。

李鸿章没有辜负曾国藩的积年栽培。到了大上海后，除了坚守不轻易出兵外，曾国藩还给李出招，让他"会防不会剿"，即可以与洋人势力一同防守上海，但不参加共同对抗太平军的会战。说白了，就是决不当枪使。李鸿章终于看清了洋人的用意，异常佩服老师的眼力，此后处处秉承老师的旨意办事，事事请命、时时请命，有什么创举总拜求曾国藩为首，有什么大政总求老师主持。每个月还拿出四万两白银，源源不断地接济湘军。更重要的是，当清廷每天催促李鸿章带着西式武装的淮军进攻金陵时，李鸿章找出各种理由，就是不出兵。他深知老师除承受外界的各种压力外，还为怎么把攻打金陵作为曾家兄弟的大礼来个"晚场善收"。也就是说，曾家兄弟拼命打下的金陵，自己决不能分功，更不能抢功。因此，当金陵打下，李鸿章后来到达时，曾国藩率所有文武将帅，亲自迎接，并说：我们兄弟的颜面，全靠少荃给保全了。

曾国藩打算写一本《挺经》，就是在困境的时候，要坚守得住。攻陷天京后，曾家兄弟受到不少指责，早已成为一方诸侯的李鸿章坚决支持老师，并用"墨守《挺经》"四字相勉，表明《挺经》是对抗压力之宝，也表明李鸿章没有辜负老师的厚望。

由于曾、李连成一家，曾国藩的接班人找到了，而这个接班人手握重兵，清廷奈何不了他。曾国藩北上出任直隶总督时，几乎没有一兵一卒，裁军做得十分干净。曾国藩何尝不清楚，淮军他仍能当半个家，而清廷一旦翻脸不认人，淮军及解散还乡的湘军，立即会呼啸而起。而李鸿章发迹后不忘老师栽培，甚至声望超过老师时，在重大问题上，如镇压捻军、办洋务等，仍与曾国藩坚决保持一致。曾国藩去世后，也一直如此。清末学者夏震武说："合肥（李鸿章）、南皮（张之洞）一生所为，其规模皆不出湘乡（曾国藩），数十年来朝野上下所施行，无一非湘乡之政术、学术也。"

曾国藩死后，李鸿章给他写了一副挽联，这副挽联的上联说：

师事近三十年，薪尽火传，筑室忝为门生长。

意思是，我把曾国藩作为我的老师侍奉了近三十年，柴草烧尽了，但火种传下来了，我作为你的大弟子，忝列其中。这自然是谦虚的话。

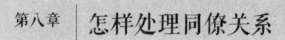

第八章 | 怎样处理同僚关系

同心若金，攻错若石，相期无负平生。

——左宗棠写给曾国藩的挽联

关于同僚之间，曾国藩有切身体会，他说："自古以来，最难处的就是同僚之间的关系。而嫉贤害能，妒功争宠之类'忮'之行为，并不常见，每发露于名业相侔、势位相埒之人。"就是说，同僚之间因为职位相当，所以会出现"忮"，就是猜忌、不信任，更有甚者，给对方下绊子，拆对方的台。

曾国藩去世后，左宗棠写的挽联，下联是这样写的：

<blockquote>同心若金，攻错若石，相期无负平生。</blockquote>

说的是他们之间有分歧，但是"同心若金"——两个人的心像金子一样不可分开；"攻错若石"——对对方的缺点或者错误，像石头一样砸下去，决不客气，毫不吝惜。但他们都有一个目标，就是把这个被打乱的秩序恢复起来，以卫道士著称，不枉来到这个世界，这就是"相期无负平生"。

左宗棠写给曾国藩的挽联，也是湘军从无到有、从小到大，进而发展到最后打败太平天国的一个重要原因。

1. 合作的五个层次

《吕氏春秋·应同》记载：

同气贤于同义，同义贤于同力，同力贤于同居，同居贤于同名。帝者同气，王者同义，霸者同力，勤者同居则薄矣，亡者同名则觕矣。其智弥觕者，其所同弥觕；其智弥精者，其所同弥精。故凡用意不可不精。夫精，五帝三王之所以成也。成齐类同皆有合，故尧为善而众善至，桀为非而众非来。《商箴》云："天降灾布祥，并有其职。"以言祸福人或召之也。

《吕氏春秋》里把人与人之间的合作分为五个层次，各个层次的合作能够成就的事业也不一样。

第一句话是"同气贤于同义"。气最初是指气味相互吸引，引申为根本。在精神等更高层面，相互吸引，一起谋划一个大事情，这叫同气。《孟子》"公孙丑上"所说"其为气也，以直养而无害，则塞于天地之间"。贤是好的意思。同气之类合作，是最高层次的合作，因而能够创造帝者之业。

第二句话是"同义贤于同力"。义是超越物质层面的道义和思想，在古代中国的话语语境里，往往与利相对应。《论语》有"不义而富且贵，于我如浮云"，就是这个意思。简单说来，同义就是道义相求，价值观一样。同义之类合作能够创造王者之业。

第三句话是"同力贤于同居"。力是力量，也可以说是势力，这是第三层次的合作，可以看作强强联合，优势互补，因此能够创造霸业。

第四句话是"同居贤于同名"。也就是说，同居之类合作是等而下之的。古代同居的概念与今天不一样，是指自己身边的人、自己家乡的人。主要指亲戚、邻里。曾国藩在私下谈话时，特别提到他的弟弟，说他的弟弟在用人上有个突出的缺点，就是用人不出家乡十里，这怎么能不败呢？因为他的听闻、耳目本来就不广，如今又用自己家乡的人，没有一个更广泛地摄取人才的办法，因此屡屡受到清朝政府的责难，以及世人的诟病。曾国藩认为，这与他用人不出家乡十里，有直接关系。

最后一个层面是同名。我们的先民认为，同名者最不应该在一起合作，同名又好名，最后事情一定会失败，所以《吕氏春秋》中又写道，成就帝王之业的是同气，成就一个王业的是同义，成就霸业的是同力，成就小家庭、小作坊一类事业的是同居。

《吕氏春秋·应同》最后说：

> 帝者同气，王者同义，霸者同力，勤者同居则薄矣，亡者同名则觕矣。其智弥觕者，其所同弥觕；其智弥精者，其所同弥精。故凡用意不可不精。夫精，五帝三王之所以成也。成齐类同皆有合，故尧为善而众善至，桀为非而众非来。

"觕"是"粗"的别字，就是说，智力越粗的人在一起，其所同越粗，反之亦然，隐含物以类聚、人以群分的意思。

曾、胡、左、李在一起合力办事情、谋大事的实践也恰恰说明了这个道理。他们有争执，也有不和，所以时人一直讲曾、左不和，这是大家都熟知的一件事。左宗棠是曾国藩一手提拔起来的，但他对曾国藩的某些做法也有责备。正如左宗棠解释的："我跟曾国藩争执的都是国家大事，特别是兵略，我们在认识上不统一，在具体的方针政策上也有分歧，比如说行军打仗，他认为应该那样做，我认为应该这样做。"实际上，他们在重大关头、重要方面上，确实是团结在一起的，拧成了一股绳。

回过来看湘军的五大领袖：曾、胡、左、李、江。江忠源去世早，但他带出来的精神有很大影响。而胡、曾这两位最为重要，两人惺惺相惜。曾国藩的老师吴文镕做湖广总督的时候，奏调胡林翼前来救援。胡林翼那时候正在贵州黎平府任知府，接到奏调后，即刻前往湖北。他还没有到达，结果奏调的人——吴文镕死在了沙场上，胡林翼进退两难。曾国藩在这种情况下向朝廷奏报："胡林翼之才胜臣十倍！"说他的才能要超过自己十倍以上。胡林翼后来写给曾国藩的信中，非常感激这件事。他开玩笑地说："我开的这个皮匠小店，过去的本钱都出于老板。""老板"就指曾国藩。

胡林翼先得势，有湖北巡抚之任，但处处维护、推崇曾，特别是位置越高反而事曾公弥谨。即便自身难保，每月供给曾国藩大军的三万两饷银也一个子儿都不少。因此合作关系，才能有以湖南为兵源，以湖北为财源、饷源的"二合一"。反观江西甚至湖南，对待曾国藩就不是这样。

咸丰八年，曾国藩重新出山后，去黄州看望胡林翼，归来给胡写信，对他在湖北的治理极力赞赏，说：

"万事无成"四字，是鄙人一生考语，公安得攘而有之？！一入鄂境，军事庶政，井井有法，官绅任委，多用正人，优劣得所，此岂无成者之所为？糜烂江汉，整成一个崭新日月、太和世界，是多大事，在公只算一笔外销账？谦固美德，太谦则占却他人地位。特我辈指目者多，须保得此后不大错谬为佳耳。

曾国藩做两江总督后，每天与胡商量进止战守，并唯其意旨而行。他给胡林翼写信说：

鄙人才太薄，精太惫，而模窃虚望，深惧为庾亮、殷浩之续。昨日奉询各条，求先生改正者，皆固上游以规下游、防三省以图吴会之计。果如所议，则鄙人一半年内，尚不能履江苏境内，恐苏人始而望，继而痛骂矣；目下是非得失，须争起手一着，求公一言为定。如侍昨议，则难免吴人迁延之议；若不用昨议，又恐上游三省皆不稳固。二者敦优，求公决定，乃发摺也。

而胡林翼总是对曾国藩鼓励有加，说曾"有此一副大本领，而迟迟不肯放手，吾且怨丈矣"，告诉他"任天下之危，总三江之兵事"。

2. 英雄携手，气类孤则事不成

做大事必须有团队，而单枪匹马是打不了天下的。曾国藩在评价汉初三杰时说："非刘邦，三杰皆不杰也，而非三杰，则刘邦亦非汉高祖矣！"这段话意味深长，道出了成就大事须众人支撑，尤其是几个大英雄联手才能完成的道理。

曾国藩与胡林翼在处理同僚间的关系时，提出一个重要的概念，就是"气类孤不能成大事"。

为什么有的人能够成功？最重要的一点就是曾国藩所说的"必有景从之徒党"，而且古往今来都是这样。他的原话是："凡修业之大，人必有景从之徒党。"表面上看起来，两者之间"其几甚微"，但"其效甚著"。倘若是自己没有经历的事情，又怎么能知道两者之间的关系如此密切而重要？

刘邦早年的时候，富不过陈平，更不如萧何，但为什么能让汉初的三杰为他所用，道理何在？就是因为他有追随者，有更多的人在他的旗帜下，往前闯，给他打江山。

曾国藩再次出山后，胡林翼一直想为他谋个封疆大吏，但他自己的力量实在有限，于是就说服清廷非常信任的湖广总督官文向皇帝奏请。当时石达开将入蜀，一时天府之国骤然紧张。胡林翼怂恿官文为曾国藩谋四川总督一职，但清廷只许入蜀，不给总督一职。

为详细面商曾国藩的下一步出路，以及湘军的战略部署，应胡林翼之邀，曾国藩于咸丰九年八月初十到达胡所在的湖北黄州大营，胡林翼驾轻舟亲自迎接。曾国藩下榻在黄州府衙署，胡林翼下榻在衙署西的雪堂，相隔仅一箭之远。曾国藩在这里住了八天，除曾、胡两人畅谈八昼夜外，李鸿章、厉云官等参加个别密谈。曾国藩离开黄州前往武昌拜访官文途中，胡林翼将他与曾商谈的情况以密信形式分别通报给湘军高层。同年八月十九日，致李续宜信称：

> 涤丈（曾国藩）初十日到，九日夜谈不可辍，今日已往鄂城，而兵勇八百余名，均住黄州。闻揆帅（官文）以谋皖入奏，二十二日当可得旨。涤丈之意，若到蜀做客，则不如仍在皖、豫章（江西）之为妙。前此奏住宜昌，恐近前而为主人所嗔，又无处索饷。昨查其各军，须月饷十二万，仅湖北每月三万，供应如前。江西钱漕，三倍于两湖，市镇厘金，亦倍于两湖，然止萧军一万七千，涤帅各军一万三千，是涤帅每月尚少七万两。昨到黄州，密询支应各员，始知其详。涤丈体恤鄂力，而鄂中断不可不勉竭其愚，已另外加送三万矣。此老有武侯之勋名，而尚未得位；有丙吉之阴德，而尚未即报，是可慨也。

信中说，曾国藩的军队每月需要十三万两饷银才能支撑下去，而有着落的只有湖北三万、江西三万，缺口达七万两。因此，胡林翼决定在原来每月三万两的基础上，再多供给三万两。特别说曾国藩有诸葛武侯一样的大名，却没有位置；有汉代丞相丙吉那样的阴德，却没有回报。

丙吉救孤，实际是汉代版"程婴救孤"。汉武帝末年发生"巫蛊之祸"，卫太子自杀，全家被抄斩，长安城有几万人受到株连。刚生下几个月的卫太子孙儿刘病已也受到连坐，被关到长安监狱。丙吉专管巫蛊罪犯，暗中让两个宽厚谨慎的女犯人轮流喂养这个婴儿，使孩子转危为安。汉武帝派人带诏书要进长安的各个监狱搜查，以此对太子一门斩尽杀绝，丙吉大义凛然，关闭狱门。后来武帝醒悟，实行大赦。汉昭帝死后，丙吉向大将军霍光推荐立刘病已为太子，继承帝位。霍光同意他的意见，派丙吉亲自去接回刘病已，即皇帝位，这就是汉代有名的宣帝。

胡林翼的意思是说，正因为有曾国藩一军的支撑，清朝才免于覆亡的危险。但清廷对曾国藩存以戒心，迟迟不肯给他封疆大吏的权力，使得他即便有诸葛亮一样的才能，也无处施展。

由于曾国藩赴湖北省城的目的是"会商官制军，以定进止"，遂于咸丰九年八月二十三日到达武昌，次日即拜访官文。其间，胡林翼多次给官文写信，目的很明确，如果到四川任总督则可，否则仍留在安徽。二十三日信中说：

> 涤帅留办皖省，于目今鄂、皖大局有益，但每月十三万之饷
> 无着。若开仗拔营，或再收养三五贤才，则月须十五万乃可指挥
> 如意。圣意似尚属意于蜀，而特不知其为蜀主乎，抑为蜀客乎？
> 涤公辛苦过人，抑郁七年，若竟得蜀，亦原可施展，特朝命尚迟
> 迟为可念耳。

胡林翼所关心的仍是曾国藩是以四川总督的身份去，还是仍然像现在这样，没有实权，到处化缘支撑。见清朝的命令迟迟未下，曾、胡明白，四川总督一职没有希望。曾国藩前往武昌途中，二十一日写给好友刘蓉一封信，主要谈的是不愿入蜀做客：

> 蜀中本大可有为之邦，惟国藩倦游已久，深悍做客之难，做
> 客于无贼之区、周旋于素不相知之主人则尤难，以是徘徊中立，

未敢望剑南而西笑也。自黄州至武昌仅百余里，而阻风已逾四日，俟与官帅（官文）商，恐仍当从胡（林翼）、李（续宜）、多（隆阿）、鲍（超）诸公之后，共图皖中。更事日多，斯不敢为天下先耳。趋时之效，茫如捕风，亦稍稍倦矣。历年疲心之端，逐一补救，十已得其七八。目光眵昏，老境日增，所学无成，不无感喟。

曾国藩多少有些厌倦，心中的委屈又岂能向朝廷倾诉？

咸丰九年九月初三日，曾国藩离开武昌，其间与官文多次见面、商谈。次日到黄州，胡林翼迎于江干，直到初十日，两人才握别。九月十八日，曾国藩写给左宗棠一信，决定不入川：

> 蜀中之行，思之甚熟。凡治事公则权势，私则情谊，二者必须居一于此。蜀既不肯为百两八鸾之迎，鄂又不愿为路车乘黄之送，权势如此，情谊如彼，虽欲独办一事，难矣。弟老境侵寻，精力日绌，所部又无一统将之才，假令贼果入蜀，亦决非敝处见兵所能御；是以依润帅聊相呴濡；润帅近亦不甚适意，苦心孤诣，未果见亮于人人，而军事、吏事二者亦殊丛杂，弟若与共图皖中军事，可少商酌也。

这封信说得最清楚，并引用《庄子》中"相濡以沫"的典故。说有两条鱼生活在大海里，某日被海水冲到一个浅浅的水沟，只能互相把自己嘴里的泡沫喂到对方嘴里才得以共同生存，这就是"相濡以沫"的由来。庄子又说，这样的生活只是暂时的，海水终于要漫上来，两条鱼也终于要回到属于它们自己的天地，最后它们要相忘于江湖。典故出自《庄子·大宗师》，原文是："泉涸，鱼相与处于陆，相呴以湿，相濡以沫，不如相忘于江湖。与其誉尧而非桀也，不如两忘而化其道。"比喻人同处困境时要互相救助，等生存环境好了，他们各自纵情于大海之中，那时就要相忘于江湖。

咸丰十年四月，曾国藩历尽劫难，清廷在不得已的情况下，任命其署理两江总督，随即正式任命。此时，左宗棠也刚度过"樊燮案"的危险期，他的出处安排也是湘军高层的一件大事。曾国藩此时仍是湘军的最高统帅，还是官职最高的人，他最初想安排左宗棠到四川做帮办，而在他手下只能做襄办。咸丰十年五月二十二日，他给胡林翼写信说：

> 左季公事，若待渠信来再定，则复奏太迟，若径行先奏，则当请其入蜀。盖以事势言之，则入蜀大有益于鄂。鄂好即可波及于吴；吴好不能分润于蜀。季公之才，必须独步一方，始展垂天之翼。以奏对言之，谕旨所询，独当一面者，断无对曰否之理。既对曰可矣，则当令其速了蜀之小事，而后再谋吴之长局，是忠于为国谋，忠于为鄂谋，忠于为季谋，三者皆宜入蜀，但不忠于谋鄙人耳。浅见如此，不知与尊意相合否？此折本应由侍主稿，但目下侍距揆帅太远，距季公太远，实难会商。敬求阁下主稿，送敝处拜发，仍列揆帅首衔。来吴则自谋私忠，入蜀则三谋公忠，二者俱可，侍无意必也。

曾国藩虽然最后说他没有成见，怎样安排要胡林翼定夺，但倾向性意见很明确。左宗棠到四川将来有利于全局，对湖北及江苏战局都有利，并说左宗棠的才能适合独当一面。对这样的安排，胡林翼不赞成。胡给曾写信，提出"办大事以集才、集气、集势为要，庄子所谓'而后乃今培风'也。丈必以此议为然"。

他告诫曾国藩大权在握，但要培植自己的力量，方能有所作为。"而后乃今培风"出自《庄子·逍遥游》：

> 且夫水之积也不厚，则其负大舟也无力。覆杯水于坳堂之上，则芥为之舟。置杯焉则胶，水浅而舟大也。风之积也不厚，则其负大翼也无力。故九万里则风斯在下矣，而后乃今培风；背负青天而莫之天阏者，而后乃今将图南。

大意是说，风的积聚如果不大，那么它承负巨大的翅膀就没有力量。而鲲鹏所以能飞上九万里的高空，就是借助于风的力量，风在它的下面，然后才能乘风。背负青天，没有什么能阻碍它。

胡林翼又给左宗棠写信，明确提出：

> 公入蜀则恐气类孤而功不成。

又给郭嵩焘写密信：

> 季公得林翼与涤丈辅翼，必成大功，独入川则非所宜也。

左宗棠写信给胡林翼表示自己愿意追随曾国藩，他说："蜀乱已久，宗棠资望既浅，事权不属，明知其无济而贸然应之，在己为不智；知我之无济，而贸然以我应之，公等之谋国亦未得为忠也。涤公与公书以在吴为襄办，入蜀则有督办之名，疑彼人将去此而就彼。不知襄与督虽同有事而无权，而能办与不能办，实不争此一字之轻重。"并坚定表示，"幸为我致意涤公，我志在平吴，不在入蜀。"有大才略的人，处事确能高屋建瓴，于自己的境遇才能有深切自省，对形势发展的判断如同已然，正因如此，登高一步，天地即度。左宗棠就是这样，他在给友人书中说："十余年事变纷然，总想纵身一跃加以拯救。顾念所学未就，不能及远，权之不逮，不得自专。志在一乡一郡尚差不多，何谈其他？但不能因此自消大志。已所不能，希望他人能，而那些能者，要辅佐、帮助他们。"有了这样的志向，左宗棠不为所动，决意继续留在曾国藩身边。

商量好之后，胡林翼于咸丰十年六月三日致信曾国藩，打消他的顾虑：

> 左季高不愿入蜀，愿依丈而行。来信附上。季高谋人忠，用情挚而专一，其性情偏激处，如朝有争臣，室有烈妇。平时当小拂意，临危难乃知其可靠。且依丈则季公之功可成，分任皖南，分谋淮扬，不出仁人之疆域。临事决疑定策，必大忠于主人。两路均是一面之才，且吴祸大于蜀，不难执理直陈。请丈专稿，挈衔拜发。

征得曾国藩同意后，胡又致信左宗棠：

> 涤帅实授（两江总督）兼兵符（钦差大臣），殆如中国相司马之气象，诚明之至，上感九阍，军气孔扬，即公与霍老精神亦旺。近年督抚，以不带兵为自便之计，亦且以不知兵为自脱之谋，此所谓甘为人下而不辞也。身在干戈之际，气魄、资望一钱不值。丈到皖南，须添招本地正士，聚人日财，毋学乡里老儒，得一修金，便觉一生吃不尽也。军事以用财、养贤为正藏法眼，尝笑世无不用钱之豪杰，亦决无自贪、自污、自私、自肥之豪杰。以天下之财办天下之事。

胡林翼确实是有大气魄的人，读他的书信文章，一股凌厉之气跃然纸上。他所说的"聚人曰财"，实际上是要左宗棠不能吝惜钱财，没有钱财，有谁会为你效力？！

经此协调，曾国藩没有离开胡林翼，并有了更高的位置，而左宗棠也绑在曾、胡两大员之旁，自江忠源去世后，形成了曾、胡、左的铁三角。为后来湘军势如破竹，奠定了人事基础。难怪曾国藩镇压太平天国后，与赵烈文谈话时袒露心迹，说："自己最初出山就像一个靶子，成为无数支锋利的箭所射击的目标。咸丰八年重新出山后，丝毫不能做主。到了咸丰九年，与湖北的军队合在一起，胡林翼事事都互相照顾，彼此间亲如一家，从此以后我才能开始按着自己的计划，逐渐施展出来，最终才有今天这样的成就。的确令人难忘啊！"

正是胡、曾、左等这些有大才能而又各具特长的人在一起谋划，才有了后来重开乾坤的大局面。否则，即便大权在手，若没有独当一面之人，也无济于事。这对今人也是非常大的启示！

3. 勉强合作，肝胆变楚越

曾国藩在长期担任清廷高官的过程中，特别是他从自身创办湘军的切身体会中，提出高管之间不能勉强合作，如果一开始就没有"同气""同义"，合作的基础不牢固，将来不但会分道扬镳，甚至还会像楚、越两个本应互相照应最后却发展到兵戎相向。他在处理与三把手王鑫的关系时，提出了这一思路。

王鑫，字璞山，又名王珍，是湘军的最早发起人之一。此人自恃才能出众，野心勃勃。曾国藩初到长沙办团练，全仗罗泽南、王鑫统率的1000名湘勇作为基干。所以曾国藩称赞王鑫志大才高，"忠孝性成"。王鑫也是湘乡人，与曾国藩是老乡，幼时纯孝。他的母亲手生疽，王鑫用口吸吮，敷药以后，血出如箭，王鑫号泣吁天。数日病好，人以为至孝感动上苍所致。他24岁为诸生，从罗泽南游，很受器重。咸丰二年，太平军进入湖南境，他上书知县朱孙诒，请编练民兵。朱县令让他与罗泽南招募乡勇千人教练，罗泽南将中营，王将左营，驻扎县北，后调入省城。曾国藩奉命办团练后，论声望和地位，王鑫等当然不能和曾国藩相提并论，他们没有功名，可以说是默默无闻的失意文人。但在湖南巡抚骆秉章的支持下，王鑫对曾国藩并不怎么尊崇，并非奉命唯谨。而曾国藩希望借助"钦差"的大名，依靠王鑫这支队伍实现自己编练新军的计划。

由于曾国藩在长沙练兵多次碰钉子，为了避风头，遂移驻衡州，自己设了粮台，树起了招兵旗，但王鑫始终没有应募。这时，曾国藩发现，王鑫有不可原谅的缺点，那就是意气满溢、精神上浮、言事太易，心虑其难与谋大事。本来，经费不足是困扰曾国藩多年的大问题，自从决计办水师后，经费更加紧张。曾国藩要求王鑫精简所部，王不同意。曾国藩又提出不能用藩库银两，因为花巡抚的钱，就要听巡抚的调度，从而失去控制权。他还要求王按照自己拟定的460人一营的编制改编队伍，这些都使王无法接受。太平军进攻江西时，湖南援师战败，死者大多是王鑫亲旧。王请示曾国藩练万人复仇，曾国藩没有答应，王回到家乡就招募到几千人。对此曾国藩再三考虑，提出王鑫可以自行决定的有哪些，必须遵从自己的有哪些，哪些是两人一起商量的。但王鑫仍然我行我素，曾国藩觉得无法共事，遂决定分开各自发展。"勉强合作，肝胆变楚越"的理念就是在这样的背景下提出的。

应该说，创立湘军，曾国藩不是第一人，湘军的教父是罗泽南。作为罗泽南的学生，王鑫很有骨气，位居第二把手。曾国藩出山之后，他因为身份太高—— 一个部级干部，所以就成了湘军的第一号人物。位置的变化，加之在营制、理念上的众多分歧，曾国藩到出省江西的时候，明确跟王鑫说："我们分开各自发展。"刚开始，包括曾国藩的父亲都觉得不满意，说有点儿过河拆桥的感觉。认为过去湘军真正开创局面的是罗泽南和他的学生王鑫，现在你做了湘军的老大，怎么能把王鑫踢开呢？

曾国藩到处写信做解释工作，其中包括他的父亲，还有郭嵩焘、刘蓉这些人。其中他提出一个很重要的概念，就是同僚之间在一起合作，如果感到非常勉强的话，最后的结果就是"肝胆变楚越"。我们知道，肝胆是人身体上最重要的两个器官，有一句话叫肝胆相照。本应该是互相照应的，但因理念不同，最后有变成"楚越"的危险；本来应该互相关照，做更大的事情，但如今两个人就像楚国和越国一样，打起仗来，发生了战争，致使"肝胆变楚越"。

曾国藩解释说："我与王鑫的争执在哪里？王鑫是为复仇起见，我是为天下起见。"意思是说，他有一个更远大的目标。

曾国藩第一次打败仗的时候，打算投江自杀，结果身边人把他捞了上来，此时他已经全身湿漉漉的。这时候，左宗棠从城门上用绳索将自己吊下来，看看他这位老友还活着没有。他摸摸曾国藩的胸口，"气息仅属"，就是只有一点儿很微弱的脉搏。他对曾国藩说："事不至此，还不到你死的时候。"曾国藩睁开眼睛，看了看旁边的左宗棠。

这时候，曾国藩父亲的手谕正好传到。父亲给他写了一封非常短的手谕，只有两行字："儿（指的曾国藩）如果战死在湖南，我不为你哭；如果你战死在湖南之外，我为你哭。"

曾麟书这位老爷子很有气概，意思是说，如果你死在湖南这个战场，将来顶多是地方志留下你的名字，你是保卫我们小家乡而殉难的；但是，如果你出了湖南，战死在战场，你就不是为了保护自己的小家乡，而是为了保护国家而死，这是更高的层面。父亲曾麟书给他写了这么两行手谕，从此之后，曾国藩不再轻言自杀，这是对他的一个教训。

4. 君子能下人，待英雄要屈身

曾国藩在与同僚合作当中，他还提升了一个理念——待英雄要屈身。曾国藩特别概括说："凡是英雄，皆有大欲存焉！"意思是说，古往今来，那些真正有大才能、大本事的人，都有大欲存焉。大欲不是一般的欲望，你给他小恩小惠，小的提拔，打动不了他，所以他说"英雄皆有大欲存焉"。特别是左宗棠这个人，是个真正的英雄。左宗棠在湖南太有名了，同治年间流传着这样一句话："中国一日不可无湖南，湖南一日不可无左公！"左公指的就是左宗棠，可见他的声望是多么高。

左宗棠这个人也以才华自喜，每当给人写信落款的时候，他的署名是"今亮"。就是今天活着的诸葛亮，他还说"今亮胜古亮"，意思是说今天活着的这个诸葛亮，超过已经去世的那个诸葛孔明先生。

曾国藩刚出山的时候，想找左宗棠来做他的幕僚，结果被拒绝了。左宗棠转眼到了湖南巡抚骆秉章那里，做了他的幕僚，让曾国藩很没面子。

曾国藩的父亲去世之后，清朝一直让他为朝廷卖命，却不给他更多的权力。曾国藩没有地方实权，没有总督、巡抚这样的权力，内心感到很委屈，所以就借着父亲去世之名，给朝廷上了一个请求回乡的折子，但没有等到清朝的批文下来，就回家为他父亲守丧去了。曾国藩的这个举动引起了湘军很大的不满，特别是左宗棠。他说，曾国藩平日总是以"诚"字相号召，但关键时候不"诚"。这像撕破人的脸面一样，曾国藩内心感到很委屈，也无法接受，但又不好辩驳。

用曾国藩自己的话说，他在家里为父亲守丧的一年零六个月，是他人生大彻大悟的时间。他有一个幕僚叫欧阳兆熊，他说曾国藩一生三变，这次重新出山，像完全变了一个人。催化剂就是左宗棠！曾国藩重新出山后，先拜访左宗棠，恭恭敬敬地在左宗棠面前检讨自己。那时候左宗棠还没有职位，无论是在湘军还是在朝廷，哪方面都没有曾国藩地位高，但曾国藩很真诚地请左公原谅他过去的错误，还请求给他集一副对联，当成自己的座右铭。

左宗棠见曾国藩如此认真，如此真诚，就给他题了一副联。这个联有12个字，前面6个字是"敬胜怠，义胜欲"，后面6个字是"知其雄，守其雌"，这几句话都有来历。

"敬胜怠"来源于武王丹书受戒。武王刚即位不久，便向师尚父来讨教，问他有什么办法能够治理国家。师尚父告诉他："在丹书。"武王说，丹书那么多，能不能用一句话来概括。师尚父回答道：

敬胜怠者，昌；

怠胜敬者，亡；

义胜欲者，从；

欲胜义者，凶。

"敬胜怠"是指对事情有一种敬畏感、谨慎之心和认真、恭敬之意。"怠"是怠惰、懒散、松懈的意思，不认真做事情。丹书说"怠胜敬者"，一定会灭亡。而敬，首先人要有一种精神，才能兴盛起来，就会昌。

"义胜欲"，是指一个人、一个组织，如果锱铢必较，每天想到的只是自己那些利益的话，这个人活得是很累的。如果把自己的欲望放在更高的层面，那就是一个"义"字，这样的话，这种追求很值得，就不会觉得心累。所以丹书受戒说，如果欲望战胜了义，没有道义、没有追求、没有价值，这样的人就一定会"凶"。也就是说，你追求的东西都集中在物质层面上，最终会招致不测之祸。相反，如果有道义、有旗帜，这个旗帜是建立在义的基础上，就会有更多的追随者，事情就会做起来，也就会取得成功。

这是上联。

曾、左、李这些人都是很有学问的人，经常引用很多典故。下联来源于老子的《道德经》。《庄子》里也讲过同样的话："知其雄，守其雌"，它代表了中国文化的两个方面——阴和阳，方和圆。曾国藩说："现在想来，过去我为什么那样懵懂？做事情为什么到处碰壁？难道说我一无是处吗？不是！凡事都见不得别人有是处，凡事都见得自己有是处，都觉得自己是正确的，别人都是错误的。"

他说："自从我重新出山之后，以禹墨为体，以庄老为用。""禹墨"意思是，像大禹治水那样，三过家门而不入；像墨子那样摩顶放踵，为天下而利。这是指踏实肯干、勤勉王事的一面，也是立足之本。但仅此是远远不够的，更重要的是"以庄老为用"，"庄老"就是指老子和庄子。他还说过，人要立得住，还要行得通，胸中有乾坤，但跟外部世界打交道时，则要圆滑一些，少些是非。就像我们中国的铜钱——内方外圆，内方是它方正的一面，是根本，外圆是跟外界能够接触的一面。如果铜钱内外都是方正，就会不断磨蚀，因变形而最终无法存在；相反，如果内外都是圆通的，也会变形。因而雄代表纯阳、刚正，雌代表阴柔、圆适，人要守住纯阳这一根本，但还要以阴柔作为生存手段。老子、庄子的思想，都是柔弱胜刚强的，这也是中国文化的两极，相生相克，相容而共存。

曾国藩如此礼遇左宗棠，说明左宗棠确有非凡才能。

曾国藩在文集里专门写有"君子能下人"，也是切身经验之谈。他说：

> 君子之道，莫善于能下人，莫不善于矜，以齐桓公之盛业，葵邱之会微有振矜而叛者九国。以关公之忠勇，一念之矜，则身败于徐晃，地丧于吕蒙。不自恃者，虽危得安；自恃者，虽安而易危，自古国家，往往然。故挟贵、挟长、挟贤、挟故勋劳，皆孟子所不答。而怙宠、怙侈、怙非、怙乱，皆春秋士大夫之所深讥尔。

自矜就是以自己才能自喜，旁若无人。文人最容易犯的过错就是自矜，而有大才能的人，也容易犯这样的过错。齐桓公、关云长都因犯了这样的错误而将大好局面葬送。因此曾国藩说，依仗高贵、长辈、贤能、功劳等，最后可能都没有好结果。这段话富有哲理，颇有启示意义。

左宗棠有大才能，但缺点又很明显。刘蓉说左立功一时，流毒十数年之后；张集馨说左盛气凌人，满纸语句，摸之有棱；郭嵩焘兄弟说左存心深险，极不易交等，多少都是事实。但有才能的人一定为我所用，才能成就大事业。这反映一个人的气量。

多少年了，清朝迟迟不把封疆大印交给曾国藩，是因为顾忌太大。他是湘军，不是八旗兵或绿营兵。当太平天国第二次将江南大营摧毁的时候，左宗棠说了这样一句话："天意岂有转乎？"曾国藩何等聪明，都不解左宗棠这句话的含义所在。

左宗棠说："江南大营经过这次摧枯拉朽，就再也扶不起来了，湘军的日子熬到头了，不出两个月，朝廷一定会把最大的一颗印——两江总督，交给你曾国藩或者胡林翼。"

这是一个多么富有远见的判断，曾国藩自己也不会想到，朝廷会把两江总督这颗大印交到他的手中。所以湘军高层提前在安徽宿松作了一个战略上的部署，当时正在行军打仗中，不便把所有的将领都集中到这个地方开会。因此，他们三三两两、陆陆续续，湘军的高层包括胡林翼、左宗棠、李鸿章、曾国藩、曾国荃、李续宜等很多高级将领，在安徽宿松讨论下一步部署。

这个会议从曾国藩的日记中可以查到，在宿松畅谈的时间长达23个日夜，达成了许多共识，对未来发展影响甚大。曾国藩在日记中，不厌其烦地逐日记录了从咸丰十年闰三月二十六日到四月十八日二十三天间的谈话情况，其中几天很重要：

咸丰十年三月二十四日写左季高（宗棠）信，专人去英山迎接。

四月初四日中饭后，与季高畅谈。傍夕，与季高、次青（李元度）畅谈。夜，又与季高久谈，多见道之语。

初五日早饭后，与季高畅谈。中饭后，再与季高畅谈。傍夕，与少荃（李鸿章）、次青畅谈。是日接奉寄谕："因金陵大营溃败，派都兴阿带五千人至江北，防贼北窜。"因与季高商谈大局，图所以补救之法。

初八日早饭后，与季高畅谈。中饭后，与季高畅谈。傍夕，与季、次、子白诸人谈。灯下接奉寄谕，令余会同厚庵（杨岳斌）进攻芜湖，直抵宁国。并谕询：左季高是否仍办湖南团练，抑在余处帮办一切。

初十日早饭后，与季高畅谈。未刻，与季高、次青久谈。胡宫保（林翼）自英山来宿松。将往罗（遵殿）宅会众，未刻到，畅谈至二更。

十六日早饭后，与胡中丞、左季高熟商一切。傍夕，与胡、左诸公谈江南事。

十七日早饭后，与胡润帅、左季高畅谈。申刻，与胡润帅畅谈至二更。季高、次青诸公同在座。

此次会议，关系甚大。事后，曾国藩写信给他的二弟曾国潢说："左季高在余营二十余日，昨已归去。渠尚肯顾大局。"写信给沈葆桢说："四月之季，胡润帅、左季高俱来宿松，与国藩及次青、筱荃（李瀚章）、少荃诸人畅谈累日，咸以为大局日坏，吾辈不可不竭力支持，做一分算一分，在一日撑一日，庶几挽回于万一。"当时，胡林翼在宿松也致信郭嵩焘说："季公之事，天心大转。然此身已公之于国，不复可据为己有。霖哥清恙，日萦于心，三五日后，当由水程返湘矣。"所谓"天心大转"，即指清廷以左宗棠出处咨询曾国藩之旨；所谓"霖哥"，是指左宗棠长子左孝威。左孝威当时为他父亲缠上官司，忧急致病，几乎不起，所以左宗棠急于回家探视。

宿松会议是湘军发展乃至扭转全局的重要会议。第一，左宗棠表示"此后再不意气用事，听候曾国藩的消息，如有可出之理，未敢固执"。第二，湘军高层出现了空前的团结，在重要问题上达成"共识"。第三，对江南大营溃败后，清廷可能进行的重大人事调整进行了预测，认为两江总督一缺，曾国藩与胡林翼两人中必有一人担此大任，这对鼓舞"士气"有重要意义。

果真，这个会断断续续开了二十几天，没等会议结束，清廷就下了一道命令，任命曾国藩署理两江总督兼钦差大臣。他们在此之前作了一个重要的战略部署，也争得了最宝贵的时间。这件事，足以看出左宗棠的本事。

5. 高管之间，明争不可暗斗

曾国藩领兵出省作战，即所谓"东征"。第一站到了江西，由于"客寄虚悬"，没有地方权力，因而事事依赖江西官员。江西巡抚陈启迈本来是曾国藩的同年，以为能得到这位同学的照应，没想到，陈启迈"多方掣肘，动以不肯给饷为词"。陈启迈还不经曾国藩同意，擅自调动湘军，朝令夕改，令人无所适从。由于陈启迈是江西的第一高官，因此上行下效，江西的官僚、士绅也与曾国藩为难。

这时，又发生万载知县、举人出身的彭寿颐因办理团练被控一案。彭为人刚直，办理团练颇具才华。曾国藩查办此案，为彭洗去冤屈。但陈要加罪于彭，曾国藩委曲忍让，与陈启迈面商，调彭至军营效力，以图化纷争于无形。陈不但拒绝调用，反而命按察使恽光宸将彭逮捕下狱，严刑逼供，坐以诬告之罪。

咸丰五年六月，曾国藩认为陈启迈"劣迹太多，怕要误了大局"，终于忍无可忍，上奏参劾陈启迈，历数陈启迈的种种罪责与劣迹，最后说：我和陈启迈是同乡、同年，同是读书出身，向来没有嫌恶间隙。在京城时还看到他供职勤勉谨慎，自共事数月以来，我看到他颠倒是非，一改平时的表现，使得军务混乱，舆论哗然，确实不是我意料之中的事。目前东南贼匪形势，江西、湖南最为严重，封疆大吏，关系重大。我既然确有所见，很怕害了全局，不敢不叙述以上各事，恭请圣上权衡。由于曾国藩罗列事实清楚，接到弹章后，清廷将陈启迈立即革职。

曾国藩每当与人闹矛盾，特别是弹劾他人时，总是要做些解释工作。这次也是这样。数日后，他写信给家中，谈到不得已弹劾陈启迈之情：

> 我的癖病还没有好，用心特别多，夜晚不能入睡，经常担心忠心耿耿的感情，最终对国事没有益处。但是办一天事，尽一天心，不敢有片刻的疏忽懈怠。陈中丞（陈启迈）办理军务，不如人意，和我在各方面有很多意见不合。共事和衷共济，大概是最不容易的。我食俸禄已久，不得不把国家的忧患当作自己的忧患。

为了取得时人的谅解，他四处写信，以表明自己的不得已之情。

同治三年年初，曾国藩已经形成对太平天国的最后包围，在即将拿下金陵的关键时刻，又与江西巡抚沈葆桢发生矛盾。有关事情的起因，当时作为曾国藩幕僚的赵烈文记载得非常清楚：曾国藩于咸丰十年担任两江总督时，由安徽北部移师皖南，当时因为苏皖几乎都控制在太平军手中，没有地方征收军饷。为此，曾国藩上书朝廷，请求将江西省的全部茶厘牙税，归两江总督派遣人员设征税局征收，用来接济军饷之用，希望得到朝廷批准。此后每年的收入都不下100万两白银，成为军饷的主要来源。而江西原来所有防守的军队非常少，每当有太平军进攻时，曾国藩都立即派兵千里驰援。将太平军赶出后，所派的军队也随即撤回来。

沈葆桢于同治元年（1862年）被任命为江西巡抚。沈葆桢心地端正，遇事敏捷干练，但心胸未免有些狭窄。他本来是曾国藩保荐升任的，自认为只有整顿好地方，才不负曾中堂的举荐，因此做事情不应当顾虑私恩，任嫌推诿。而且，他还看不起前几任巡抚的作为，说他们尸位素餐，没有什么见解和政绩。因此，他上任后，增加招募了八千人，又将原有一万多人移调过来，各府招募守勇五百人，兵数越来越多，但费用却越来越少。因此，给朝廷上折子，提出留下一半厘金收入给江西用。平心而论，曾国藩荐举贤才，是希望他们为国家做事，沈葆桢奋发有为，他这样做不能说是超越职权范围。只是江西省军队的军费问题解决了，但安徽、两江总督大营的军费更加竭蹶了。再者，曾国藩对江西省的军务从来没有忽视过。而且，此事事关东征太平军的大局，沈葆桢也不应该因为距离江西省较远，产生此疆彼界的地域观念。当沧海横流的时候，公忠体国的大臣之间，即使彼此间像头目和手足那样互相照顾，也怕不能互相帮助。如果闹意见，心中不合，不能不说是贤明之人的责任啊。

对此，曾国藩感到十分为难，他的多日日记都为此事而难以入睡。其日记写道：

> 日内郁郁不自得，愁肠九回者，一则以饷项太绌，恐金陵兵哗，功败垂成，徽州贼多，恐三城全失，贻患江西；一则以用事太久，恐中外疑我擅权专利。江西争厘之事不胜，则饷缺兵溃，固属可虑，胜，则专利之名尤著，亦为可惧。反复筹思，惟告病引退，少息二三年，庶几害取其轻之义。若能从此事机日顺，四海销兵不用，吾引退而长终山林，不复出而与闻政事，则公私之幸也。

他也不忘检讨自己：

日内因江西藩司有意掣肘，心为愤懑。然细思古人办事，掣肘之处，拂逆之端，世世有之。人人不免恶其拂逆，而必欲顺从，设法以诛除异己者，权臣之行径也；听其拂逆而动心忍性，委曲求全，且以无敌国外患而无为虑者，圣贤之用心也。吾正可借人之拂逆以磨砺我之德性，其庶几乎！

再三考虑后，曾国藩还是觉得此事不是为利为己而争，而是事关关键时刻能否攻克金陵大局。于是上折子写道，目今"论兵则已成强弩之末，论饷则久为无米之炊。而户部奏称收支六省巨款，疑臣广揽利权。臣虽至愚，岂不知古来窃利权者每致奇祸！"细读《会典事例》，大致吏事应由巡抚主政，兵事应由督臣掌管。就江西饷项论之，丁漕应归沈葆桢主政，因其与吏事相关；厘金应归总督主政，因其与兵事相关。"臣忝督两江，又管兵符，凡江西土地所出之财，臣皆得奏明提用，即丁、漕、洋税三者，一一分提济用，亦不为过，何况厘金？奏定之款，尤为分内应筹之饷，不得目为协饷，更不得称为隔省代谋。"他又说：同僚交际，不外分、情两字。沈葆桢受我节制，"分也"；同寅之患难相恤，有无相济，"情也"。沈于我处军饷，论分、论情，皆应和衷熟商，不宜不顾情理。接着，他又以威胁的口吻说："臣处自闻截去江西厘金之信，各军人心惶惶，转向告语，大局实虞决裂。合无仰恳天恩，饬谕江西厘金，仍全归臣处经收。"最后，恳求朝廷简派大臣前来主持江南大局，放他回家养病。一旦发生重大变故，他可担不起这个责任！

沈葆桢也赶紧上了个奏折，陈请开缺。双方的奏折上达清廷，慈禧等只好下旨把江西的厘金一分为二，使曾、沈各得其半，并把李泰国购买轮船的退款五十万两，拨给曾国藩使用，以解其纷争。

第九章　关系成败的用人五策

栋梁可以支撑大厦，但不能用来做一般材料；价值千金的剑，用来劈柴禾还不如用斧头。用人如果当其时、当其事，一般的人才也会产生奇特的效果。相反，如果用人不当，就会最终使人没有成就。

曾国藩在用人中有很重要的五策，它关系到事业的兴衰成败。

曾国藩说过，人才访求到以后，就要加以任用，而重要的是人尽其才。尽管是优秀的人才，如果用得不当，还不如庸俗的一般人。栋梁可以支撑大厦，但不能用来做一般材料；价值千金的剑，用来劈柴禾还不如用斧头。用人如果当其时、当其事，一般的人才也会产生奇特的效果，相反，如果用人不当，就会最终使人没有成就。因此世上不怕没有人才，只怕使用人才的人不能器重而又使用不当。

1. 关键职位要试以艰危，责以实效

曾国藩在创建湘军及后来管理两江三省的人事时，提出关键岗位要"试以艰危，责以实效"。在一个团体当中，无论它的规模有多大，总有几个部门是关键岗位。对关键岗位怎样进行管理？曾国藩在上给清朝皇帝的奏疏里，提出关键岗位要经过两个考验，一个是试以艰危，二是责以实效。他说经过这两条考验之后，才能把关键的岗位委以这个人。"试以艰危"有两重含义：一是把人才放在艰难而又十分危急的环境中考验，经历艰危者可以委以重任；二是人才在艰危中脱颖而出，即"缓急可恃"，可以倚任。"责以实效"即做事踏实肯干，业绩突出，能够胜任繁巨之任。

1854年，曾国藩率军进入湖北，出省作战粮饷如同生命，但当时没有国

家拨付。他找到同年（同学）胡大任，请他来筹集饷银、粮草转运。由于此时太平军与湘军在湖北展开拉锯战，湖北大片地方被太平军占领，许多有钱的士绅都避难而去，因而筹集饷银极为困难，甚至性命不保。而胡大任不负众望，筹集到不少钱。后来曾国藩向皇帝上奏，要提拔胡大任，理由就是胡大任经受得住艰难考验。他说：

> 我认为求才必须放在艰险危难中考验，用人应当注重实效。湖北军务办得好，无论兵事、饷事都在于用人得当。而要想在凋敝残破的地区得到人才，尤其不简单。无论是我委任胡大任接济军饷，还是胡林翼委任他办理厘金，都奋勉出力，筹钱五十余万串，由此军饷得以接济。尤为可贵的是，咸丰四年、五年，湖北全省一片糜烂，烽烟四起时，豪绅大多迁徙殆尽。而只有胡大任能在万难艰险之际，奋不顾身，经营筹划，不但稳固军心，还激发士气，沉着刚毅，果断坚决，力挽狂澜，才能任艰难临危而不变，历险阻矢志而不渝，以后必可重用。敬请圣上能否以四品京堂记名，遇有用人之际，让他施展才华。
>
> 又有盐运使厉云官，我委托他办理粮台事务，官文、胡林翼留他在湖北省总理粮台，他办事勤慎廉明，每月军饷三十余万两，出入校对稽查，一丝不苟，加上采办制造之事，昼夜辛勤工作。自从留在湖北以来，五年如一日。现在大军向东挺进，兵分则事情就越纷繁，粮饷多则责任就越重大，必须任用精于办理军饷官员，在本省附近筹划开支，方能使粮饷军火四方接应不断。请将厉云官交军机处记名，遇有道员缺空，加以任用。要是能让他马上开展工作，更有裨益于军务。

胡大任和厉云官两人，后来官都升到按察使、布政使，成为副省级官员。

中国很早就有一些考察人才的办法。如：

远使之而观其忠，即在领导无法看得见的情况下，是否忠诚地完成交办事情。

近用之而观其敬，是指在领导身边工作，日久天长，是否能一直保持敬重、敬畏、认真的态度。

繁使之而观其能，是指增加他的负荷，加大工作强度，看他能否依然胜任，处理得条理分明。

猝问之而观其智，是指在对方没有任何准备的情况下，向他发问，他能否有应变的机智。

急期之而观其信，是指提前要求对方做到某件事情，他是否能够完成自如。

而曾国藩提出的"八字"办法，也是借鉴了中国传统管理的经验。如唐代考核标准，有"四善二十七最"，"四善"是指：德义有闻、清慎明著、公平可称、恪勤匪懈；"二十七最"是指在27个方面最突出的标志和成就。再如清代的京察与大计，通过才、守、政、年四项考察，各有一套标准。即所谓以"四格"（守：有，清，谨，平。才：长，平。政：勤，平。年：轻，壮，健）定等级，一等称职，二等勤职，三等供职；以"八法"定处分，即：不谨，无为，浮躁，才弱，年老，有疾，贪，酷。

值得今天借鉴的是，清朝雍正时期实行了一个要素管理岗位的制度。它用四个要素来管理，当时叫四字缺、三字缺、两字缺和一字缺。缺就是岗位的意思。这四字缺、三字缺、二字缺是用什么来衡量的呢？主要是用4个字，第一个字是"冲"，第二个字是"繁"，第三个字是"疲"，第四个字是"难"。

"冲"是战略要害、战略重点，我们今天也在使用"要冲"这个词，不仅仅是指地理位置，也是指要害部门。"繁"是指地方事物繁多、财政收入主要的所在，也就是我们今天说的利润主要来源、经济生长点。"疲"指的是问题多，我们在管理当中一直有这样的认识，就是二八定律，即百分之八十的问题，可能出现在百分之二十的部门中，这个"疲"就是指不好领导。"难"主要指财政收入非常少，清水衙门，因此办起事来非常困难。所以具备冲、繁、疲、难这四个字的是最要缺，而这个最要缺就是最关键的岗位。

最关键的岗位应该怎么来任用呢？应该集体讨论，但是最后一定要由第一把手来拍板。因为他是第一责任人，要对整个事业的发展、兴衰起到关键的决策作用。只要具备冲、繁、疲、难中的任何三个字，就叫作三字缺。三字缺就是关键岗位。关键岗位由集体讨论决定。两字缺叫中缺，就是一般岗位，这样的岗位直接由他的顶头上司来任命就可以，不需要集体讨论。如果是一字缺，就称为"简缺"，简就是简单的岗位，顾名思义，只要一个一般的人就可以胜任。

曾国藩将要素管理的方法运用到湘军管理中，选择最适合的人派到关键岗位上去。这是曾国藩在用人五要当中的第一点。

与此相关的是调剂"官缺"，清朝设有"边缺"，包括"海疆缺"，因为在这样的地方工作条件艰苦，所以内地缺往往四年任满提拔，而"边缺"三年即升。什么样的岗位要用什么样的人，这非常科学，无论是国家机构还是企业管理机构，都值得我们借鉴。

2. 管家要用"内正外圆"之人

清代经世派的代表人物魏源在他的名著《圣武记》中，评价康熙年间三藩之乱最终被平定时指出，对占有一隅的三藩而言，利于速战速决，不利于持久战，因为清朝所支配的是全国的资源。

曾国藩出省作战之始，湘军不足两万人。他任两江总督后，急剧扩张，到同治二年、三年间，湘军总数已达到三十多万，仅曾国藩直接指挥的就有十二万人，其中有两万人左右由曾国藩提供军饷。庞大的队伍以及各种事务极为繁重，要找一位胜任繁巨而又忠诚可靠的大管家，就显得举足轻重。经过一番考验，曾国藩最终选了李瀚章作为他的大管家。多少年来李瀚章与曾国藩形影不离，一同进退。曾国藩最看重的管家要具备四个字：内正外圆。这足以看出曾国藩的独到眼光。

的确，在曾国藩追随者的庞大阵容中，李瀚章是个很特殊的人物。他跟随曾国藩时间最长，一直总理粮饷，一同与曾国藩共进退，曾国藩称赞他"精细圆适，其从国藩也极久，其为国藩谋也极忠"，可见李瀚章这个大管家是很称职的。

李瀚章，号筱荃，也写作小荃、筱泉。他是李家的长子，比二弟李鸿章大两岁。当初父亲李文安在京任职，李瀚章挑起了家庭重担，一边操持家务，一边攻取举业，但科场很不顺，多次考举人都名落孙山。到了道光二十九年，年近三十的李瀚章被选为拔贡。朝考一等，拜曾国藩为师，后分到湖南署理知县。曾国藩此时刚开始办团练，因为与他有师生之谊，尤其见他忠实可靠、办事踏实，便派他办理捐输。第二年，曾国藩率湘军东下，设立粮台八所，李瀚章随营差遣，可以说是经理粮饷的元老。咸丰五年，曾国藩在南昌设立湘军后路粮台，以李瀚章总理其事。不久，因父亲李文安去世，李瀚章要回籍守丧，但曾国藩向清朝奏请，将他留在身边，并升任知府。后来，曾国藩回家守丧，李瀚章也回籍守制，仅此一件事，就可见李瀚章与曾国藩关系非同一般。

曾国藩重新出山后，立即将自己的行程及各项工作安排详细告诉李瀚章，并请他即日动身赶赴湖口：一则办理从前报销事情，更重要的是，专门办理转运等事情，往来函牍、粮台，不但诸人有所依靠，即使曾国藩自己的军队，以及湘军水师，李续宜的军队，三军联络一气，也全靠阁下常通信息。当时李瀚章在家守制，并且安徽巡抚要留下李瀚章。为此，曾国藩专门向咸丰皇帝上奏，称赞李瀚章"综理粮台，内方正而外圆适，办事结实周详，甚属得力"，现在要办理报销事情，而李瀚章经手最久，于军情地势都很熟悉，请准予来湖口。这样，李瀚章回到湖口曾国藩这里，继续做他的大管家。当时曾国藩没有提拔人的权力，四处求人，而李瀚章能够与主人同进退，让曾国藩大为感动，觉得李瀚章是可以托付、信赖的人。因而时常想着要专折保举他。

作为长子的李瀚章，这次不但自己来，而且将家搬来，携他的母亲及李鸿章、李鹤章、李昭庆等几个弟弟，全家迁至江西，先住奉新，后住南昌，在吴城设报销局。李家四兄弟包括李鸿章、李鹤章、李昭庆也先后进入曾国藩幕府。这让曾国藩更为感动。

曾国藩非常重视李瀚章，咸丰九年，密友胡林翼要求借用李瀚章到他主管的湖北省从政，跟他商量说："李瀚章，大器也，敬乞以湖北司道记名请简，谋鄂之忠，此为第一，殊深切恳。"曾国藩岂能将这样的好管家放走，因此找了多个理由，就是不同意。

李瀚章参与了曾国藩的所有重大事情。胡林翼为曾国藩谋四川总督的位置，曾国藩自南昌北上，至黄州会晤胡林翼，至武昌会晤湖广总督官文，李瀚章、李鸿章都随侍身边。曾国藩也非常讲究，既然不放李瀚章，就要提拔得快，李瀚章随即升任道员。咸丰十年，太平军大破清军江南大营，李瀚章、李鸿章在安徽宿松参加曾国藩、胡林翼、左宗棠等人的重要决策会议，共商东南大局的补救办法。曾国藩上奏称李瀚章廉正朴诚、吏事精核，李瀚章被任命为江西吉南赣宁道道员，襄办江西团练。曾国藩对担任实职的李瀚章非常关心，写信告诉他认真操练，仿照办理湖南团练的办法办好江西团练。李瀚章也投桃报李，不惜侵犯江西布政使张集馨的职权，不经过张集馨就将一笔款项发放给曾国藩的部将吴坤修，使张集馨大为不满。

李瀚章也不断为曾国藩输送人才，自己的几个弟弟都给用不说，在赣南道任职期间，看上了丁日昌这个人才。丁先后担任他属下的万安、庐陵知县，丁的干练和优良政绩给李瀚章留下了深刻印象，这为丁日昌后来的发展及湘军得到淮军一员大将，作了开局的准备。

曾国藩任两江总督后，调配的资源远远超出两江三省。湘军急剧扩张后，粮饷更为重要。同治元年，曾国藩奏准到广东抽厘金，用来接济南京的曾国荃军、苏南的李鸿章军和浙江的左宗棠军。可以说，这关系到能否打败太平天国的大局，清廷派晏端书前往广东督办厘金。曾国藩请李瀚章去办理此事，想借助他内方正而外圆和的处事方式，经理一切。他相信李瀚章会处理得条理井然，也能与当地士绅搞好关系。曾国藩还特别告诉他，两广总督劳崇光、广东巡抚耆龄与曾某人不无龃龉，请他加意预筹善处。李瀚章不负重托，到广东后每月为湘军筹得厘金数万两，李瀚章也升任广东按察使，进入省级大员序列。

曾国藩的湘军从一万多人发展到三十多万，他的地位也有很大变化，后来执掌两江三省，但有一条一直没有变，就是庞大的兵饷是自筹的，粮台也是自办的，而他所能调配的资源也不限于两江三省。但是，按照清政府的规定，仍须将每年军费收支造册详报，由户部核准方可报销。曾国藩带兵几年，从未办理报销，他再次出山后，想到的第一件事就是如何报销的问题。咸丰八年八月，曾国藩在江西湖口设立报销局，由李瀚章负责，后来搬到吴城。经过一年多的努力，向清廷户部报销了三百多万两。

天京攻陷后，大的战事结束了，如何向清政府报账成了大问题。因为以前处于战争中，清廷不会计较。现在不同了，国家有制度，更何况，包括曾国荃在内，湘军发大财的舆论满天飞，曾国藩如何向清廷交差？

当年乾隆时期，福康安征西藏，军功显赫，回京后，照例往户部递交会计账册，报销军费。他依仗军功，且自忖深得乾隆皇帝欢心，故悍然不提部费。部吏认为部费合法，不顾脸面，登门造访，请福大人赏部费。福康安为此大怒，说："幺幺小胥，敢向大帅索贿赂乎！"部吏们见的世面多了，不卑不亢地说："索费我倒不敢，但用款多至数千万，册籍太多，必须多添人手，日夜迅办，数月之间全行具奏，皇帝才能赏功，这种事情必须一喜而定。若无巨资，仅就现有的人，分案陆续题达，非三五年不能了事。今日所奏是西军报销，明日所奏又是西军报销，皇帝必定倦厌，一定会责备起来，物议因之而起，大狱因之而兴。我们这样做完全出自为福中堂考虑，并非为吏胥考虑啊。"福康安听到后，大为激赏，立即让粮台出两百万两了事。

自从咸丰八年、九年办理报销后，直到同治三年六月曾国藩再没有报销过一次。如果让户部发现收支不符之处，要向朝廷奏上一本，不但这些"功臣"要追赔，且还有性命之忧。曾国藩考虑再三，与户部通融。当时主管户部的正是曾国藩亦师亦友、当年在京城共同切磋理学的名臣倭仁。倭仁清楚曾国藩的为人，于是向清政府建议变通报销办法：各省支出开销各项，户部按照《则例》进行逐项逐款核对。这次战事历时十多年，涉及十几个省份，经手的人又很多。而规定的是针对国家正式编制的人员而言，但这次湘军中大部分人员都不是正式编制，如果一定要用这个章程来办理，不过是为办事人员提供一次发财的机会，无形中反而会增加许多开支。因此请求以1864年6月为限，凡是以前各地方所用款项，一概不用造册报销，只需开列简明清单上报、留个底案就可以，当然原始票据更不用装订成册上报了。也就是说，同治三年六月后军费报销仍照例办理，同治三年六月前军费收支免其造册，只需汇集总数，分年开具简明清单，奏明存案即可。清廷批准，曾国藩得报后如释重负，立即将此项部文告知李瀚章：这真是皇恩浩荡，出人意料。我感到罪人遇赦，大病将愈，感激涕零。因为你经手此事多年，特将户部的文件转发给你。

有了批文，曾国藩的底气也足了，上奏时强调了三点：

第一，我统领湘军时间最长，人数达十余万，款项非常大，但专门搞资金筹划、报销的人员前后加在一起也不到四十人。因此，这里的开支减少了一大笔。

第二，从1853年开始一直到上报时，共计开销两千九百余万两。这些款项自始至终都有专人管理，无论从哪里筹钱，还是支出哪一笔，都由我亲自裁度，因此取信于人，没有浮冒多开的弊端。

第三，自最初办理报销，到现在已有十二年之久，经办人员日夜不息，丝毫必校，十分认真，我又反复核对，都属于确凿可据。

曾国藩共计报销了多少？湘军自咸丰三年九月在衡州招募时起，至同治四年九月底徽、休各军解散止，为时共十二年之久（1853—1865年）。曾国藩前后共分作五案报销，湘军军需用款总计两千九百余万两。其中除少量外，绝大多数是自筹的。正是这笔巨款保证了湘军的军需供应，才取得了对太平军、捻军的最后胜利。而前后始终主持其事的，就是李瀚章。

如果与以前的绿营军对比，就可知湘军所用军费并不高。太平军起，清廷征调各省绿营，自道光三十年冬起，至咸丰三年春止，前后两年多，用兵九万七千七百余名，经户部奏拨军需银，达到两千五百一十万余两。而曾国藩直辖的湘军的军需，从招募到解散，前后十二年，全军从一万余人，到同治元年共十二万人，而所用军需不到三千万两。两者比较，可见湘军军费开销不多，而很有效益。

李瀚章于同治四年升湖南巡抚，后调任江苏巡抚，署理湖广总督。李瀚章在湘军、淮军发展史上，是个不可或缺的人物，他与曾国藩、李鸿章一有师生之谊，一有兄弟之情，配合可谓默契。从同治六年署任湖广总督，长期连任，达十余年之久。李瀚章长就一副魁梧身材，样子像个武人，而性格柔和，临事缜密，所为公牍，简洁得要。

曾国藩看重的不仅是他内正外圆的品格，更主要的是他办事周详，即为人正直、清廉，而处理事情又讲究方法、策略，与外界能够很好地打交道。同时，能够不打折扣地出色完成曾国藩交办的事情。

3. 同涉风波之险，方足以任大事

在曾国藩用人"五要"中还有一条，就是"同涉风波之险，方足以任大事"。曾国藩特别看重一个人能不能经受风波之险。所以在曾国藩提拔的人当中，凡是一遇到艰难场合、困难条件就退缩的人，他绝对不重用，不提拔。

刘瀚清是江苏武进人，字开孙，与曾国藩的心腹幕僚赵烈文是老乡。刘原是胡林翼的幕僚，负责草拟奏稿，很受胡器重。1860年，太平军席卷苏、常，胡林翼病情日危，刘瀚清在幕主及形势危急之时，辞归乡里，引起胡、曾不满。胡林翼于同年六月举荐十六人，刘瀚清不在其列。胡林翼去世后，刘瀚清进入曾国藩幕府，负责起草奏稿，尽管刘学问渊博，文笔也不错，但曾国藩不是很欣赏，说他对奏章之类文牍不是很合式。但这还不是主要的，最让曾国藩不满的是，刘瀚清缺乏"急公好义"的精神。曾国藩北上镇压捻军，自己都觉得没有胜算，这个时候刘瀚清又迟迟不肯随行。曾国藩驻扎周口时，身边很缺人手，而刘瀚清以家中有事为由，请假回家，曾国藩一再挽留，也没有留下。曾国藩回到两江任总督后，刘瀚清又回到这里，但已经不受重视。在曾国藩眼里，刘是不能堪任艰巨任务的人，因此虽敬重他的才学，但不举荐。

同治六年六月三日，赵烈文在与曾国藩谈话时，有意劝曾国藩提拔刘瀚清。曾国藩向赵烈文详细询问赵的家乡常州诸位先德的家世情况，并说道："常州的士大夫全都崇厉风节，安于自己的地位，中规中矩，有如山西人的风范，因此，家里虽然总是贫穷而世代以此为业，却数百年不变。但是，现在处于新旧交替的关键时刻，维持以往风气的，总在足下与开孙（刘瀚清）先生而已。"赵烈文回答说："一个地方的盛衰，都是有地运在起作用。我的家乡自嘉庆、道光以后，逐渐出现沉沦下降的趋势，道德及文学的气数逐渐尽了，加之老零凋丧，走仕途的因此也越来越不振。隔了一段时间，原本完完全全的读书人变成了买卖人；又过了一段时间，本来是在市场上做买卖的却变成与仕宦家族为伍了。这种风气形成的一开始，也只不过是为了解决贫穷问题，等到后来就像大堤决口一样而不可遏止。现在，我的家乡论学问已没有什么知名的学者，而一旦做官出人头地就迁徙到其他地方，不再回到家乡。人才情况是那种样子，风气交谊又是这种状况，这还有希望吗？这使在下回忆起从前宋朝下谷虞山，有人问他，别人都带着很多财富远走他乡，你贫寒到这种地步，为什么还不走啊？难道成为乞丐再远走吗？我现在也是因贫寒而乞讨，因此不得不背井离乡。谚语中有这样的说法：一人哭泣，满座不乐，更何况是满座都在哭泣！当人们身处这样的境况，没有死的那种感觉的人能有几个呢？用这种心境来反观我也没有大的区别，只是承蒙老师的期许，我才有重新振作的感觉。"

赵又说："周腾虎（赵烈文的四妹夫）生前颇有爱人不倦、提携后学的志向，但不幸中年而逝，家里空空，在下的妹妹也已年老，而我的外甥孟舆又多病，假如不是老师的保护，早已不在世间了。然其家中人多、负担重，想请求老师将来有一天保举孟舆做一个校官，也好使得他向上能侍奉老人，下足以养育妻儿，也算以此彰显师德。现今盼望着派他一个苏州的差事，离家较近便于照料，则对于活着的人与已死去的人都是一种恩德啊。"曾国藩全都答应了赵的请求。而赵想到周腾虎一生不顺，说话之间不觉清泪簌簌流了下来，曾国藩也为此露出悲哀的表情。随即，赵烈文又向曾国藩陈述了刘瀚清家里情况的艰难，意思是想为刘的弟弟申孙请求李筱荃总督（李瀚章，湖广总督）上奏，让他留在湖北，使他得到一官半职，也就可以养家糊口。

曾国藩说："我的意思是让刘瀚清做官，似乎他比他的弟弟做官要好。"赵说："申孙与在下分别已经很久了，不知他的情况怎样，如果是刘瀚清的话，那么，做个知府还是可以的，但他襟怀泊淡宁静，不乐于走仕途，而且是出于一片真心啊。"

曾国藩没有再说什么，但一直也没有提拔刘瀚清。曾国藩北上直隶任总督时，刘瀚清还是没有跟随而去，而曾国藩最后一次回任两江，刘瀚清又回到幕府。这在曾国藩看来，有避重就轻之嫌。同治十年，曾国藩为派遣留学生赴美学习，在上海设立预备学校，委任刘瀚清出任校长。曾国藩去世后，刘瀚清成为李鸿章的幕僚，但在仕途上并无建树。

4. 理财要用精细之人

一个组织、团体，要想存在、发展，都离不开理财，没有经济做后盾，就没有一切。但钱财从哪里来？曾国藩所不同的是，他的几千万两白银，绝大多数都是自己筹来的，这就需要找到非常合适的人。同时，不但筹钱的人有办法、有水平，更要经得起推敲，这样人们才能肯拿出钱。胡林翼有句名言：聚才曰财，把人才与经济的关系说得非常透彻。

理财究竟要用什么样的人？曾国藩也有他的想法。曾国藩开始办湘军的时候，没有任何钱，直到他做了两江总督之后，才有地方的行政大权和财权。在此之前，也就是从咸丰三年到咸丰十年，整整七年的过程中，他的所有资金，包括粮饷都是靠自己筹措来的，没有地方支持，也没有中央的财政划拨。在这样的情况下，是否能够保证前方战争正常推进，理财所用的人是否合适，就显得特别重要。对此，他提出理财一定要用精细之人。这也代表了曾国藩用人中的特别趋向。

曾国藩理财用精细之人，以及用人不疑的典型案例，莫过于黄冕了。

黄冕是长沙人，字南坡，吏员出身。初任江南知县，受陶澍器重，对很多封疆大吏视为畏途的盐、漕两大政务极为熟悉，有超出常人的实践经验，也深受林则徐的赏识。他几经弹劾、罢官，又屡起屡仆。他善以财势动人，才气纵横，见到他的人无不为之倾倒。1853年，曾国藩召他任营务处，成为重要谋士，出了不少对湘军发展至关重要的主意，特别是提出多造三板炮船，以适应水师内河湖汉作战之策，为曾国藩所赏识，从而大大提高了湘军水师的战斗力。1856年，曾国藩被困江西，黄冕以吉安知府的身份招聘几千人增援，这就是后来有名的"吉"字营。后交给曾国荃统领，发展到五万人，是打败太平天国的主要力量。他由安庆趁便赴下游时，曾国荃率全体高层在江边迎接。黄冕对诸位说："我福薄，不足以提携你们，得曾九为你们的主人，可以与他共富贵，大家感觉怎么样？"说完后，握着曾国荃的手大笑，官兵称谢不已。

曾国藩出任两江总督后，湘军急剧扩张，所需军费更多，常常因军饷匮乏而愁眉不展。曾国藩找到黄冕，请他负责在湖南筹钱。黄冕积极活动，奔走呼号，最初把筹饷局的牌子挂到家中，但刚挂出去，就引来一片骂声。有人晚上偷偷将牌子砸坏，各处分局更是遇到很大阻力，黄冕不得不调军队来维持秩序。有人向清廷告黄冕的状，说他把筹饷局办到自己的家中，这是典型的公私不分。皇帝下令让曾国藩核查这件事。

筹钱是第一要务，曾国藩为黄冕辩解，还向户部打报告，请求颁发两千张执照给黄冕。其中监生（捐出身、做官资格）一百张，从九品（不入流官）八百张，封典（荣封父祖、家族）职衔（虚衔）二百张，发到湖南交黄冕手中，作为曾国荃"吉"字营的经费，所得银两都到直属曾国藩的粮台报销。

黄冕知识渊博，阅历很深，在江南做官时间很长，又从吏员做起，因而对江南财政、吏治了如指掌。曾国藩最看重人的工作经历，每当有疑难的事情，就找黄冕商量。黄冕有感于自己大半生蹉跎，没想到遇到曾国藩对他如此信任，因此为曾国藩办事不遗余力。同治元年、二年间，是湘军围攻金陵的关键时期，而两江地区天灾频发、粮饷短缺，淮盐又在湖南滞销，军饷无法接续，前方将士时有哗变之虞。曾国藩为此向黄冕请教，黄冕提出盐米互市之策，即动员湖南米商贩米到江苏、安徽，然后贩运淮盐到湖南行销，一时救了急难。后来曾国藩整顿两淮盐政，所定的各项章程，大多采纳的是黄冕的建议。

黄冕这个人做事情，的确非常有策略。曾国藩把所有筹饷的事情交给他，他把手下的人召集过来，说：你们每个人自己报一下，一年心目中应该有多少薪水，包括你们正常的交往费用。有的人报一百两，有的人报一百五十两，有的人报二百两。黄冕最后说，我一年给你们每人四百两，但是超出四百两一分一厘的，按军法处置。因而这个人非常有豪气，他这样做，就是让下面的人不做那些中饱私囊、贪污受贿的事情。薪水高，对理财团队而言非常重要。我们前面讲过，曾国藩经常说：为什么江西筹饷没有两湖旺呢？两湖筹饷为什么筹得这么好？因为黄冕在那里主持这个事情，他理财是个精细之人。

胡林翼主政湖北，是湘军的钱袋子，但胡首先要支撑湖北，湖北是湖南筹饷局最直接也最融洽的饷源。每当湘军缺饷时，黄冕就向胡林翼提出请求。后来，胡林翼把黄冕向他要钱编了几句顺口溜，说：

> 开口便要钱，未免讨人厌；官军急攻城，处处只说战。性命换口粮，岂能一日骗？眼前又中秋，给赏又难欠。唯祈各路厘局大财神，各办厘金三万串。

黄冕共计筹措了多少钱呢？曾国藩后来向中央户部来核销，共计花的钱大体有三千万两白银。三千万两白银相当于什么概念呢？清朝一年的财政总收入大体上是六千万两。也就是说，接近清政府一年财政总收入的一半。湘军打了十二年的仗，花了三千多万两，其中黄冕筹集的有六百万到七百万两。这样一个数额，在湘军筹饷中几乎占了四分之一。

曾国藩对这位为湘军出了大力的人多次举荐，但每次举荐总有人上书弹劾。当曾国藩为筹饷局请功时，保了两个人，一个是恽世临，另一个就是黄冕。结果，恽世临超升湖南巡抚，而黄冕因早年受到革职处分，加上总有人说他的坏话，只升到云南一个道员。对此，曾国藩感到不公。他写给黄冕的好友、九弟曾国荃的信中说：

> 我十二日奏留南翁（黄冕）一片，措语极为平淡，不知何以上干谴责？南翁声名之坏，在浙江夷务、吉安军务之时，其在江苏州县并无所谓狼藉，而近日亦无所谓贪横。人言可畏，动彻天听，乃不发于寄云（毛鸿宾）保三品卿之时，而发于余奏留之时，颇不可解。

后来，不断有人劝曾国藩上疏保黄冕，包括他的九弟曾国荃。曾国藩回答说：我过去两次上疏，讲南翁的才能而表彰他，但都遭到谴责诘问。当时我处在声望尚隆之际，但还是不能帮助南翁，近来我的声望大减，恐怕拜疏反而会成为南老的拖累，所以我十分慎重，而不敢轻于出此。

黄冕已经年迈，不愿到云南做官，曾国藩很为黄冕着急。在曾国藩的提拔下，黄冕的职务也升到布政使。当清政府要查办黄冕的时候，曾国藩出来说话，称赞这个人有功于湘军，有功于湘军也就是有功于镇压太平天国这个当时最高的目标。

1864年12月，剿灭太平天国的这场战争终于打完了。黄冕已七十多岁，他向曾国藩请辞。曾国藩对这样一位"有功之臣"爱护有加，怕离任审计再审出什么，趁着筹饷局撤去前向皇帝打报告说：黄冕年过七十，风湿病又犯了，他走路需要人扶着，恐怕难以再让他继续作贡献了。这么多年来，他任事最勇，心血日耗，如果能勉力支撑，他决不会托病辞劳。

最后，黄冕没有再出仕，清廷也没有再追查他。同治九年，76岁的黄冕病逝于老家长沙。

5. 用其所长，长期观察

用人方面，曾国藩有以貌取人的一面，他观察人的面相，就是如此。但曾国藩更能从人的细微处观察人、任用人，特别注重用人所长。

咸丰八年，曾国藩的同年吴嘉宾主动向曾国藩禀请办理江、闽交界团练。曾国藩对这位同学非常了解，知道他做不了这种事，于是开玩笑地在吴的禀帖上戏批道：

> 该员著书是好手，办事是外行；
>
> 著书多而且精，办事偏而且蠢。

曾国藩还将这个批语讲给大家听，大家都乐得前仰后合，吴嘉宾也乐不可支，这件事就此告息。第二年，曾国藩推荐吴主讲建昌书院，并每季给五十金的薪水。不久又以同知保荐，只是不令其办公事，认为这正是让那些"宿学之士"发挥特长的最好办法。

曾国藩很谦虚地说知人之明太难，因为知人就要对一个人有深刻的了解，要体察入微。鲍超是湘军一员虎将，曾国藩经常以"英姿飒爽来酣战"激励他。鲍超以勇猛著称，但不识字，右臂被炮所伤，连笔都拿不起来。情况紧急需要援兵时，就用左手画圈圈。曾国藩每次派他增援，一定写这样两行字：援军由外杀进，弟可杀出，杀他个片甲不留，看弟显真本领，莫让关云长专美。

鲍超虽不识文墨，但还是认得自己的姓名二字。有一次，鲍超被太平军围困在九江，派人赴祁门大营求救兵，叫文书拟信，多时没有送来。鲍心急如焚，便亲自去催，只见文书正握笔构思，摇头晃脑。鲍超气得顿足大骂说："这都什么时候了，还要这样咬文嚼字？！"立即喊亲兵拿来一幅白麻，自己大手握住笔杆，幅中大书一个"鲍"字，旁边画上无数小圈围绕，急急封函，派人去送。送者不解其意，问："这是什么意思？大帅能明白吗？"鲍超回答说："大帅自然能知道缘故，何必多问！"送信的到了祁门，曾国藩幕府中的人也不解其意，就拿给曾国藩看。曾国藩大笑道："老鲍又被围矣！"急忙下令让多隆阿前去救援，及时解除了太平军对鲍超的重围。

由于曾国藩对鲍超的脾气秉性了如指掌，鲍超极为敬佩曾国藩。有一天，鲍超学写字，久思无得，仅书一个"门"字，而右直笔没有钩。幕中有位先生启发他说："门字右边尚无一钩。"鲍超大怒，指着厅中大门说："两边不都是笔直立着吗！"正好壁上悬着曾国藩所赠一副联语中有"门"字，这位先生乃指给他看，并说："曾大帅写门字亦有钩矣。"鲍超一看果然，即伏地三叩头说："先生恕吾武人！"

鲍超请假回四川老家，在原籍奉节挂曾国藩给他所书写的屏条，由他的老乡赵某人写一联配上。对联上写：

英雄老去唯屠狗，大将生来不读书。

有人对他讲，老乡是在讥笑你。鲍超大笑道："你不知屠狗二字，刚好是大大地夸奖了我啊！当年我随老师（指国藩）围打'四眼狗'陈玉成，记得快过年了，大家都说老师有诗，要准备永丰（属湘乡）辣椒，调好益阳酱油，好屠狗过年哩！后来真把'四眼狗'打败了，这副联能说到屠狗，硬是要得！"

第十章 | 如何驾驭特殊人才

在一个团体中，特别是一个大团体中，一定有一些特殊的人才。所谓特殊的人才，就是棱角太分明，他们有才能，但同时缺点也非常突出。这些缺点突出表现在或者不拘礼法，不被体制所接纳，规章制度在他这里根本行不通，对他没有更强的约束力；或者道德操守有问题，不清不廉，不为人所钦佩。还有的人才，"出身"不好，不是很早加入进来，而且可能来自敌对阵营。对这些人，怎么使用？即便今天，也是个令领导头痛的问题。在曾国藩庞大的人才团队中，有很多以上所说的这些人。

在一个团体的发展过程中，最重要的是对关键人物和特殊人物如何驾驭、使用。在这方面，曾国藩有自己的认识和做法。

同治初年，曾国藩的权力达到顶峰——两江总督，钦差大臣，又是大学士，用人范围非常广，人数也非常多。据有人统计，在曾国藩的日记中，涉及人物有三千三百多人。笔者在对曾国藩的三册日记所涉及的人名进行统计时发现，仅有比较详细记载的就达一千四百多人，其中有九百人有很详细的记录，包括他们的来历、出身、年龄、嗜好、家庭状况等方面，曾国藩都写到日记中。日记中，他对同一个人的记载，经常更改。像刘松山，还有刘光明等人物，他不止见过一次。第一次见到这个人，写了初步印象，后来又见了这个人，对这个人有了新的认识，他就会写到上次什么时间见的、这次是什么时间见的，跟上次比，这个人又做了哪些事情，又有哪些方面的进步。

曾国藩用人也有这样的情况，就是有才能而在性格品行方面有缺点的人，这对他困扰很大。因为他不同于胡林翼、李鸿章等用人——唯才是举，他特别强调道德操守，将品行放在第一位。正如他自己总结的那样，勇于任事者，皆有大欲存焉，就是真正能做事的人都有大欲望。

前面提到的黄冕，清政府因为他名声不佳，还抄过他的家，革职更是家常便饭。所以用他的时候，曾国藩是经过慎重考虑的，因为黄冕这个人确实非常有才能，包括陶澍、林则徐都非常赏识他的才能，说他是个难得的吏才（吏就是官吏的吏）。我们知道，官和吏在以后是不一样的，官就是领导，吏是属于具体办事人员。他非常有吏才，就是能够处理各种疑难的事情，领导很难处理的事情，他都能办得非常干净、利索。但他名声不佳，或者说既往为官时有一些劣迹，所以好多人希望曾国藩来查办他，但是曾国藩有自己的考虑。他说，这类人名声不佳，每一次提拔的时候，舆论就说三道四，还没等到提拔，他自己的名声又损坏了一次，无益于他，也无益于自己。所以，他后来给他的九弟解释，对黄冕这种人应该怎么来用。

他说：你近来说让我提拔黄冕，他在江苏做州县官的时候，并不是声名狼藉的人，并没有人说他太坏，但是为什么人言可畏？就是一个人如果遇到很多人说你坏话的时候，一定要检讨自己，是不是在哪些方面有不足之处。

曾国藩后来形成一个理念：什么是一个人的载福之道呢？怎样做才能长享富贵呢？应该有谦退，更重要的是检讨，要经常检讨自己，反省自己。凡是谦退和反省自己的人，其祸肯定不大，所犯的过错肯定不会到被抄家问斩的程度，飞来横祸更是绝不可能出现。这是曾国藩做得非常好的方面。

在一个团体中，特别是一个大团体中，一定有一些特殊的人才。所谓特殊的人才，就是棱角太分明，他们有才能，但同时缺点也非常突出。这些缺点突出表现在或者不拘礼法，不被体制所接纳，规章制度在他这里根本行不通，对他没有更强的约束力；或者道德操守有问题，不清不廉，不为人所钦佩。还有的人才，"出身"不好，不是很早加入进来，而且可能来自敌对阵营。对这些人，怎么使用？即便今天，也是个令领导头痛的问题。

在曾国藩庞大的人才团队中，有很多以上所说的这些人。清政府有时候有意无意地为难他，把特别难以驾驭的人才放到他的管辖范围内，给他出难题。这里，我们介绍曾国藩的几种特殊人才使用办法。

1. 轻薄之人不可重用

轻薄之人不是指工作能力有问题，也不是指没有道德操守，而主要表现在表现欲非常强。做任何一件事情，特别是重大决断的时候，曾国藩讲究必须"深沉勇毅"才能担当。如果一个人急于表现，一般场合没有大碍，但是关键时候就会产生意想不到的结局。所以《易经》说："吉人之辞寡，躁人之辞多。""吉人之辞寡"就是能够获得吉祥、安享富贵的这些人，一定是言语不多的人，很有内涵，很有城府，遇事不慌乱，信得过。"躁人之辞多"，是说一个浮躁的人，总是不安定的样子，说话没完没了，他的话总是比别人多。由此可见，《易经》中讲的是一个人的修养对事业的影响。

安徽肥西之三河大战是湘军成立以来最惨的一次战役。湘军当时主要是湖南特别是湘乡的人，因为曾国藩招的子弟兵大多是从湘乡来的。这一次损失了几千人，对曾国藩来说，湘乡到处都在"招魂"，因为死去的人太多了。这次重创对曾国藩后来重新招募湘乡的人，是一次非常大的打击。他的弟弟曾国华死在这次战役中，胡林翼的爱将李续宾也死在这次战役中，而曾国华与李续宾是儿女亲家。

怎样总结这次重大失败呢？大家有不同的看法。胡林翼认为，三河惨败主要是当时浮躁，或者说没有沉下来。突出表现在有几个人没有用好，比如彭玉麟。胡林翼认为这个人有肝胆血性，非常值得敬重，但是这个人不能跟他谈论军事。胡林翼认为，彭玉麟的问题在于性情能动不能静，缺乏作为一个大将应有的"智勇深沉"。胡林翼说，如果用一个字给彭玉麟下定语，就是一个"躁"字，躁就是浮躁。因此，胡林翼认为，像彭玉麟这样的几个人聚集到一起，就会出现浮躁，就会误判形势，这是三河大战中导致前方决策出现重大失误的一个重要原因。胡林翼对李续宾的弟弟说，你的哥哥李续宾固然激烈，而此次激愤，都是彭玉麟之躁误之也、激之也。胡林翼很有意思，总结这次失败后，又另写了一行字：过去几年涤帅（即曾国藩）的失误，也误于彭玉麟之躁、刘蓉之狂。胡林翼认为，刘蓉还有对自己估计过高之失，但他终究是美材。

一次曾国藩与赵烈文谈话时也说："李鸿章血性固然有，但气性也太大了，这方面几乎和我的九弟不相上下。李瀚章也有脾气，杨载福脾气更大。彭玉麟外表上看似狠，实际上他好说话，他遍受杨载福、李鸿章和我的弟弟九帅国荃这几个人的气。"赵烈文说："做事的人常常有脾气，不然也做不成事情。"曾国藩说："你说得非常对。黄翼升虽然没有才能，但为将十分廉洁，他一同收复苏州，但没有任何所取，这样的节操实在令人敬佩。"

在曾国藩这里也有轻薄的事例，比如李鸿裔。李鸿裔是四川人，举人出身，早在京城的时候就与曾国藩交好。他原是胡林翼的幕僚，胡林翼去世之后，投奔曾国藩。这个人少年气盛，不拘小节。曾国藩很信任他，是他的心腹之一。像赵烈文、李鸿裔这些人，都和曾国藩年龄相差二十岁左右，但可以自由出入曾国藩的卧室。

曾国藩拥有一个庞大的幕府，出了一些贤人，其中有被称为"三圣七贤"的"十圣人"。这"三圣七贤"在曾国藩的幕府虽没有特别的事情做，但是曾国藩有养贤之风。有一次，其中一个人给曾国藩写了一首诗，叫作《不动心说》，大意是这样的："把我放到娥眉妙曼（美妙的女子）之侧，我也不动好色之心；把我置于红蓝大顶（高官厚爵）之旁，我也不动贪欲之心。"

曾国藩看到这首诗，觉得很有意思，但是他不置可否。有一次曾国藩出去做事情，李鸿裔来到他的卧室，正好翻看这首诗，李鸿裔觉得很可笑，就在下面提了一首四句诗：

妙曼娥眉侧，红蓝大顶旁，

尔心都不动，只想见中堂。

大意是说，不动好色之心，也不动加官晋爵之心，但你们为什么还一心想见中堂大人？言外之意，还是有所求而来，还不是想求得高官厚禄或者其他事情吗？曾国藩回来后一看，说一定是李鸿裔所为。李鸿裔这个人少年倜悦，经常花天酒地，出入歌舞场所。

曾国藩马上让人把他找来，果真在那种场所。曾国藩问，这首诗是不是你写的，李鸿裔说是我写的。曾国藩对他说：你将来一定记住，为人最重要的是不能把人的脸皮撕掉。一个人的脸皮如果被撕掉了，比杀身之恨都要强，一定会报复你。现在在我身边的这些人，难免没有一两个欺世盗名之辈，这些我都心知肚明。他们之所以获得丰厚的资本，靠的是虚名，你一旦把他们揭穿了，他们何以做人？又有何脸面在我这里待下去？

曾国藩接着对李鸿裔说，你现在写这首诗，如果让他们知道了，对你的仇恨会非常大。你以后要接受教训，等到将来自己独当一面，一定要谨记给人留后路，不能把人的脸面揭下来。

但是李鸿裔秉性不改，一直我行我素，所以后来受到了教训。史书中形容他这个人"大言放肆"，后来做官的时候也是这样。李鸿裔后来做到了江苏按察使，是主管一个省的最高司法官。这样的一个高官，正三品，李鸿裔只做了一年多就因病回家了，寄居在苏州沧浪亭旁。光绪十一年去世时只有55岁。后来十几年一直赋闲，没有出来做官。所以，这是一个非常典型的浮躁型。在曾国藩看来，这种人不能重用。

2. 强悍之人要控制使用

强悍之人就是有才能但难以驾驭的人。对这种人用什么办法，曾国藩有他自己的一套方案。他提出八个字："礼义要严，名利要宽"。

曾国藩北上剿捻的时候，正好遇到了桀骜不驯的名将陈国瑞。陈国瑞是湖北应城人，少年时被总兵黄开榜收为义子，后随袁甲三作战。同治元年擢升为副将，又随漕运总督吴棠及僧格林沁剿捻。因恃功桀骜，僧格林沁之外，罕听节制。这个人特别能打仗，非常凶猛。陈国瑞把任何人都不放在眼里，唯独对僧格林沁唯命是从。陈国瑞异常骁勇，打仗时，炮弹击碎手中酒杯，他不但不避，反而抓起椅子，端坐在营房外，高叫"向我开炮"，手下都很敬畏他。传说僧格林沁是个暴虐、狂躁、喜怒无常之人，听手下汇报战况也要到处走动，赞赏时不是割一大块肉塞进对方嘴里，就是端一大碗酒强迫别人喝下去，发怒时则用鞭子抽打，或冲过去拧脸扯辫子，使得很多人都难以接受。只有陈国瑞打心眼里佩服僧格林沁。

后来僧格林沁在山东被捻军打死了，清廷这才安排曾国藩北上剿捻。这样，陈国瑞就归曾国藩调遣，成为他的手下人。曾国藩知道此人很难调理，怎么办？曾国藩来了个以强制强，以悍制悍，即带刘铭传北上。

刘铭传生长在民风强悍的淮北平原，自小养成了一种天不怕地不怕的豪霸之气。十八岁时，一个土豪到他家勒索。他的父亲和哥哥跪地求饶，只有刘铭传愤而寻找土豪报仇。土豪欺他年少，对他进行污辱，不料他大步跨上前去，抢过刀来割下了土豪的首级，之后便聚众为王，拉起了一支队伍，成了乡里有名的流氓头子。李鸿章奉曾国藩之命回原籍招募淮军时，第一个就看中了他，"铭军"此后名扬远近，为李鸿章建功立业出了不少力。曾国藩用淮军剿捻时，指名要"铭军"随征。

曾国藩命陈国瑞赴援归德，至济宁，与刘铭传交恶，发兵争斗，杀伤甚多，踞长沟相持不下。清廷虽下诏严厉申斥，但并未治罪。曾国藩知道问题主要出在陈国瑞这里，如果简单处理，就会激化矛盾，遂想了个万全之策，对刘铭传严厉斥责，嘴上说得狠，但对其过失不予追究，使他心生畏惧。而对陈国瑞不含糊，指明其问题所在，限期改正。

为此，曾国藩给陈国瑞写了一封长信，这封信是曾国藩教导部下与人为善的典型案例。信很长，原来是写在同治四年六月六日陈国瑞的禀帖上，长达二千余字。曾国藩先以凛然不可侵犯的正气挫其嚣张气焰，继而历数他的劣迹暴行，使他知道自己的过错和别人的评价。当陈灰心丧气、准备打退堂鼓时，曾国藩话锋一转，又表扬了他的勇敢、不好色、不贪财等优点，指出他是个大有前途的将才，切不可以莽撞自毁前程，使陈国瑞又振奋起来。

紧接着，曾国藩又给他定下了三条规矩：

第一条不扰民，第二条不私斗，第三条不梗令。

首先说不扰民。曾国藩教导说，杨素百战百胜，后来升到宰相，朱温也是百战百胜，后来做到了天子，但是这两个人有一个最大的弱点，就是残杀军士，残杀百姓，千古骂之。朱温即使做了皇帝，也没有留下好名声，曾国藩甚至说他们猪狗不如。曾国藩说，反过来，像关帝、岳飞这些人也是打仗凶猛，争城夺地，但是并不是说他们打仗有多么特别的功法，主要在于他们爱民如子，所以千古传扬。曾国藩对陈国瑞说，学不扰民，就要向岳飞、关羽学习。

其次说不私斗。曾国藩对陈国瑞说，私斗都是小人做的事情，你作为一个大将怎么能私斗呢？有什么不能忍的事情也要忍下去。你的主要目标是打败敌人，而不应该是私斗。曾国藩举例说，自己一生非常崇拜的唐朝中兴大将郭子仪，保持自己的晚节善终。中国古人有几个仇是不能不报的。杀父之仇不能不报，掘坟之仇不能不报。郭子仪自家的祖坟被别人掘了，他既没有责怪士兵，也没有责怪别人，反而在朝廷上检讨自己有什么问题。还有韩信受胯下之辱，后来功成身贵，招来侮辱自己的人反而任官，这才是豪杰的举动啊。你所受软禁之辱，与胯下及掘坟之辱差得太远了，你应效仿韩信、郭子仪的作为，这就是不私斗的典型。

第三是不梗令。曾国藩说，大将最重要的是不梗令，统帅发下来的所有战令必须不打折扣地执行。他要求陈国瑞这样做。

总之，曾国藩教导陈国瑞的事情非常多。但这个人品性不改，于是曾国藩以陈国瑞对被围困于曹州（今山东菏泽）南高楼寨的僧格林沁援救不力，致使全军覆没为由，请将陈国瑞帮办军务撤去，革去黄马褂，暂留处州戴罪立功。清廷如曾国藩所请。由于清廷对陈国瑞十分倚重，为免去清廷的猜忌，曾国藩除正式上奏外，又用密折的形式，向清廷做了解释工作，特别说明"此次参参，但将其不能救护僧格林沁一事薄予惩儆，治以应得之罪；而于其私罪多端、并无悔过之诚，尚不列款明参者，因河南实乏良将，稍留陈国瑞体面，冀收鹰犬之才，一策桑榆之效"。

后来，陈国瑞因纵恣不法，被吴棠参劾革职，押送回籍，田产充公。同治六年春，捻军首领张宗禹进逼畿南。陈国瑞应诏出征，数次败敌，但行军不听节制，所部尤无纪律，屡被弹劾。另一悍将李世忠与之有嫌，将其缚于舟中，几乎毙之。李世忠被革职，陈国瑞降都司，勒令回籍，后又因一件命案，遣戍黑龙江。史书记载，陈国瑞临死前很后悔，痛哭流涕地说，假如我早听曾文正公的话，就不会沦落到如此下场了，死时年仅46岁。

除了陈国瑞，还有一个李世忠。李世忠也是棱角分明、不拘礼法的人。曾国藩的弟弟曾国荃很早就想把李世忠秘密处死。曾国藩告诉他，千万不要轻举妄动，对这种人，我们能做的就是两条："名利要宽，礼义要严"。曾国藩说，跟他相处的时候，金钱方面要慷慨大方，决不计较，在你充裕的时候，要挥金如土，他要多少你给多少。即便自己窘迫的时候，也应该解囊相助，而自甘困苦。另外，不要和这样的人争功，有功时要多推让给他，提升的机会也要多给他，这是笼络的办法。但是，对他严厉的办法也有两条，一是礼节应该疏淡，往来应该稀少，书信应该简短，话不可多，情谊不可密；二是要辨明是非，这种人最容易被他人留下话柄，所以在是非面前一定要跟他争个明白，一定要剖明什么是是，什么是非，什么是利，什么是害，不能含糊其辞。含糊其辞的结果就是，以后他会拿这些来要挟你，而最后受害的肯定是你。

曾国藩最后告诫他的弟弟，对这种人，应宽者，利也、名也；应严者，礼也、义也。四者兼全，而手下又有强兵，就没有不可相处的悍将了。

曾国藩总结驾驭悍将，要软硬兼施，收鹰犬之效，外严内宽，足以驾驭。

3. 有才干而缺点突出的人，要慎用

对有才能但缺点特别突出的人，曾国藩主张要谨慎使用。

金安清就是属于这种人。金安清是浙江嘉兴人，字眉生。他的缺点就是贪小便宜。曾国藩在日记中和书信里经常提到这个人，他曾署理两淮盐运使，这是个肥缺，但也非常不好做。封疆大吏难处理的就是盐务和漕运，当时有一个形容词叫"乱如烂丝"，就是说这种事情非常难，只有专家一类的人才能处理。技术型的官僚知道个中奥秘，因为里边内情太混乱。当时管理盐务的就是金安清。1861年，因账目不清，金安清被袁甲三弹劾，经曾国藩查核属实，落得个抄家的下场。

在是否用金安清的问题上，曾国藩最初很犹豫，由于他的九弟一再劝说，所以后来还是用了金安清。但曾国藩是有限度地用金安清，即着重用他的策略、办法、点子，这就是"用其策"。而使用他的时候则限制在一个可控的范围之内。曾国藩对他的弟弟说，其实，金安清并没有犯太大的过错，却要受到抄家这样的惩罚，我感到非常痛心，但是朝廷之法又不能不执行。

曾国藩实际上也是在警戒他的弟弟。他说："人的名望所在，赏罚随之。"给了你一个名，一个更高的地位，就意味着你的责任更大，这个时候你做得不好，赏罚就随之而来。天下是皇帝的天下，皇帝一言既出，可以把你打到地狱，也可升到天堂。皇帝不是随随便便处罚或者提升一个人的，更多是根据舆论来决断。而天下的舆论本来就不知道为何而兴起，也不知道怎样就停止了。有才能的人，特别是修养好的人，一定会很在意这些舆论，一定会对这些舆论时刻保持高度警惕。如果丝毫不顾，社会舆论就会一浪高过一浪，到时候你想要压下去就很难了。

曾国藩用人崇尚德，虽然他也讲德才兼备，但还是把德放在前面，把才放到后面。他说，古往今来因为用才而失败的案例占了百分之八九十，用德而失败的案例只占百分之二三十。所以，他觉得还是德可靠，人本质的东西

最可靠。才能是可以通过后天的努力学习得到的，是能够提升的。曾国藩认为，有德的人一定会畏惧别人对他的议论。但是有才的人因为自己太过于自信，太看重自己的才能，而自视甚高，所以对其诽谤、议论就会越来越多，导致很难处理。

通过金安清的例子，以及世人、舆论的反复和不同，曾国藩得出"用人极难"的结论。

同治二年八月，他的弟弟曾国荃写信给曾国藩，希望借助他的力量，提拔、重用金安清。曾国藩回信说：今年弹劾金安清的人太多了，过去在两三年中胜保多次向朝廷上奏，说应该举荐这个人，几乎把他抬高到"九天"上去。最近袁甲三又多次向朝廷上书，说这个人"不耻人类"，应该把他打入地狱中。曾国藩说，一个正常的人，大家的评价不可能这样。昨天是升上九天，今天会打到地狱，这就说明这个人本身有问题。咸丰十一年，朝廷让我查办金安清，将他革职，胜保写信给我，说我是袁甲三一党，对金安清不公平。我偶然将这件事告诉汪曜奎，汪又告诉胜保，胜保随即又寄函给我，自陈上次给我写信的过错。现在长江下游的诸公，李、吴、乔都痛恶金安清而不知道他是有优点的，郭嵩焘又酷好金安清而不知道他是有缺点的。这些事情，九弟必须详询密查，不可凭立谈而遽信其人之生平啊。

在曾国荃的斡旋下，金安清到了曾国藩这里。过了些日子，曾国荃质疑哥哥为什么还没有起用金安清。对此，曾国藩给弟弟上了一堂很好的用人课，他说：

金眉生（金安清）十四日到我这里。凡眉生有好的谋划、计策我无不采纳，凡弟弟处有函相商我无不遵允。只是用人极难，听言亦殊不易，全赖见多识广，熟思审处，方寸中有一定之权衡。就拿眉生为朝野内外所憎恶这件事来说，断非无因而致。郭嵩焘刚想把他调赴广东（郭当时为广东巡抚），他即写信告诉广东的京官，以至广东人无论是在籍还是在京者，都议论纷纷。现在我如果多采纳他的建议，可能问题还不大，但如果草率用其人，则弹章、严旨立时交至，对我没有益处，反倒有损于他。我初步打算，除买米外，其他事情不再用他。

说到底，对金安清这种人，就是多采其言，多用其策，而少用其人，不任实职。

4. "使过"如同"用功"

在中国传统用人中，有使功不如使过的方略。意思是说，用有功劳的不如用有过错的，因为有过错的会竭力改正，将功补过。在曾国藩用人当中，特殊的人才还有一种，就是降将，是指从太平天国阵营中投降到曾国藩这里来的，对这类人怎么使用？曾国藩与他的弟弟不同，而李鸿章与曾国藩又不同。

本来，两大阵营处于一个极端对抗的状态下，降将能不能放胆使用，可以衡量一个领导的魄力、智慧、勇气、胸襟等方面，怎么说都不过分。曾国藩从来不说自己用人方面有多么强，但他最夸口而且用得最好的一个人，就是太平天国的一个降将。当左宗棠、曾国荃等湘军高层指责他用人尚德时，他也拿这个人反驳说：你们说我用人尚德不尚才，我哪里不尚才啊？程学启就是例证啊！

程学启是安徽桐城人，世代务农，幼时丧母，由乳母养大，为人纯孝，身材矮小，不曾读书。最初加入太平军中，陈玉成为他的勇敢而惊奇，派他守卫安庆。咸丰十一年，程学启被曾国藩兄弟成功策反。情况是这样的：湘军久攻安庆不下，得知战斗最勇者乃程学启，而程又是个大孝子。曾国荃用桐城名士孙云锦之计，把他的乳母抓到，要程学启投降，如果不降，就把他的乳母杀掉。程学启是宁肯他自己死，也要保全他的乳母，最后没有办法，投降了湘军。但是曾国荃不好好用他，让他在前面冲锋陷阵，做挡箭牌、炮灰。湘军到每个地方扎营的时候，分里壕和外壕，里壕围城，外壕是抵挡太平军的后援部队。曾国荃怕程学启倒戈，就把他安排在外壕，直接面对太平军，同时没有命令不许他到后边湘军的营垒中去。当时程学启统辖的部队，包括他的军饷、伙食，都用一个吊桥顺过来。湘军因程学启善战，又不时称其反叛，曾国荃一度想要杀他。当降将的日子实在不好过，程学启被逼得几次自杀。

　　曾国藩知道这些后，找曾国荃谈话。他说，程学启既然孝，就会忠。他的妻儿已被太平军所杀，又有他的乳母在，他不会再叛逃的。在曾国藩的一再劝说下，程学启的境遇才有所改变。在攻打安庆时，程学启发挥了重要作用。

　　后来，李鸿章组建淮军，向曾国藩要军援，曾国藩把程学启推荐给李鸿章。实际上，李鸿章早已暗中做好程学启的工作。当初李鸿章说服程学启与他一起到上海创业时，程学启颇有顾虑，李鸿章凭着三寸不烂之舌，特别是几句掏心窝子的家乡话，让程学启下定决心："宁为鸡口，不为牛后。上海固然是死地，然而今天湘军的门户之见特别深，大丈夫仰人鼻息还不如一死。湖南人鸡犬升天，客籍人颇难出头"。一席话就把程学启拉了过来。临上船的时候，曾国藩拍着程学启的肩膀，一字一板地说："江南人夸张国梁不离口，你这一离去，又是一个张国梁。我等待你收复苏州的好消息！"张国梁原来也是降将，后升为江南提督，清军当中最能打仗。李鸿章后来在上海打得最漂亮的一仗"虹桥之役"，就是程学启打的。

　　后来曾国荃跟他的哥哥说，快点把程学启调到我这里吧。李鸿章说，我们两个人现在如胶似漆，怎么能放回去呢？大帅已经赐给我这样的将领，我不能放。后来程学启成为李鸿章在大上海建功立业的第一位将帅，淮军第一名将。曾国荃讨不回来，只能自认倒霉，这实际上也是对他用人的一大教训。而曾国藩很有眼光，面对左宗棠等人指责他尚德时，他反驳说："我九弟未尝不私怨我这位阿兄，坐令李鸿章得一人而强，阿弟失一人而弱。由此可知，我也是喜雄骏而恶阗茸，重干将、莫邪而薄铅刀，我难道有什么不同吗?！"

5. 切忌用刻薄之人

生活中经常会用到"刻薄寡恩"这个成语，实际上，一个人如果刻薄寡恩，肯定没有追随者，关键时刻一定会有背叛者。

曾国藩曾对李元度讲过这番道理：一个领导让下面的人服从，是因为他有权力，掌握对下属的升迁降调。但下属对你服从，有两种情况，一种是因爱戴你而服从，一种是因畏惧你而服从。如果刻薄寡恩，平时虽看不出，但关键时刻就会出大问题：爱戴而服从的只有一两人，惧怕而服从的一个也没有。因此，自己一旦掌握了用人权，切忌用刻薄寡恩的人。

曾国藩对刻薄有更深层次的理解，他在咸丰九年九月二十日的日记中说道：

> 大凡人刻薄寡恩的品德，大约有三端最容易触犯：听到别人有恶德败行，听得娓娓不知疲倦，妒忌别人的功业和名声，庆幸别人有灾，高兴别人得祸，这是薄德的第一个方面。
>
> 人受命于天，臣受命于君，儿子受命于父，这都是有一定之数的，但有些人不能接受命运的安排，身居卑位而想尊贵，日夜自我谋划，将自己置在高明的地方，就像一块金子，冶炼时自认为是莫邪、干将一类的宝剑。这是刻薄的第二个方面。

胸中蕴含着社会上的清清浊浊、是是非非，但不明确表示赞成或者反对，这本来是圣人先哲的良苦用心，如果要勉强去分什么黑白，遇事就激动张扬，这是文士轻薄的习气，倡伶风流的形态，我们这些人不体察就去效仿它，动不动就区别善恶，品评高下，使优秀的人不一定能加以勉励，而低劣的人几乎没有立足之地，这是刻薄的第三个方面。我现今老了，这三方面还要加以防戒。

曾国藩用人中，最反对幸灾乐祸、狂傲自大、妄断是非、自以为是的人。他要求自身严谨，提出要更多地看到别人的长处，尤其以善来感染人。

咸丰年间，曾国藩驻守祁门，险象环生，是他一生中最艰难的时候。一天，忽然想起安徽多有经学大师，遭受战乱，颠沛流离，生死都不知道，于是派人四处询问，生存的人给以书信，约他们来军中的幕府相见，死去的人对其家小给予抚恤，索取他们留下的文章保留。桐城的方宗诚、戴均衡，歙州的俞正燮、程鸿诏诸家大师，都靠这种帮助脱离了险境。

方宗诚讲过这样的事。他在安庆拜见曾国藩后，向总督大人谈及安徽的有名之士，包括桐城老儒许玉峰、朱鲁存、苏厚子、文钟甫，以及戴存庄等人，因多年战火，死后都没有安葬。曾国藩为之动容，立即拿出二百金，请方宗诚各买山安葬。方宗诚找到了甘玉亭经理这件事，丧事完毕之日，曾国藩又亲书碑文以表彰这些人，落款处另起一行，细字小楷，写上自己的名字，而没有写什么官职之类。

苏州陈奂、江宁汪梅村、兴国万清轩，与曾国藩无一字往来。曾国藩与他们素不相识，但听到他们贤德的名声，立即移书各督抚，嘱托照顾这些人，众人皆得厚养。曾国藩对待故旧极有恩谊，浙江仁和人邵懿辰是著名学者，举人出身，早年曾国藩在京时常与他切磋学问。咸丰十一年，太平军攻占杭州，他自杀身亡，妻子没有任何经济来源。曾国藩就招到安庆来养，并延请教师为邵懿辰的儿子课读。沈衍庆死于鄱阳县任，与曾国藩未曾谋面，因其忠义，曾每年都送银两周济沈家。安徽绩溪人周成，曾国藩聘任到忠义局修志，不到一年就去世了。曾国藩并没有因为他在修书局时间短而慢待，而是厚恤其家，并教育周的诸子。所有这些费用支出，他用的都是养廉银和自己的薪俸，决不用军需公款。

至于刻薄的第二端，曾国藩指出其危害：刻薄的人容易对他人要求严格，而自己经常自以为是，最易走入骄傲一路，而傲是可恶的一种德行。凡是担任大官职的，都是在"傲"字上垮台的。指挥用兵的人，最应警惕骄傲和懒惰的习气。在做人的道理上，也是"骄""惰"这两个字误事最多、最大。

至于妄断是非，他曾规劝他人说："阁下昔年短处在尖语快论，机锋四出，以是招谤取尤。今位望日隆，务须尊贤容众，取长舍短，扬善于公庭，而规过于私室，庶几人服其明而感其宽。"也就是说，他主张精明必须与宽容结合，且要以尊重别人为前提。

第十一章 用人的禁忌

不胜繁巨之人不能重用。

才高德薄、名声不佳的人不能重用。

才德平平、迁升太快的人，暂时不能重用。

不愿出仕者，不宜重用。

——曾国藩用人四忌

在庞大的人才队伍中，总要涉及一些用人的禁忌。所谓禁忌，就是应该避免或忌讳，在使用人才过程中应该着重、慎重处理的一些事情。曾国藩用人当中的禁忌有哪些？以下提出来几个要点，供用人者参考。

1. 四种人不能重用

前面提到，曾国藩将人才分为若干种，有的人才适合出谋划策，但不适合做具体特别是繁巨的工作。为此他提出，不胜繁巨之人不能重用。

繁是事务繁多，巨是关系重大。繁和巨叠加在一起，任何一方面的失误或疏忽都会直接或间接导致失败，这就使得用人者要考察两方面的能力。前者要"有条理"，还要有耐字诀，细心的工作态度；后者要用战略眼光，才能够胜任艰巨、艰险、艰难的环境和工作。

具有这两种工作属性和要求指的是什么呢？主要指的是高官。因而对做高级领导的人，他特别提出来"繁巨"这个概念。他平生有几位知己，其中之一就是郭嵩焘。他与郭嵩焘从很早的时候就结为人生知己。郭嵩焘是丁未科进士，是他的同年进士。

郭嵩焘曾以翰林的身份受到肃顺、僧格林沁等人重视，还在南书房当过天子近臣。但他为人过于自负，协调关系能力差，因而被亲王僧格林沁奏了一本，被降职使用。郭嵩焘心灰意冷，信笔成诗一首：

人生都是可怜虫，若把蹉跎笑乃公。

奔走逢迎皆有术，大都如草只随风。

他给曾国藩写信说："久与诸贵人周旋，语言进退，动辄生咎。朝政多门，数举大狱，附会影射，与相波澜。"郭嵩焘思想敏锐，具有远见卓识，关键时刻常能提出影响大局的参考意见，曾国藩盛赞其"善出主意"。但其为人过于自信，直言不讳，有时失之偏颇，又爱负气行事。曾国藩与他相交日久，深知他的长处与弱点，如用其所长，避其所短，郭嵩焘无疑是一位很好的谋士。同治元年即1862年4月，曾国藩的"铺面"已很大，李鸿章也已在上海立足，出任江苏巡抚。李便致书曾国藩，问是否可让郭嵩焘担任苏松太道。曾国藩不以为然，说郭嵩焘的脾气为官场难容，李如用郭任此职，"将来多般棘手，既误筠公（郭嵩焘），又误公事"。曾、郭相识二十余年，曾国藩素有知人之明，看出郭嵩焘文人气质太重，性格直而偏激，思想敏锐胜于常人，知而必言，言必激怒他人，不宜做官。但李鸿章一心想巩固自己的地盘，感到郭嵩焘即便有曾国藩所说的缺点，也毕竟是自己人，总比江浙原有的地方官可靠，因此坚持保荐。因曾国藩反对郭嵩焘任苏松太道，李鸿章便改荐郭嵩焘任苏松粮道，以代替杨坊。

因为曾国藩是两江总督，而李鸿章是江苏巡抚。江苏巡抚要提拔人，肯定要跟总督大人商量，所以他就建议曾国藩向朝廷举荐郭嵩焘。

曾国藩说，这个人是个著述之才，摇羽毛扇、出主意、出谋划策都是他所长，但是他不擅长做高官，一担任"繁巨"就可能惹出麻烦，对他自己也可能会有很大伤害。之后李鸿章还是一再地向曾国藩提议推荐郭嵩焘担任重要的职位。最后曾国藩同意了，但曾、郭是儿女亲家，一个当总督，一个督粮道，按官场规矩是应当回避的。所以曾国藩致书李鸿章，请由李奏明上海急需用人，暂时不回避。他还提出一个要求，在提拔之前见一见郭嵩焘，与他长谈一次。

李鸿章把这个信息告诉了郭嵩焘，郭嵩焘来到两江总督府，跟曾国藩促膝详谈，谈了几天。临走的时候，曾国藩送给郭嵩焘一副对联，并希望郭嵩焘按照这副对联去做。

好人半自苦中来，莫图便宜。
世事皆因忙里错，且更从容。

上联的意思是说，天下许多好人都是吃苦耐劳，这些人将来会有所担当的。他们最应该注意的是什么呢？莫图便宜。因为吃苦的人，等自己有大的权力时，往往还想起早年那种特别艰苦的日子，这种情况下容易贪图便宜。

下联讲的是"世事皆因忙里错"，天下所有的事情都是因为忙中出错，尤其是担任高官。如果忙中出错，就可能出现更大的问题，因而告诫他：且更从容。

郭嵩焘与曾国藩谈话之后，便到江苏去做官，后来又到广东做官。

在清代的时候，有一句话叫"运气通，选广东"，就是说你运气特别好的时候，才能到广东这个地方去做官。如果运气不好，则不要到这个地方做官。康乾盛世时，广州是唯一的对外开放口岸，所以到这个地方，即使是三年清知府，也有十万雪花银。郭嵩焘意气满满地到广东去做巡抚。

这是一个非常好的机会，非常好的位置，又是可以大有作为的地方，郭嵩焘也想在此大干一场。但是没想到，过了一段时间，天下舆论哗然，很多御史向朝廷上折子，纷纷弹劾他。广东来的人与丁日昌一起谈到郭嵩焘，丁日昌把他与广东人的谈话告诉郭嵩焘。丁日昌问，广东新巡抚怎么样？广东人告诉说"不相宜"。丁问广东人，郭嵩焘何以到广东水土不服？怎么不相宜？这个人告诉他，是"操切"，就是新官上任三把火。

许多新官上任之后，都想推出自己的一套理政办法。郭嵩焘到了广东之后第三天，就下达了一个命令，搞"勒捐"。什么叫"勒捐"？就是用强迫、勒令的办法让有钱人出钱，以便为湘军筹措更多的资金，支援前方打仗的将帅。当然，这没有错误，但是他采取的策略不正确。勒捐是按照富人的名单来实行，每个人必须交多少钱，一下子弄得所有人哗然。正如孔子所说的，"为政不得罪巨室"。巨室就是有力量的人、有势力的人和有能力左右舆论的人。郭嵩焘到那儿以后，得罪了最有力量的这些人，所以他们开始弹劾郭嵩焘，结果郭嵩焘连一任都没做完，开始是革职留任，后来被直接免职回家去了。

郭嵩焘在家里待了很长时间，直至曾国藩去世、李鸿章执政时，李才重新举荐郭嵩焘到了西方。郭嵩焘是中国对外第一任驻英国、法国大使。他到国外也发生了跟官员不和的事——跟他的一个叫刘锡鸿的副职，天天打架。后来，刘锡鸿回来告状，那时候总理衙门里李鸿章说话还很算数，李鸿章肯定是向着郭嵩焘的。刘锡鸿回来之后就拍桌子大骂李鸿章，说李鸿章是非不明，有十可杀，所以牵累了很多人。

如此一个人，在使用的时候确实应该慎重考虑。

还有一种是，才高德薄、名声不佳的人不能重用。

这种人在举荐提拔的时候一定要慎重。有的人才能非常高，但是德薄。德薄是指个人修养不足，并不是说在其他方面有特别大的问题，不是贪污勒索或是残暴民众这方面的问题。相反，主要是由个人修养不足导致的失败，招致天下舆论的不满，这样的例子在曾国藩使用人才的过程中应该说也有几个，周腾虎就是其中之一。

周腾虎是赵烈文的妹夫，他刚开始的一番话打动了曾国藩，曾国藩因此说他是"有心之人"。周说："我普遍地观察了长江下游统军的那些大帅，他们都是不用心的人，我预测他们将来肯定会失败。曾公，您这地方虽然兵微将寡，但将来成功的一定是你。为什么呢？因为你是个用心的人。天下事情都成于'用心'二字。""天下事情都成于'用心'二字"这句话曾国藩非常赞赏，后来就请周来到这里筹办厘金。

湘军的发展壮大，主要靠的财政支援就是厘金。周腾虎这个人在筹办厘金的过程中，为湘军出谋划策，出了很大力。所以，曾国藩就想把这个人提拔到一个更高的位置上。但是没想到，每一次提拔都招来天下舆论的反对，到后来却为更多的舆论不容，周腾虎最后抑郁而终，三十几岁就去世了。曾国藩知道这个消息之后，在1862年9月的日记当中写道：接到李鸿章在上海写给我的信，知道周腾虎逝世了。老年一旦为人举荐，就被大家参劾，最终抑郁潦倒而死。悠悠毁誉，竟足以杀人，真的很伤心。

也就是说，做领导一定要顾及天下舆论这个方面，所以他后来在提拔人才的时候特别慎重。

曾国藩从周腾虎的遭际中看到了舆论杀人的可怕，从此接受教训。包括他的九弟在内，多次进言希望他举荐金安清时，他考虑到金安清虽有才能，但屡遭弹劾、名声不佳，遂力排众议，坚持只用其策，不用其人。他给九弟曾国荃写信说："许惇诗有才而名声太坏，南坡（黄冕）专好用名望素劣之人，如前用湖南胡听泉、彭器之、李茂斋，皆为人所指目，即与裕时卿、金眉生（金安清）交契，亦殊非正人行径。弟与南坡至好，不可不知其所短。余用周弢甫（周腾虎），亦系许、金之流，近日两奉谕旨查询，亦因名望太劣之故。毁誉悠悠之口，本难尽信，然君子爱惜声名，常存冰渊惴惴之心，盖古今因名望之劣而获罪者极多，不能不慎修以远罪。吾兄弟于有才而无德者，亦当不没其长，而稍远其人。"

第三种是才德平平、迁升太快的人，暂时不能重用。

中国一向讲究论资排辈，通常讲为官一任要有三年，有的要四年。但是也会有一些特殊的安排。如恽世临等人，经曾国藩直接或间接举荐，在两年之内连升三级，由道员超升巡抚。但后因名声不佳，升迁太快而被弹劾降职。曾国藩也接受了教训。同治四年九月，清廷打算让李宗羲署漕运总督，征询曾国藩的意见时，曾国藩认为，一岁三次升迁，已经是非常的礼遇了。

李宗羲虽然为官廉正，但才略稍短，如果做封疆大吏，未免嫌其过快。

有一次，清廷向他提出，是不是应该提拔重要人物丁日昌。丁日昌是李鸿章办洋务当中最主要的一个依靠对象。李鸿章曾向曾国藩建议，能不能把丁日昌安排到江苏巡抚的位置。

曾国藩做直隶总督后，他留下的两江总督由江苏巡抚李鸿章接任，这样就空出来一个最重要的职位——江苏巡抚。江苏巡抚是一个非常重要的官差，主管包括当时的上海。这样一个要跟洋人打交道的位置，朝廷肯定要征求曾国藩这位刚卸任的两江总督的意见。曾国藩就向朝廷提出了这样的建议，他的理由是，像丁日昌这样的人，虽然熟悉洋务，但是他资格太浅，后面有一句话叫"物望未孚"。"物望未孚"，就是在洋人面前，必须得有一个职位更高、资力更高的人，才能把洋人压服下去，才能镇得住。所以他提出，是不是应该换换人，或者说等待一段时间。他特别说："洋人变诈多端，非勋名夙著的大臣，不足以慑其骄气。""该员实难担当此重任"。清廷得到曾国藩的这番意见之后，立刻把此议压了下去。所以丁日昌没有立即提升到一个更高的位置，而是在江苏布政使司上做了很长一段时间。

私下里赵烈文对丁日昌的印象非常坏，几次希望曾国藩能惩戒一下。一次谈话涉及官场腐败风气的蔓延，以及吏治之巧的祸害。赵烈文认为根子在上面。他说："在下以为，圣贤也只是检讨约束自己，不让欲望流泻出来而已。但到了理学那里，就想要把人的一切欲念根绝净尽。这好比受污染的水，虽然不是清澈的泉水，然而，顺着水趋于下的性情让它流到地势低下的地方，一定不会有其他祸患。如果舍弃城池修筑大堤，对它严加防堵，断绝它的出路的话，严重的就会造成大堤崩溃，洪水肆虐；轻微的就会藏垢纳污，对百姓造成毒害。这是它的自然之势所带来的必然结果。而现在的理学家，眼睛不看古今以来的书籍，亲身实践不走由浅入深的途径，忽然之间就高谈起生命之道，自诩为圣贤哲人，但往往不能战胜自己的各种嗜好欲望，反而任其一点一滴地积聚，自己却毫不察觉。而且，等到积聚的欲望很多且很厚时，一旦不能自我控制，就会一反平生所为以及自己平常所标榜的东西，成为色厉内荏之徒，最终只能做那鸡鸣狗盗的行径。这都是学术不明的过错，真是可悲可悯啊！近来官场风气的颓废，只做表面文章。一些人互相依附影响，不勤求本职工作，而专务那些细微的地方。就拿现在的江苏布政使丁××来说，他上任伊始，就下令民间交纳茶课，每碗不得超过五文，类似这样的举动比比皆是。本来，久经大乱之后，百姓垦田没有人力，经商又没有本钱，民间失业的人已经非常多，如果不让他们追逐锱铢小利，他们拿什么养活自己？封疆大吏不探求救活民众的办法，反而竞相做这些不近人情的举动，试问这对地方风俗利弊有何好处？这些伪君子，如果一旦让他们得了势，流毒将会没有终结的一天。"

曾国藩听了赵的这番话，开始十分惊愕，随后捋着胡须大笑，说道："他（指赵所举的丁××）以前刊刻《圣谕广训》，以及把他写给胡林翼的书信发给下属，这种做法已属不伦不类。又特别抄了一份通札寄给我，因为我向来佩服胡公，他猜想一定会正中我的下怀，博得我的欢心。他没有见识而又做得可笑的事情大多就是这样。"

赵烈文说："李鸿章用人只求眼前的功效，老师固然应当从大局出发，不应有不同的意见。但也应该在无意中稍稍显示一下您的风采，好让这些人迷途知返，邪风不再盛行，这样做实在是功德不浅啊。"曾国藩说："当官的唯利是图，实在令人愤恨。"赵回答说："过错出在上司对他们的失察上。因为像州县这样的官员，他们做官本来就是要发财致富。天下有志节讲操守的人，究竟又有多少呢？利之所在，蔚然成风。本来就不能拿特别的操守来谴责他们啊。"

这里的丁××，就是指丁日昌。当然，后来曾国藩改变了对丁日昌的印象，是他北上剿捻后，特别是在处理天津教案的过程中。处理天津教案时，主要是丁日昌帮助曾国藩来处理的。这时候，丁日昌已被提拔为江苏巡抚了。丁日昌在吏才中是最能干的。当时江苏历年来积压的案件有几万起，丁日昌在几个月的时间内搞了一个奖惩章程，把所有积压的案件全部处理完毕。曾国藩感到这个人很有才能。因此他处理天津教案的时候，向朝廷指名要丁日昌来协助自己。丁日昌离开的时候，曾国藩在天津送别他。当时丁日昌的母亲去世，天正好下着大雪，曾国藩老泪纵横，觉得这样的人才应该早点提拔！

最后一种是本人不愿做官的人，这种人因不愿出仕，或不愿受人恩德，因此不要违背他的意愿。否则，举荐后反成仇隙，事与愿违，费力不讨好。他在给曾国荃的信中说：

> 弟所保举各员，均奉允准。唯金安清明确谕令不准调营，寄谕恐弟为人耸动。盖因金君（安清）经余两次纠参，朝廷恐余兄弟意见不合也。大抵清议所不容者，断非一口一疏所能挽回，只好徐徐以待其自定。又近世保人，亦有多少为难之处。有保之而旁人不以为然，反累斯人者；有保之而本人不以为德，反成仇隙者。余阅世已深，即荐贤亦多顾忌，非昔厚而今薄也。

曾国藩意有所指，但没有明说，从事情的痕迹看，应指左宗棠。他第一次举荐左，被拒绝还不算，还要向左做检讨，两人差点儿因此事闹翻。后来，曾国藩举荐左担任封疆大吏，左很快出任浙江巡抚，两人的关系又一度紧张。曾国藩私下谈话时也说，左宗棠始终不肯与我和好，以至于他对交情离合很是感慨。

1867年7月20日，赵烈文向曾国藩询问郭嵩焘与毛寄云（毛鸿宾）闹不和的事。曾国藩说："毛寄云早年在京城时，看到郭嵩焘写的文章很有文采，因此很希望和郭结交。后来，毛寄云任湖南巡抚，屡次想把郭请到巡抚衙门任他的幕僚。等到毛任两广总督，军机处发出廷寄，问毛鸿宾黄梓农是否胜任广东巡抚时，毛立即上书弹劾黄及布政使文格，同时保举郭嵩焘堪任广东巡抚，李瀚章堪任广东布政使。这个奏书上达朝廷后，完全如毛鸿宾所请求的那样，郭因此任广东巡抚。毛本是一个平常之人，郭到任后，毛不时露出有恩德于郭的神态。两人先是彼此争夺权力，后来又发展到彼此切齿、恨之入骨的程度。左孟星、王闿运、管才叔三位大名士到广东后，互相标榜，一时间有"王佐之才"的称号。郭嵩焘本是个文士，因此，这三个名士大多偏袒郭嵩焘，左孟星甚至写信诋毁毛鸿宾，把毛看作不齿于人类的人物。平心而论，这件事自然是郭对不住毛，而毛没有过错。郭嵩焘曾经因为我保举过毛而对我说：'曾某人保举的人很多，只是错保一个毛寄云。'我回答他说：'毛寄云保举的人也不少，只是错保一个郭嵩焘。'听见这句话的人无不大笑失态。"

赵烈文说："天地宇宙之内，不外乎人情世故而已，郭公即使不看重高官厚禄，知己之感，难道可以忘了吗？而且，我私下观察，郭公也不是那种无心问世事的人。"曾国藩说："是这样。"这时，正赶上有客人来此，赵于是告辞而出。过了一会儿，曾国藩又来到赵那里，对赵说："交情离合这种事，有在情理的，也有不在情理的。刘蓉与朱石翘①的关系，不亚于子弟和父兄之间的关系，而最后闹翻脸，甚至发展到刊刻诗文，互相谩骂。与此相比，郭嵩焘和毛寄云的矛盾，还差了一些。沈葆桢与我也闹翻，但我多次给他写信想重修旧好，而他一次没有答复。李元度和我闹翻后，后来收复金陵，我曾上书朝廷，讲他的功绩，因此近来他时常写信问候我，差不多能够和好如初吧。至于左宗棠，他始终都不肯与我和好。"

2. 用人不率冗、不自是

率是轻率、草率、不慎重的意思；冗，即我们经常说到的冗员。有很多

---

① 字孙诒，江西人，曾任湘乡知县。

人没有用，这些人有差事、有位置，但是他们无事可做。还有一种情况是，五个人的事情结果派了八个人，造成了像宋代的冗官、冗兵。不自是，是指用人不能凭一己好恶，尤其是不能自以为是。所以曾国藩提出，用人不率冗、不自是。

这是曾国藩关于用人的一个非常重要的理念和做法。这个理念和做法是从哪里来的呢？是根据他的弟弟曾国荃而来的。他曾评价弟弟曾国荃，用人不出家乡十里，所用之人都在他的小圈子中，或是自己的家乡人。所以曾国藩私下与赵烈文说，他将来遇到挫折，肯定是在用人这方面。

曾国荃在太平天国战事结束后，被迫回家"养疾"一年多，后清廷诏命他出任山西巡抚，他坚辞不受。1866年2月，清廷只好改任曾国荃为湖北巡抚，这也是曾老九第一次正式出任封疆大吏。当年4月，曾国荃自长沙启程。曾国藩对这位九弟太了解了，唯恐再出现难以收拾的场面。因此，他写了很多次信，谈的无非是怎样做官、做督抚，而核心仍是用人，并现身说法，勉励九弟。同治五年三月二十六日，曾国荃刚到任，曾国藩就写信阐述他的"用人不率冗，存心不自满"的原则：

> 弟弟你一定要记住，你过去为什么招致天下人这么多的非议啊？做督抚封疆大吏本来不容易，现在是什么样的情况？多事之秋。多事之秋要怎么来做？手中没有兵，你做不了事情，因为你抵挡不了天下大乱。这个地方农民闹起义，那个地方农民闹起义，还有洋人也经常侵略我们中国，这时候没有兵也不行。但是有兵就需要筹钱。而养兵、筹钱这两件事情都是招怨的事情，你处理不好都会出问题，坏名声就由此而得。我过去经常劝你，你这次到湖北任巡抚，做这样的封疆大吏，对你而言是重新开启一个篇章。我给你叮嘱的就两句话：用人不率冗，用人不自是。不要按

照自己的想法来用人，一定要把他们放到一个合适的位置上。

他接着解释说，什么是冗呢？就是应该减员，就是少用几个人，这样就不会出现人浮于事的情况了。什么叫不率呢？就是不轻率、不草率，以后用人一定要慎选，慎而再慎。他说："位高而资浅的人往往是貌贵温厚，但是心贵谦下。"他说，天下的事理我们不知道的太多了，天下的人才我们无法料到他们将来能发展到什么样的程度也太多了，我们不要存自是之见，凡事都应该存一些我没有试过而对方试过的想法。这样的话就可以免受失败，保存令名。这是"至嘱至嘱"，不要以为我这是平常语言而忽略了，这是大哥对你最重要的一个嘱咐。

这封信将"用人不率冗，存心不自满"解释得非常清晰，他提出督抚被人弹劾而丢官的，主要是用人不当。鉴于曾国荃以往用人中被人诟病的"率、冗"等问题，提出力戒"率、冗"的原则，就是反其道而行之。后来又写信说："用人太滥，用财太侈，是余所切戒阿弟之大端。"

曾国藩所说的"存心不自满"，即用人不要自以为是，主观因素太多，更不要自视甚高。曾国藩有知人之明，但从不自满。他的幕僚方宗诚应召在安庆忠义局修志，向曾国藩问起塔齐布、罗泽南、李续宜、彭玉麟、杨载福、鲍超等人，何以知其能成大功。曾回答道："此皆幸而遇者，与诸人共事，不过识其忠勇勤朴，各任以事，稍能成就。人遂谓吾能知人，实则知人甚难，予未敢自信也。"

清朝的督抚，没有助手，也没有副手，因此，咨询、参谋、帮手之类人，都要自己找。最重要的是能写得一手好文章。为此，曾国藩向曾国荃建议，奏折外，沅弟当找一书启高手，说事明畅，以通各路之情。

后来，曾国藩亲自为曾国荃物色了倪豹举做他的幕僚。此人原来在刑部任职，但多年仕途不顺。严树森曾举荐他为湖北道员，但未获批准，也曾在官文的营务处任职。1865年夏，他进京供职，曾国藩以其祖母年近九十为由，劝其不要北上，许诺每年聘金四百两，后因曾国藩仓促北上剿捻，仅送过一次百金。这时，他在金陵主持凤池书院。曾国藩向他的弟弟详细介绍了倪的情况，认为"若请到弟署，令作奏折，必有可观。若写公事信函，则写作俱佳，几与意诚（郭昆焘）相近。其人和平敦厚，相处最好"。他因奉祖母在金陵居住，不愿赴武汉。曾国藩通过李雨亭为之劝驾，认为李、倪都是严树森特别保举的良才，要求曾国荃每月以百金的薪水聘请，许诺将来保留他在湖北做官，既帮助他摆脱目前之窘况，又兼顾将来出路，当可允许。

没想到此人并非好手。通过这件事，曾国藩对"心存不自满"有了更深一层的体会。他写信说："请倪豹举赴湖北做你的僚幕，是因为我见他毫无脾气，又耐劳苦，极好相处，笔下圆妥，善写公事信缄。因九弟你写信请我推荐人，我去年四月本来订聘豹岑（文蔚）做我的幕僚，因为北征而中止，遂于四月五日函致雨亭，嘱托他代请豹岑赴湖北。今得到弟弟来书，得知湖北州县官多怀疑豹的为人，阿兄又非常后悔，没有得到弟弟的回信而急迫函聘，太孟浪了。现将我寄雨亭的信抄付给弟弟阅览。此事已经难于食言，请弟弟将就用他，为我弥缝过失。如果豹不肯应聘入鄂，甚妙甚妙。如其翩然应命，驾舟武昌，请弟迎入署中，礼貌相待。豹之短处，则在无定识定力，好以疏野不应酬自命，而讥人之有官气。雨亭、申夫、眉生等至好，均言其长处多而短处少。如果弟弟不能再添钱延请重金这样的幕友，弟弟只出五十金包火食，阿兄我代出五十金，另寄豹家。数月之后，如不相安，委婉辞退，或推荐到一个书院中，这样的话，阿兄也就没有食言的痕迹了。"

本来，曾国藩给他的九弟物色倪豹举，觉得这人非常好，没有脾气不说，奏折写得又好，但是他弟弟不满意。他弟弟提出，官文跟胡林翼有矛盾，还有很多事情，但是倪豹举从来不向上级报告。曾国藩用人要求忠诚，所以他说"天道恶贰"，贰就是不忠诚。他说，一个人不忠诚绝对不能用，所以后来就没有把这个人推荐到曾国荃那边做幕僚。

3. 不能有效忠分歧

前边提到曾国藩用人特别强调忠诚，即忠诚于一个组织、一个团体。

罗马法中有这样一句话，"如果一个奴仆有三个主人的话，他就是一个自由的人"，这句话的意思是说，如果一个下属的上级是几个而不是一个的话，这种情况下，你的主人是多个，表面上看，这几个人都是下属的上级，但实际上这个下属也因此变成了一个自由的人。

对此，曾国藩是有切身体会的。清朝的绿营兵和八旗兵是国家的基本武装力量，是一个阵营，而湘军则是另外一个阵营。八旗兵、绿营兵也想拉拢湘军，尤其在湘军就要打下金陵时。李元度在徽州打了一个大败仗，他感到无脸见江东父老，也不好向曾国藩交差。正在这时，浙江巡抚王有龄给李元度写信说，你到我这里来，我给你加官晋爵。曾国藩于是让李鸿章写奏疏，把李元度革职，永远不能再用。李鸿章因为这件事与曾国藩有不同意见，暂时离开了曾国藩。

后来王有龄因为李元度在沿途中召集了一些人，中间又打了几次小胜仗，就向清朝政府奏请，不但取消李元度的革职处分，还要给他官升一级。这使得曾国藩非常愤怒，他不能让李元度从他的湘军阵营中分裂出去，如果任凭这样下去，就会对其他人形成示范效应：其他人就会意识到，即便在湘军这里打败仗，也可以在其他地方提拔，而且提拔得更快。所以他第二次给皇帝上书，说不能用李元度。结果李元度被革职，永不叙用。直到平定太平天国之后，曾国藩才说，自己一生当中对不起三个人，其中就有李元度。那个时候他为了维系湘军内部的统一，不让别人插手，把他的人才从阵营中分裂出去，他连自己平生三不忘的人都能下得了手。

禁止另立门户，最显著的例子是总兵陈由立。同治元年，河南巡抚郑元善两次给曾国藩写信，希望调陈由立进入河南防守，并答应给以优厚待遇。曾国藩予以拒绝，他对郑元善说：前次严树森想调往河南，鲍超因防卫吃紧留下，随即陈由立因病请假，在离营四十里的地方治病，但后来竟然离开队伍，还将余大胜等几十人带走，我即将上奏严厉制裁他。论他的平日战守，也仅仅是个中才，而此次如此行事，实在出情理之外，你要招致他，实在难以允从。

同治元年五月三十日，曾国藩再次给郑元善写信，提出观人在去就进退之际的用人主张。他说：得知陈由立已经到你那里，并派他到湖南招募人。我岂能不顾大局，吝惜一将！难以遵从的是，此人从勇丁升到总兵，位至三品。经过举荐现职，长久隶属鲍超，待之情谊甚厚。但他不问事情缓急，一听到调河南令下，立即托病告假养病，并将哨弁三十多人带走。当时正攻青阳，不遵奏留之旨，而有阴怀跋扈之心；不以潜逃为非，而带多人以去。情理实在难以容忍。如果仅仅不忠诚于安徽，倘能有益于河南，海内一家，何妨楚才晋用！但观人者恒在出处进退之际，选将者最忌浮华取巧之流，以凤昔所依附，功名所从出，一旦视若弁髦，则中道相从者又安能保其晚节不渝！且近来用兵连十余省，倘相率效尤，流弊滋多，再四踟蹰，于十七日具疏严劾，请撤去其募勇差事。

曾国藩随即向清廷上奏，严厉参奏陈由立。又给毛鸿宾写信，告诉他陈由立逃奔河南，回湖南招募勇丁，阁下应立即令他停招，并派人押解到我这里。此风一开，各处军纪都会废弛，所关极大，我不能不严厉惩办。曾国藩还给督办河南团练的毛昶熙写了与郑元善同样内容的信，又将此事处理的结果遍告各位。当他得知陈由立带走的余大胜可能到了左宗棠那里时，立即给左宗棠写信："你曾论及人才只有好利、没干两种不可用，鄙意好利中尚有偏裨之将，唯没干者决当摒弃。陈由立等三人已经参革，余大胜必须勒令回营，一肃纲纪，请派人押到我这里，使得我法令得行。"

曾国藩虽然表面上在说"楚才晋用"，天下一家，我曾某人的胸怀没有那么狭隘，他到任何地方都是为国家做事情，但是，过去我们朝夕相依附，他从一个士兵开始，功名升到三品的总兵大员，这些都是从我这里开始完成的。他所有的磨炼、历练和本事都从这里学的，而人在进退之际，是考验人最主要的时机，他看到别的地方也能提拔，马上抛弃故主，溜之大吉，这个会造成什么样的恶果呢？如果听任他这样下去，那就会让其他人觉得，没有重视他，反而将他视如皮毛，把这个重要的人才当成破帽子一样给抛出去！那现在跟随我的人又怎么能够在这里安心做下去呢？我因此踌躇再三，必须上书严劾。

曾国藩在上给皇帝的奏参陈由立的折子中提出："军营上下相与之际，为主帅以不蔽贤、不争功为第一美德，为偏将者以不陵上、不虐民为第一美德。陈由立这样的浮滑之人，轻易背叛安徽，岂能有益于河南？春秋时，莒仆奔鲁，季文子不肯接纳；猛获奔卫，石祁子不肯保举，因为他们叛于本国，断难忠于他邦。我给郑元善的信，劝他参观季文子、石祁子的论断，将陈由立革职，以为朝秦暮楚、见异思迁者戒。"皇帝当即批准，将陈由立等革职，永不叙用。

4. 尚德不尚庸

曾国藩用人崇尚品行修养，而以忠义血性为最高人选。他曾经在《笔记十二篇》中论述"才德"关系说："司马温公曰'才德全尽，谓之圣人；才德兼亡，谓之愚人；德胜才谓之君子，才胜德谓之小人'。余谓德与才不可偏重。德而无才以辅之则近于愚人，才而无德以主之则近于小人。世人多不甘以愚人自居，故自命每愿为有才者；世人多不欲与小人为缘，故人每好取有德者，大较然也。二者既不可兼，与其无德而近于小人，毋宁无才而近于愚人。自修之方，观人之术，皆以此为衡可矣。吾生平短于才，爱我者或谬以德器相许，实则虽曾任艰巨，自问仅一愚人，幸不以私智诡谲凿其愚，尚可告后昆耳。"

这段话意思是说，只有品行修养是不够的，那样近于愚人，如果有品行，再以才自励，就会完美了。相反，只有才能而没有品行，就与小人接近了。曾国藩认为自己是有品行的，又刻苦自励，所以能有所成就。

但是，世间确实难以找到德才兼备的人才。曾国藩自己总结说，勇于任事者，皆有大欲存焉。因而，对曾国藩的德才兼备，左宗棠批评他太挑剔。

欧阳兆熊是曾的好友，曾经在参谋部工作过，他向曾国藩推荐过李楚怀，并说李身怀绝技，试之皆验，但曾国藩弃而不用。后来左宗棠升任浙江巡抚，李又求欧阳，把他推荐到浙江。欧阳说："不用我推荐，你只管跟左大人讲你我是从曾国藩那里来，他弃而不用，左大人一定会用你的。"后来，左宗棠果然让他掌管四个营，也创造了一定业绩。

左宗棠对曾国藩用人的批评较多。咸丰七年，他对胡林翼说：

> 曾涤生曾叹人才难得，我私下笑话他，涤生问其缘故，我回答说：君统辖的水陆已经一万多人了，如果还说无人，那么，这万余人者难道都是不可用的人吗？集十人于此，则必有一个稍有特长者，吾令其为九人之魁，则此九人者必无异词矣，推之百人、千人，莫不如此。现在湘省所用，皆涤公用之而不尽，或吐弃不复召者，迨湘省用之而效，涤公又往往见其长而欲用之矣！然则涤公之弃才不已多乎！

左宗棠立楚军之初，任宁乡候补训导刘典为营务处，上书皇帝，公开对曾国藩的用人提出委婉的批评，他说：

> 臣与刘典共事最，相知最深，他为人刚明耐苦，廉干而有志气，臣可保其断不负国，断不厉民。他用兵最长于审察地势，临阵身先士卒，以倡勇敢之气，但性稍偏急，有所见必直达其是，亦以此常见忤于人。臣尝言之曾国藩，而曾国藩不甚以为然，言之杨岳斌，并奏请帮办杨岳斌军务，而杨岳斌尤不以为然。

甚至曾国藩的九弟曾国荃，也因为用人问题与阿兄有过争论。1862年，他批评阿兄用人"往往德有余而才不足"，认为李昭庆、穆其琛就是庸人，就是无用之才。但曾国藩矢口否认，说阿弟"所见差矣"。

李昭庆是李鸿章的小弟。曾国藩围困天京时，他不断写信，讲战略谈战术，因此受到赏识。曾国藩写信给李鸿章说"令弟幼荃是个文武兼备的全才，应该做栋梁来培养"。他北上直隶时，将其带上，希望其成立一个营。他还给李鸿章写信说："曾、李两家门第太盛，人忌鬼瞰，处处是危机，时时伏祸胎。除去耐劳尽忠四个字，别无报国之道，也别无保家之法。"但李鸿章对他自己的阿弟了解更深，给曾国藩回信说："小弟智略粗具，但历练不深，难耐艰苦，性情也稍刚偏，我母亲及几个兄长都不大放心，还要请老师多加开导。"

曾国藩剿捻时，派李昭庆留守济南兼顾运河防务，实际以此联络淮军将领，但也对李家老大李瀚章说，从李昭庆的才能看，深稳明决，可以任重道远，只是未曾多经艰苦，怕他视事太易。意思就是缺乏磨炼。曾国藩担心他关键时刻挺不住，嘱咐他如果回家，一定写报告等批准再动身。但李昭庆以探望老母为借口，连假也不请就开溜，气得曾国藩直发火说："你怎么这样迫不及待，难道忘了我的嘱咐吗？"李鸿章接任曾国藩镇压捻军后，对这位阿弟不再举荐，李昭庆也郁郁寡欢，39岁时去世。

穆其琛是四川举人，选巴县教谕，入胡林翼幕僚，胡去世后入曾国藩阵营。1862年，曾国藩奏请穆其琛署理安徽无为州。他到任后巨细躬亲，实事求是。是年10月，太平军逼近，穆其琛能固结民心，保护危城，支应军需等件，办理裕如，着即补授无为州知州。

到了晚年，曾国藩对自己用人尚德有些反思，也不断调整、完善。在《清史稿》等正史及左宗棠、胡林翼、曾国荃等私人信札或上书中，就总体而言，都是非常称道曾国藩的用人的。

| 第十二章 | 用人特点比较 |

责人以严，养人以宽。

——胡林翼

自负受夸，成才不及曾门之盛。

——左宗棠

好以利禄驱众。

——李鸿章

挥金如土，用人不出家乡十里。

——曾国荃

当时和曾国藩在一起打造湘军的主要人物，包括胡林翼、左宗棠、李鸿章、曾国荃等人。他们在用人上与曾国藩有什么不同？曾国藩在用人上有什么独特建树？正如曾国藩的幕僚薛福成所说："大臣建树之基，在得一行省为之用；而其绩效所就之大小，尤视所凭之地以为准。运之以才力，而成之以财力。"这几个人的共同特点是：第一，大多是由曾国藩提携而走向高位的；第二，都是封疆大吏；第三，在某个方面，都有独特业绩。如此说来，就有比较的基础。

1. 胡林翼：责人以严，养人以宽

被称为"湘军第一苦命人"的胡林翼在用人中提出一个重要概念，就是"责人以严，养人以宽"。责人以严，就是要求用的人能承担艰巨任务，做艰难的事情，对此要求非常严格。同时，要养人以宽，既然要求高，那就给他与之相匹配的待遇，不能用一些规章制度限制他、束缚他。

多隆阿是胡林翼手下一个能干的旗将，与另一个旗将舒保同是湖北名将。胡林翼经常说，湖北战事我与李续宾、舒保共一命。咸丰八年，最能磨折名将的胜保札调舒保，并说如有迟延，即按照有心贻误军机治罪。胡上疏反对：

舒保素性朴讷，忠勇敦厚，在楚屡年冲锋陷阵，从无避难就易之心，官到二品。现在胜保严札驱迫，加以苛刻之词，于体制不协。师克在和，古有明训，毋庸强归节制调遣。

保护的意味非常明显。胡林翼多用旗人，因为他知道清朝最信任的还是旗人。有一次胡林翼让舒保到前线去作战，舒保要公费，除了正常薪水之外还要更多的钱。手下的人来请示胡林翼：这可不可以？胡林翼回答说：要多少都给他。他还专门给主持湖北财务工作、负责发薪水的阎敬铭写信说"此公忠良"，但是他"欠精明"，如果人太精明就不能做到如此忠良，希望你给他更多公费。我们"责人以严，不能不养人以宽"。人一到了仕途，总是陷入困境，包括对自己都没有把握，古人所说的"一入仕途，就是戴罪之身"，唯恐有时要犯大的过错。如果不考虑他家庭的日常需要，不能让其亲人得到安生，他就不能责以奉公。若你再严格要求他，他更不踏实，所以千古君臣也好，名将也好，驾驭所有手下的人，最重要的就是满足他们的需求。

胡林翼推崇"养人以宽"，对手下人有求必应。李鸿章形容曾国藩与鲍超的关系是"痛痒相关"，鲍超要回四川老家去，对曾国藩说："我多年没回家了，能不能提前给我支一笔钱，我不需要太多，一千两就行。"曾国藩说，营中有规矩，军营当中怎么开销，这个钱是有规定的。鲍超悻悻而回。胡林翼知道了这件事，立即从自己腰包拿了两千两银子给鲍超。赵烈文与曾国藩谈话时，称赞胡林翼有古人风范：金国琛因为贫穷请求回家，胡立即送给他白银一千两；鲍超的母亲生病时，胡为鲍母送去参药；他还为自己的儿子收纳罗泽南的孙子。这些都是大英雄的举动啊！假如他生长在开国打江山的年代，即使唐朝李靖，明初徐达、常遇春这类人物，恐怕也不一定能赶得上他。可惜呀可惜，他生不逢时！

胡林翼还是化解矛盾的高手。曾国藩早年办团练经历了非常坎坷的路，后来有胡林翼的帮助，他才感到能够按照自己的想法做事。曾国藩说："后来我跟胡林翼合在一起，才感到一切都能自主了，我现在还深深地怀念他。"胡林翼去世后，曾国藩给清廷的奏报高度评价胡林翼，他用了三个"心"：

第一个"心"是"赤心以忧国家"，对国家真正做到了"鞠躬尽瘁，死而后已"。

第二个"心"是"小心以护友生"，对朋友非常小心，唯独他能使大家愉悦。像左宗棠跟曾国藩不合，左宗棠跟李鸿章也闹矛盾，他们内部之间总有一些芥蒂，但胡林翼总是小心翼翼，呵护内部的每一个人，特别是高层的人。

左宗棠自视甚高，与人关系多不融洽，到胡这里告状的可以说踏破门槛了。但胡林翼不厌其烦，做好解释、调解工作。他给李香雪回信说："你来信说湘中人颇怨左公，此天下古今之通病。昔年涤帅（曾国藩）倡义，举国非之，两司且上详请参。"郭昆焘也向胡林翼告状，因为都知道胡林翼跟左宗棠的关系特别好。左宗棠惹了一身官司，朝廷派的钦差大臣差一点把他处死。这次主要是在南书房的郭嵩焘来营救。因为郭嵩焘是天子近臣，所以通过一些办法来营救他。但是后来左宗棠恩将仇报，用参奏来对待郭嵩焘。所以郭嵩焘兄弟两人，经常在胡林翼的面前告他的状。包括曾国藩也跟胡林翼说，我今后对左公是王小二过年，一句话不能说。

胡林翼在湘军中起了非常重要的作用，调和诸将，杜绝大家搞分裂，一定要团结。所以，当郭嵩焘兄弟俩一起向胡林翼告状的时候，他就写信说：左宗棠用人不疑，这是正确的，后边有误用之人，但是不肯承认自己的错误。他说，可叹啊，这就是诸葛孔明的一个弊端啊。诸葛孔明指的是左宗棠，因左自诩是今天的诸葛亮。这是左宗棠的一个偏颇，或者一个失误。我胡林翼今天也想要跟左宗棠论论这些事情，我对他也有不满，也想跟他抬杠，我应该劝谏他的事情、应该跟他抬的杠非常多，但是以后再说吧。而我们看看，横览七十二州，中国大地，才能没有人能超过他。

1860年，胜保奏请调鲍超北上勤王，被曾国藩拒绝，鲍超认为失去立功机会，对曾国藩心生不满，胡林翼多次劝解：

> 涤帅与兄深知其为人忮忌贪诈，专意磨折好人，收拾良将。弟若北援，无论南北风气异宜，长途饷项军火，无人主持，且必为磨死，而又不能得功得名也。弟若知涤帅此次之恩，是天地父母之恩也。弟于世事太愚，当一心敬事涤帅，毋得稍有怠玩。自来义士忠臣，于曾经受恩之人，必终身奉事惟谨。韩信、张仓可师可法。弟以一协标兵，受涤帅之知遇，一年拔至守备加都司，此次以旧率归旧部，岂忍萌妄念哉！岂敢萌妄念哉！

曾国藩称赞胡林翼的第三个"心"是"苦心以护诸将"。湘军大将中，彭玉麟、杨载福这两个人是水师中的两员大将，但是也闹矛盾，甚至出现绿营军那种败不相救的情况。彭玉麟有一次打了败仗，呼唤杨载福搭救他，结果杨载福在那里看他的笑话。胡林翼感到事态非常严重，专门设了一次宴，请两个人。赴宴的时候，杨载福先进门，彭玉麟看到杨载福已坐到那里，扭身就走，胡林翼强行把他拉回来。他说：你们两个坐下来，我们今天只喝酒。酒喝了很长时间，胡林翼说："天下已经乱成这个样子，我们再闹不和，还有什么希望啊？"说完一下子跪下了。胡林翼是多么高贵的身份——湖北巡抚，杨载福和彭玉麟都是他手下的将领，给他们跪下了，两个人彻底被折服了。曾国藩说，每次打胜仗的时候，胡林翼从来不向众人表白自己的功劳，不是说官文（湖广总督）战略决策好，就是说我曾某人事情做得好，从来没有说他自己。这次把安庆打下来，曾国藩向清廷上折子表彰胡林翼，核心就是前面提到的那三句话。曾国藩的言外之意是，这次打下安庆的大功劳是胡林翼一个人的，我打下安庆，完全是按照胡林翼的战略来做的。不久，胡林翼就去世了。

胡林翼用人的另一个特点是：气魄大，间用权术。

胡林翼提出办大事以集才、集气、集势为要。他十分重视人才，也非常善相，所用幕僚被曾国藩戏称为相馆。对属下人才，时有排名。他曾说：

> 湖北将帅，李续宾第一，多隆阿第二，舒保第三，鲍超第四。此外，成大吉、萧庆衍、余际昌，尚未独当一路，未列等次。其余仅一营官。精思六七年，费用千万两，所得不过如此。

《清史稿》对胡林翼用人方面有一段专门的评价，说胡林翼"驭将以诚也"，是用诚来评价，"因材而造就者，多以功名显""察吏严"，就是严格要求下面的官员，不埋没一个人才；"手书褒美"，每次大将们有什么进步或者值得褒扬的地方，一定写信表彰，因此"文武乐为之用"。但也指出胡林翼在用人方面的缺失，即不时用笼络的办法。

李续宾在三河战役中被打死，他还有一个弟弟叫李续宜。李续宜的父母当时还健在，他觉得自己的父母只有两个儿子，哥哥死在战场中，我应该尽孝道，回家养我的父母。胡林翼得到这个消息后，把李续宜的父母接到了湖北巡抚衙门，以湖北巡抚的身份，每天从早到晚，朝夕问安，像对待自己的父母一样。所以后来李续宜就不再说要回家了，甘心为胡林翼效力。胡林翼去世后，李续宜跟随曾国藩，一次跟曾国藩聊天说："胡公待我们兄弟特别好。他是不是用权术啊？"曾国藩说："我告诉你，胡公用人，有的时候用权术，但是对你们兄弟两个，我敢拍着胸脯说，绝无二话，绝无二心，是真诚。"李续宜笑了笑说："即使是用权术，我们也愿意死心塌地地为他效力。"

曾国藩还对赵烈文谈到，胡林翼与官文的关系，表面上特别亲近，实际并非真诚相交。官秀峰（文）城府太深，当胡林翼在世的时候，面子上极为推让，但只要有侵犯他的地方，一定力争。表面上关系密切，实际上只不过互相敷衍而已，并不是真诚相交。官文的心思也只是保住自己的位置，但还不至于到险诈、巧言献媚的地步。

　　曾国藩所说的胡林翼与官文的关系，有一段值得一述的历史。胡林翼是湘军将领中第一个出任封疆大吏的人，但清政府对他并不是很放心，因此派一个满人、正白旗的官文做湖广总督，意在牵制。官文一直生活在贵族圈子里，对军事、吏治、民情很少接触，说不上有什么才干，但生活上却奢侈无度。他出省巡视，当地知府"每日奉百金制早晚二席，厨者靡之，谓是区区者，不足治酏饭一餐（酏即粥）"。官文还极为贪婪，同治五年，他自湖北罢总督任回京，"银多不能悉载归，乃连开九当铺"。官、胡刚上任时，一个在江北，一个在江南，关系开始也紧张。署理湖北提督讷钦打仗时是有名的逃跑将军，却听任部下到处勒索，自己也坐索行装银万两，官文对此不加处治。胡林翼十分气愤，单衔奏参。当胡林翼终于明白官文的地位不能动摇时，大施权术。胡让自己的母亲认官文宠妾为义女，使两家内眷亲密往来；自己也不时拜谒官母；与官平时私函，直呼之为"老兄""中堂老兄"。在公事上，抓实权，埋头苦干，但每当遇到可得美名、封赏时，则推首功于官文。对官文的贪婪视而不问，每月还以盐厘三千金，划作督署公费，实际进入官文的私囊。有什么请求，都让官文把名字署在前面，以便朝廷讨论时顺利通过。而胡林翼的干才恰好弥补官文的不足，因此官文也愿意无功而享大名。从此以后，湖北的局面大为改观，对这种"合作"，二人都心照不宣。因此，曾国藩说两人并非真心相交，不是志同道合的朋友。

　　另外，胡林翼提出人靠得住就可用，在这一方面与曾国藩有相同之处。他说：

　　　　人靠得住这个人就可用，没有才也可用，人要靠不住不可用，有才尤其不可用。古往今来，天下用人的大局都是省钱踏实，怎么能够省钱呢？对于用人，做事如果踏实的话，即使费钱也在所不惜。刘晏造船的时候，以两三倍的价格给经手的人，就是让他们得到更多的钱卖力气，这是古今大才。

尽管刘晏后来也因为这个而死，但在胡林翼的心中，刘晏是有大气魄、大才干的人。他还说：

> 做事总以得人为主。子游为宰，首在得人。苟得其人，鸣琴可理；即长孺卧治，亦可理。不得其人，虽日夜操劳，而无济于治。求才之法，谋野则获，谋邑则否。野多朴而邑多巧，野尚质而邑尚文也。上将之道，严明果断，以浩气举事，一片纯诚；其次则刚而无虚，朴而不欺，好勇而能知大义。要未可误于矜骄虚浮之辈，使得以巧饰取容。真意不存，则成败利钝之间，顾忌太多，而趋避愈熟，必致败乃公事。

最后，胡林翼提出用人有"三不用"的原则：

> 第一是软熟者不可用。什么叫软熟者？软熟就是拿不起事情，没有担当，这种人畏首畏尾，是退缩型，见到艰难的时候，就不能冲上前去，所以这种人不能用。
> 第二种是谄谀者，谄谀就是每天说好话，在你的身边只说顺耳之言、赏心悦目之事，净是挑领导愿意听、愿意看的这些事情，这种人不能用。
> 第三种是胸无实际、大言欺人者，用一些特殊的话使领导们有一些特殊的印象，能够获取升发时机的，这种人不能用。

这三不用原则，与曾国藩十分相近。

2. 左宗棠：自负受夸，成才不及曾门之盛

《清史稿》对左宗棠的评价，完全是与曾国藩对比进行的。《左宗棠传》说：他为人多智略，对自己要求非常严格，刚正不阿，疾恶如仇，没有圆滑的行为。同治皇帝曾指出左宗棠的缺点，就是褊衷，有些偏听偏信、偏激。左宗棠还没有发达的时候，跟曾国藩、胡林翼相交，气凌两人之上，胡林翼和曾国藩都不在他的话下，没有人能入他的眼。而中兴的所有将帅，大多数由曾国藩提拔起来，这些将帅虽然后来都登上了显贵的位置，但是终生都尊敬曾国藩，拿曾国藩当恩人一样来恭敬对待。只有左宗棠特立独行，与曾国藩相抗衡，不肯甘居人下。两人趋向时合时不合。曾国藩以学问自敛抑，外交上主张和，而左宗棠却锋芒毕露，对外主张战，所以世人的舆论都站在左宗棠一边。左宗棠好自矜伐，以才能自喜，因此从他那里出来的人才，远远不如从曾国藩这里出来的人才在成就德行和事功方面之盛。

一次，曾国藩与赵烈文谈到左宗棠等湘军将领的个性时说：

左宗棠喜欢别人出格地恭维他，凡是对他十分恭敬、整日点头哈腰的人，大多得到了丰厚赏赐，其中就有原来居心叵测的人，而左又容易受别人的欺骗，就是因为这个缘故啊。李筱荃（瀚章）血性不如他的弟弟李鸿章，但做事沉稳要超过李鸿章。沈葆桢自从同治三年（1864年）与我争夺饷银后，至今没有通信来往，这个人大概属于心胸狭窄一类。彭玉麟为人光明俊伟，但本事赶不上杨载福，而杨为人颇狠。恽世临办事精核，但不是独当一面之才，实际是一个好藩司（布政使），而心胸狭窄。老九

（曾国荃）去年奏了官文一本，但没有胜，极为后悔，立即想撒手不干了，事事请教他的老兄我。我跟他讲，需要反思悔悟，也需要强硬，仍然需要顽纯无耻，才能做成事。我从前在江西的光景，比老九所处的不知要坏多少倍，这些足下都知道，恐怕他老九就没有我这个耐心了。官文被老九弹劾的事情出来后，我们彼此之间不相通问，后来我和官文见面，彼此都不提这件事，始终像聋哑不知的样子。李鸿章劝我给皇帝上个密折保官文，请朝廷不要深究。外面又纷纷传言，说我上书弹劾了老九，其实，这些人都不了解我的真实想法。遇到这类事，就不能用官样文章来处理，我只有用麻木不仁的办法对待而已。

左宗棠用人，整体上不如曾国藩，也不如胡林翼，更不如李鸿章。前面我们举《清史稿》对他的定评就是这样。

左宗棠用人失误的例子也不少，有的还惹上大官司。最典型的就是吴士迈这个例子。一开始李元度向胡林翼推荐了吴士迈，胡林翼经过一段时间观察，给阎敬铭写了一封信，用的完全是相术家的语言："我在岳州跟吴见了十天，这十天中吴士迈一言不发，老弟我运用神力慧眼，断定他必不可用。"后面他还加了括号，括号说"此言独夸，实有奇诀"，意指他对人判断有奇诀。1860年秋天，李元度又把吴士迈推荐到曾国藩那里。曾国藩对李元度说，你夸口向胡林翼推荐吴士迈如何有才能，看胡的评价，似乎也只是学问中人，并不是将才。由于李元度一再推荐，曾国藩最初安排吴士迈招募2500人。但见这位吴先生每天忙个不停，曾国藩开始很高兴，以为是个踏实的人。后来了解到，吴原来在摘抄正史中的兵制，并要以此作为治军的教材，曾国藩感到大谬不然，立即请李元度规劝他推荐的这位吴士迈：

吴退庵事，即照来示札饬募两千五百人，录札奉达。军事是极质之事。"二十三史"除班、马外，皆文人以意为之，不知甲仗为何物，战阵为何物，浮词伪语，随意编造，断不可信。仆于《通鉴》中之不可信者，皆用笔识出矣。退庵若以编辑"二十三史"成书，为治军之蓝本，则门径已差，难与图功。阁下与之至交，须劝之尽弃故纸，专从事于点名看操，查墙子诸事也。

后来曾国藩也不用这个人。当时在湘军中有一个说法：凡是曾国藩不用的人，左宗棠就用。

像吴士迈这样的人，胡林翼不用，曾国藩也不用，自然有他们的道理，但左宗棠不管这些。1863年，左宗棠攻打杭州，时吴士迈为内阁中书，奏调用他做分统。1868年，随左宗棠到西北，镇压回民起义，此时是左宗棠做陕甘总督的时候，吴士迈开始也立功了，后来以违反命令的名义，把游击朱德树（游击是主管绿营的长官名称）擅自杀掉，杀掉之后还向朝廷谎报军情。结果朱的弟弟向皇帝告御状，清廷派钦差大臣，并要左宗棠配合调查，因为是在左宗棠管辖的范围之内。结果左宗棠偏袒吴士迈，说他没有大问题，没有擅杀，但是吴士迈不久在军中抑郁而死。实际情况是，吴士迈令朱德树攻东路，即率各营力战解围，但吴士迈责以违令，将其斩首。吴士迈又说朱德树侵吞饷银，实际是吴士迈的跟丁、保举知县的曾贵和等挟嫌谗害。为此，朱的弟弟请求为朱德树昭雪并给予恤典。左宗棠上奏说："查朱德树违令属实，吴士迈病中愤急，遽行正法，也有专杀之愆，业经病故，应毋庸议。"

3. 李鸿章：好以利禄驱众

《清史稿》评价李鸿章用人时说："好以利禄驱人，缓急不可恃。"

李鸿章用人与曾国藩有很大区别：一是兵将冗杂，以才能为第一，但选择不精。高级将领中，只有一个举人，团首、降将、盐枭、防军等占了多数，淮勇也多是团勇、降众。二是《清史稿》所评的以功名利禄相号召。李鸿章说："天下熙熙攘攘，皆为利耳，我无利于人，谁肯助我？董子正其谊不谋其利语，立论太高。"而以功名利禄相驱使，最终可能是"缓急不可恃"，即关键时候有可能靠不住。

从1870年到1911年的40年间，淮军、北洋出来的部级官员共有38人，著名的有丁日昌、盛宣怀、袁世凯等人。有学者评价，李鸿章是在义理与事功之间彷徨，但本质上他是没有义理之学的洋务首臣。他笼络人才的确有一套办法，有的方面连曾国藩都自愧不如。

"满堂豪翰济时彦，得上龙门价不贱。"这是李鸿章评价曾国藩幕府人才荟萃的诗句。如果说曾国藩聚集了一大批有各种才干的专业人物，如有精通数学、天文、机器制造的科学家，有谙习律令、会计的刑名、钱谷之士，有崇儒重道的道学先生，有深悉文案之道的文学侍从，也有懂得军机韬略的参谋人员，而李鸿章则对"拘守文墨无短长者非喜"。李鸿章与曾国藩最大的不同在于，他从实际需要出发，把能力置于道德之上，尤其注重罗致经世致用、精明练达之士。早在同治元年，曾国藩打下安庆后，就在辕门外放置了一个木匦，即意见箱，允许军民人等"投书言事"。周馥的一个朋友想提意见，就请周代写了一份意见书，曾国藩接到这份投书时，对书中的文采大为赞赏，请李鸿章把这个人找来，帮办文案。这时李鸿章正为组建淮军奔走操劳，打听到作者是周馥，就先把他留在了自己身边。当时，李鸿章自己还是幕僚的身份，每月薪水不过五六两银子，但他分一半给拖家带口的周馥，此时周馥年仅26岁。

李鸿章到上海后，很快就认识到洋务的重要性，因而在所用人才中，以通习洋务的为最多，这也使得他成为当之无愧的洋务领袖之首。他晚年评价自己一生，称少年科举、中年封疆、晚年洋务，可见洋务在他几十年的政坛生涯中的位置和分量。曾、左、李都开眼看世界，但以李鸿章看得最透彻。他提出的"三千年未有之变局"，不但是那个时代的主题，乃至今日，仍然是中西交会情况下，我们这个民族如何向前走的大问题。

前面讲过曾国藩如何转变对广东丁日昌的看法，相比之下，李鸿章更是先知先觉。丁日昌是贡生出身，做过江西县令和曾国藩幕僚。李鸿章赏识丁的才能，早在淮军建立之初，就曾求丁来相助而未果。同治元年，丁日昌奉命至广东提督军营，李鸿章先向广东省咨调被拒绝，但他不放弃。随后于次年专折奏准丁来沪，经理军械火药购置与制造。从此丁日昌扶摇直上，四年四迁，从苏松太道、两淮盐运使到江苏布政使，终于开府一方，坐上江苏巡抚的位置，成为这个最富庶省份的一把手。而这一切，都因为李鸿章近乎执着的提拔、再提拔。

还有上海文士领袖冯桂芬的例子。李在北京当翰林时就与冯桂芬相识，他到上海不久即发觉冯是个难得的智囊人物，便赶紧将他招收入麾下。冯是名士，架子大，而李鸿章也有大架子之称，但此时李对冯执礼甚恭，嘴不离"老前辈"三个字；而冯也倾囊相助，将他的洋务识见全部讲给李，对李大有裨益。曾国藩一度点名要李放冯去湘军幕府，李硬是不放。正是用了冯桂芬，才使得李鸿章坐上洋务领袖的头把交椅。

民间传说的李鸿章与名士范肯堂的故事，更可见李笼络人才不遗余力。据说，每逢初一、十五两天，李必正衣冠候于范的居室外问安。李还以干鱼翅赠予范的双亲。范用李的御赐紫缰马车访友，李不但不责怪，反增拨八名士兵充当范出游时的护卫。后来，受宠的范肯堂一意为李报效，竟无意于金榜题名，不再涉足科举。

同治元年，曾上书太平天国的上海名士王韬逃到香港去避祸。李不怕清议对他的议论，几次派人请王韬来沪当上宾。王韬虽然未敢贸然入幕，但在受宠若惊之余，把自己的奇策妙计都毫无保留地献给了李鸿章，王也成了李手下不出面的特别谋士。这其间，原先属于曾国藩幕府的上海人才一个个被李拉回。

如科技人才徐寿、李善兰、冯俊光等，都陆续返沪，为李鸿章办洋务出力。

曾国藩与赵烈文谈话时，也对李的用人有褒有贬。赵烈文建议说："李鸿章少帅用人只求眼前的功效，老师固然应当为大局起见，不应有不同的意见，但也应该在无意中稍稍显示一下您的风采，也好让这些人迷途忘返，邪风不再盛行下去，这样做实在是功德不浅啊。"曾国藩回答说："曾、李是一家，他在前方，我怎么能不顺从他啊？！"

李鸿章对手下人爱护有加。他接替曾国藩北上镇压捻军后，就为手下人谋位置，而潘鼎新是他的四大爱将之一。李鸿章借助淮军的力量，兵威所及，就会成为他的地盘。早在李鸿章调鼎军南下山东时，他就为潘鼎新谋得山东布政使的头衔，并私下里活动让潘晋升巡抚，这引起刚刚升任巡抚的丁宝桢的警惕和不满。与丁宝桢私交颇好的郭松林对李鸿章说：临敌将帅不和，是兵法的大忌。何况丁在山东是主人，我军是客人。客人尊重主人，主人也会以礼相待。一席话使李鸿章豁然开朗，于是主动写信，让郭松林带去与丁宝桢讲和。双方自此和好。

后来潘鼎新率军随李鸿章驻在天津，开了烟、肆、倡寮几个馆，人称"潘家窑"。光绪初年，他任湖南巡抚，上任当天就问属下人："安徽籍在湖南服官的有多少人闲居无事？"属下的布政使一时答不上来，潘愤愤不平地说："吾皖人大有功于国家，不可忽视也。"第二个月，所有闲置的安徽人全部安排了职位。后来因处理教案不力，他被彭玉麟、张之洞联名弹劾，到了这种时候，李鸿章还向清廷举荐他"才兼文武"。

一次，曾国藩对赵烈文谈及他九弟和李鸿章的发迹和脾气时，说："人们常说储存人才，实际上不知道第二、第三等人才是可以找到而储存的，而第一等人才是可遇而不可求的。当其有所成就的时候，虽然局面很小，但必然会出现几个人才同时应运而生的情况。得到几个人才之后，人才的性情各有不同，兴趣志向又有远近之分，才识都准备好了，还需要济之以福泽。李鸿章等人的才能非常好，但实处多而虚处少，讲求只在形迹。比如我的弟弟国荃攻打金陵，幸好成功了，但把功劳都归结为自己。我常常对他说：'你虽然有才能，也必须让一半给老天。'但他总是不以为然，现在渐渐省悟了。"

赵烈文接着曾国藩的话说："这也没有什么值得奇怪的，人之常情大概都是这样——阅历既多，又饱尝逆境坎坷，就好像知道自己的命运是有定数似的，而鸿章、国荃两位大帅所处的大多是顺境，空手起家，几年之间，各自建树了大功，怎能不侈然自命？因此，去年国荃老师弹劾官文没有取胜，在下却认为，这正是国荃老师闻道的大好时机啊，不应当沮丧，而应当向他祝贺才是。至于鸿章少帅，发迹太快，其人赤心任事，忠厚又有血性，但还不知道途径方法，对持盈守泰的境界就更不了解了。我们谈起这方面的事，都很为他担忧啊。至于命运这套学说，非常大非常好，只是蕴藏的义理还不能完全自圆其说。一般的凡人，都身处命运之中而不自觉，不知道所以然就发达了，也不知道所以然就衰败了。即使是丰功伟绩，震烁人寰，也落得随命运而兴衰的下场，与秋鸟春花一样，一同生长死亡。只有那些得道的高人，遗世独立，虽然也在运气之中，但不为运气所左右，这正是所谓'先天而天弗违，后天而奉天时'。自古以来，贤哲之类人物，没有不从这个途径逐渐走入圣人境界的，其中最重要的莫过于勉励而为罢了。"

就提拔人而言，曾、李相同，都提拔了无以计数的人才，使得薪尽火传，但用人的侧重点仍有很大差别。曾国藩以儒家义理为依归，这样的事功有大本大源。而李鸿章虽然也试图向义理尝试，但时代趋向不同，遂专注于事功，而这样的事功缺乏大本大源，因此有些方面李鸿章不如他的老师。

4. 曾国荃：挥金如土，用人不出家乡十里

说起曾国荃，他能征善战，湘军后期的重大战役几乎都由他主打，手下也有一些出名将领，如萧孚泗、萧庆衍、韦志俊、朱洪章、李臣典等。但整体上看，曾国荃用人很有局限，无法与他的阿兄相比，也不能望李鸿章、

左宗棠、胡林翼等人的项背。曾国荃用人的局限多次为他的阿兄所劝诫。一次，曾国藩邀赵烈文到总督衙门的客房久谈。当谈到曾国荃收复金陵时，曾国藩颇为惋惜地说："金陵本地人还知道感激老九，如果不是各营的将领猎取无厌，难道不是万全的美事！"赵回答说："九帅实际上并没有沾取什么，但他前后左右身边的人，没有一个人对得住沅甫老师啊。"曾国藩说："我的九弟不仅只用湘乡人，而且所用的人都是屋门口周围十余里之内的人，事情怎能不糟糕，见闻怎能不寡陋？！"

关于曾国荃用人，左宗棠有一段颇为经典的表白。左宗棠跟曾国荃两个人脾气相投，关系非常好。有一段时间曾国藩跟左宗棠闹不和，都是他弟弟曾国荃写信劝他与左宗棠和好。左宗棠和曾国荃有一次聊天，此时曾国藩已经去世，左宗棠就谈论起当初曾、左两个人闹不和，究竟是谁的原因。左宗棠说，你哥哥文正公的原因占到十之六七，我的原因占到十之三四。大概是说两个人闹不和，曾国藩的原因占多数，左的原因占少数。然后他问曾国荃：你的成功到底是怎么回事？你跟我说说，能不能以一言以蔽之。曾国荃此时年龄已大，他说现在我想来就是8个字。左宗棠瞪大了眼，问哪8个字。曾国荃告诉他："杀人如麻，挥金如土。我的成功诀窍就是这8个字。""挥金如土"是他用人的一个原则，"杀人如麻"是他在战场中勇敢拼杀的做法。前者代表了曾国荃用人方面的一个特点。

光绪年间，翁同龢的影响很大，他是同治、光绪两朝帝师，咸丰六年状元。他与曾国荃有过多次接触，在日记里记载颇多，整体上他非常钦佩曾国荃，说曾国荃成功不是靠阿兄，是有自己独特的建树。

纵观左宗棠、胡林翼、曾国荃在用人上和曾国藩的不同，以及正史中对他们评价，可见曾国藩在用人方面确实是高人一筹。

| 第十三章 | 曾国藩用人总结

性格懦弱，缺乏自信。
抱残守缺，拘谨多虑。
心胸狭窄，固执己见。
办事拖沓，懒惰疲软。
情绪无常，一曝十寒。

——曾国藩总结领导五大禁忌

一个人能够提拔更多的人，使用更多的人才，与他自身有很大关系。薛福成曾经说过一句话：用人者的台面有多大，所能使用的人才优劣就能体现出来。曾国藩用人成功，源于他对自己要求非常严格，是以道德操守自躬、以诚来求取人才的典范。那么，就他自身而言，哪些方面或做法有助于他把更多的群贤聚拢到他的湘军系统中，为他所用呢？

1. 率先垂范，约束自身

　　率先垂范，曾国藩做得非常好，他一生当中以"清""慎""勤"三个字自勉。他去世后留下的家产非常少，清政府给他拨了一部分安葬费，也是对他清廉的一个奖赏。曾国藩不但要求自己做到清廉，也要求他的下属做到。

　　每当有下属到一个地方去，做统领一方的领导甚至封疆大吏的时候，他就这样要求他们：

　　第一，不许凌辱下属。曾国藩说，不管是士兵，还是州县长官，在你这个封疆大吏的眼中都应该是平等的。你今天对他盛气凌人，他可能受辱，明天也可能加倍返还给你。这好像是禾苗，经常给它阳光雨露，它就会茁壮成长；经常用风霜雨雹，禾苗就会长不好，也可能半道而死。所以要甘雨兴苗，用积极、正确的劝导使人走正路。

　　第二，不能收受银礼。曾国藩说，一个人，尤其是想统领更多人的领导者，必须严格要求自己。收礼这种事情，最开始是礼尚往来，投桃报李。也许你提拔一个人，他给了你一点土特产，但到了第二个阶段，他就会送一顶轿子、送一点布匹，到最后，两个人的关系就变成了"笑索授意"。也就是说，他不给你钱，你就不给他办事或不提拔他，这时候两者的关系就完全颠倒了。你就成为一个被你提拔过的人牵着线走的木偶，最终的结果只有一个，那就是走向失败。

第三，不举荐私人，也就是不任人唯亲的意思。这是做领导者最重要的一点。曾国藩说，亲属也好，旧识也好，他们互相引荐，就会形成一个小帮派、小团体、小圈子。有过失的时候，你为他掩护，他为你掩饰，最后妨碍的是大事。如果有不称职的人，即便是至亲好友，哪怕是你的亲生子弟，也一定不能让他们在你的身边。这样会造成什么后果呢？如果一个人任人唯亲，特别是亲朋好友在自己身边的话，后果是"贤者不愿共事一方"。他们本来想要加入你的队伍、为你所用，但是，当看到你用的这些人都是身边的人，都是自己的亲属时，他们就会"望而却步"，远离你。

曾国藩做了两江总督后，胡林翼给他写了一封信，信中指出，我们做了封疆大吏，与过去的行军统帅就会不一样，封疆大吏对自己的要求更加严格。我建议你每个月拿出几百两白银，专门聘请一些"忠耿之士"，就是那些敢向你讲真话、敢跟你拍桌子的人。这种人每天都会在你面前提醒你，目的是"匡正其心思，增益其耳目，知虑之所不及"。一个人的耳目有不及之处，智慧也有不及之处，只有聘请这样的人每天在你旁边时时刻刻提醒你，你才能保证英明，才能达到一个很高的境界。

李鸿章到江苏做官的时候，曾向胡林翼讨教。因为在李鸿章的心目中，胡林翼是真正的英雄，所以他说："胡公能不能给我指点一二？"胡林翼告诉他："你既然做地方官，你身边的子姓昆季不能干预军旅。你不能把自己家乡的人，特别是把姓李的人安排到你的衙门中。如果你想周济或提拔他们，那该怎么办呢？你可以每年把养廉银的三分之一拿出来，专门周济这些穷亲戚，还有你的兄弟们，这样就可以不让他们到衙门来。"

胡林翼举了个例子，他说涤帅（指曾国藩）的德与功，天下人有目共睹。但人们还怀疑沅公，也就是曾国藩的弟弟曾国荃，即"曾国荃的提拔是靠他哥哥！"胡林翼说，阁下之族必不可在皖南，你一定要切记。

曾国藩做了两江总督后，跟胡林翼讲的第一件事情，是讨论战略，即下一步怎么打天京，这是一个重大安排，还有对他弟弟的安排。曾国藩说："胡公，我有个请求，我们两人能不能把大将换一换，把你手下能征善战的鲍超拨到我的名下，把我的弟弟曾国荃拨到你的名下，由你来指挥他。"

胡公当时就明白了曾国藩的用意，是在避嫌。他把自己的弟弟带到身边，大家肯定会说三道四！后来曾国藩又给胡林翼写了一封信，他说："为什么我不把曾国荃带到自己身边？我做了两江总督，把自己的行军大营搬到祁门这个地方。如果要带我弟弟的话，会出现什么样的后果呢？他的位置已经做到统领一级了。凡是做军事决策、人事决策的时候，都应跟他商量，这从道理、规矩、体制上来说都是应该的。但这时候，如果找沅甫（曾国荃）说话，就会有是非，有喜怒赏罚，任谁都避免不了。等到天下人指责的时候，我们再想变更计划就已经晚了。所以这种嫌疑是不得不避的，希望胡公能够把春霆（鲍超）赐给我，让我来带他，而我这个弟弟供你来驱策。"

胡林翼一想，曾国藩在这方面做得非常好，就同意了他的请求，把鲍超拨到曾国藩名下，曾国荃以后就归自己调遣。

这是他们特别的避讳——在用人上不能任人唯亲，即使你的亲属大有才能，也不能直接由你带，而应该让别人来提拔他，毕竟这样才能避免嫌疑。

曾国藩杖责并开除贴身护卫贺献臣之事，足见他对身边人要求之严，说到做到。据《曾国藩日记》记载，曾国藩因清廷责望甚大，剿捻无功，第二次回任两江总督。同治六年正月初六，自周家口赶往徐州，十一日到达河南东部的虞城县，该县与山东、安徽接壤。由于当天走了七八十里路程，于未时到达县城，天色已晚，只好在此住宿。而随行的小车及挑子等到达时，已经很晚了。到申时，只听虞城县令胡叔珊在曾国藩所住的庭院中吵嚷，并有喊冤之词。曾国藩急忙出去查看，经询问，胡叔珊说是曾大人的戈什哈贺献臣撕其衣服。戈什哈，是满语，即侍从护卫。曾国藩一向严格约束自己身边的人，1860年署理两江总督后，曾颁布"不准凌辱州县"等四条，没想到今天竟出现这种事情。他问胡知县的仆从，回答说："尚没有撕，只是拉扯胡老爷的衣服。"曾国藩又挨个儿将巡捕等人问了个遍，他们一致回答说："贺献臣开具酒席单，和胡知县语言不和，遂将单子撕碎，并无撕衣之事。"显然，巡捕还是偏向总督大人身边的人。曾国藩又回想起四天前发生的一件事，当天有车夫向总督大人投诉被贺献臣所打。曾国藩以为"两次皆戈什哈不应管之事，遂行棍责革去"。

可能有人会担心，胡知县会不会遭到报复？从清宫档案查阅到，胡知县一直在位，三年后，因其"心地朴实，听断勤能"，调到"民风强悍，治理匪易"的汝宁府所属的西平县任知县，也是对其工作能力的肯定。

从曾国藩退还祁门三宝的故事中，也能见他律己之严。

据咸丰十一年正月廿二日日记载：

当时作为两江总督、钦差大臣的曾国藩，驻扎在安徽祁门。早饭后清理文件，与程尚斋围棋一局，又给左宗棠、鲍超等人写了信。因公牍甚多，至未初才处理完毕。当天，休宁县令瞿福田送给王右军帖一本，上有王梦楼跋。经曾国藩评断为"淳化祖本，且定为唐刻，考核未必确凿，而神采奕奕，如神龙矫变，不可方物，实为稀世至宝。余行年五十有一，得见此奇，可为眼福。瞿令又送赵侍制仲穆所画飞白竹，上有施愚山、沈绎堂诸先生题跋，亦可宝也。余以世间尤物不敢妄取，审玩片刻，仍亦璧还。去年，黎令福畴送刘石庵、翁覃溪二公在闱中所书手卷，余亦璧却。此三件可称祁门三宝"。

王右军即王羲之，他的帖本本就价值连城，又有王梦楼作跋，价值更高。王梦楼乃王文治之号，他生于雍正七年（1729），卒于嘉庆七年（1802），江苏丹徒（今镇江）人。王文治乃清代大书法家，而且诗书文俱佳，其诗雄逸宏放，书名与刘墉相匹敌。清人梁有壬《两般秋雨庵随笔》有言："国朝文字，刘石庵相国专讲魄力，王梦楼太守专讲风神，故有浓墨宰相，淡墨探花之目也。"

淳化是宋太宗的年号。淳化三年，太宗令出内府所藏历代墨迹，命翰林侍书王著编次模勒上石于禁内，名《淳化阁帖》，又名《淳化秘阁法帖》，简称《阁帖》，系汇帖，是我国历史上可见最早的一部丛帖，因编刻于淳化年间得名。刻于枣木板上，每卷末篆题"淳化三年壬辰岁十一月六日奉圣旨模勒上石"十九字。用澄心堂纸、李廷珪墨拓出，分为十卷摩刻拓印。拓本赐给亲王大臣，但不久就停止赏赐，故在当时已非常难得。仁宗庆历年间（1041—1048）宫中发生火灾，《淳化阁帖》原版焚毁殆尽，祖刻拓本尤为珍贵。《淳化阁帖》祖刻本经历近千年的劫难，至曾国藩那个时代，流传下来的已是凤毛麟角。《淳化阁帖》共有10卷，收录历代书法作者一百零三人，四百二十帖。十卷中有篆、隶、楷、行、草等诸种书体。此帖有"法帖之祖"之誉，对后世影响深远。祁门县令送给曾国藩的可能就是第六至第八卷。

刘石庵即刘墉，翁覃溪即翁方纲，两位都是清代著名书法家。曾国藩尽管对稀世之宝把玩良久，爱不释手，但仍以"不敢妄取"而全部归还，足见他律己之严。

直到晚年，即使他功成名就，封侯晋爵，也不改其志。他对家人说：在几个弟弟中，我对待温弟（曾国华）似乎过于严厉，但扪心自问，觉得还没有对不起兄弟的地方。我不是信口开河，大凡做大官的人，往往对妻子儿女特别照顾，私肥自家，对兄弟亲戚同族则失之苛薄。我从三十岁以来，就一直把升官发财当成一件可耻的事情，把官囊积金留给子孙享用看作可羞或可恨的事情。所以我暗中发誓，决不靠做官发财，也决不把做官得来的钱财留给后人。苍天在上，神明鉴临，我决不食言。如果俸禄较多，除了供奉父母衣食所需之外，余下全部用于周济贫穷的亲戚，这是我一向的愿望。

2. 取人于善，与人为善

在曾国藩故居可以看到一幅曾国藩和他夫人的画像，上面题了曾国藩的两句诗：一句是"取人于善，与人为善"，另一句是"乐以终身，忧以终身"。可以说，这也是曾国藩对自己一生的总结。

"取人于善，与人为善"是儒家的一种观念。曾国藩用人的理念就是自立立人、自达达人。但这两个"善"与他的用人理念又有所不同。这里是说，一个人的智慧和善都是有限的，我在给别人善的时候，也要把别人的善吸收到我这里来。这样循环相生，善端无穷，世界就会变成一个善的世界。曾国藩就是用这个思想来引导自己，所以他说："我们这些身在高位的人，虽然已经高高在上，但是，不要以为我们现在升到这么高的职务，就认为我们做的所有事情都是正确的，难道下面的人就毫无是处吗？"

他在日记里写道：

> 轿中思古圣人之道，莫大乎与人为善。以言诲人，是以善教人；以德熏人，是以善养人。但只与人为善，则我之善有限，故贵取诸人以为善。人有善，则取以益我；我有善，则与以益人。连环相生，故善端无穷；彼此挹注，故善源不竭。君相之道，莫大乎此；师儒之道，亦莫大乎此。仲尼之学无常师，即取人为善；无行不与，即与人为善。

曾国藩平时特别注重从基层民众中吸取经验，吸取智慧。举个例子，他经常提到李申夫这个人，也就是四川的李榕，曾是他身边的一个幕僚。这个人历经三次考验，后来得到了一个很大的官职。曾国藩虽然很有城府，但李榕能看破他。曾国藩说："我平生的得力处就是几句话——打脱牙和血吞，有苦从不说出。"也就是说，他受到的所有屈辱从来不跟别人讲，都只会放到自己的肚子里面。曾国藩说："我每次效仿母亲大人跟孩子们怄气的时候，就指着自己的肚子说'不知道这怨气是从哪里来的'？却不幸被申夫看破了。他看出这是我一生咬牙立志能够成功的诀窍。这就是李申夫！"

　　曾国藩还记得李申夫母亲讲的一句话："我们平时交往不能经常想到远亲，等到自己家里着火的时候，才想到了近邻。""远亲不如近邻"这句话的现实注解就出自李申夫的母亲，她是一个非常普通的人，曾国藩却能够从中吸取经验。

　　"取人于善"还有吸纳众人意见的意思，可以说曾国藩是用众人的智慧来完成他镇压太平天国这件大事。比如最重要的战略决策。曾国藩做战略决策时，一直在调查，为什么太平天国势如破竹？他们的优势到底在哪里？后来他跟大家讨论，包括江忠源，还有郭嵩焘。这些人说，他们从太平天国降兵那儿了解到，太平天国的优势在水上，不在陆上。曾国藩听到这个建议后，立刻作了一个重大的决定——开始打造湘军的水军。曾国藩的水军从武汉开始与太平天国打到后面的安庆，再到金陵（南京），一直到最后的争夺战，都是水上。后来湘军几乎所有的部队都被裁撤了，但曾国藩组建的水师有一大部分精锐得以保留，后来还被纳入国家正规军的体制当中。这是曾国藩在战略上一个非常重要的决策，也正是采纳了郭嵩焘、江忠源的建议做出来的。

　　还有容闳这个在外国留过学的海归派，是美国耶鲁大学的文学学士，回国后在南京做茶叶生意。曾国藩把他招来，并采纳了他的两个重要建议：第一个建议是在中国搞洋务，其中制器之器是根本，即制造机器的机器。因此容闳也成为洋务派最重要的干将之一。第二个重要的建议是派幼童赴美国留学。他还在编译局中设置了许多外国的科目，所以中国对外国的了解从这里开始。这些都促使曾国藩成为洋务派的首脑人物。

关于与人为善，曾国藩做得非常多，他对天下的士人都以礼相待。当时的士人留下很多记载，尽管他们对曾国藩有过分之美誉，但多是怀着一种真诚感恩的心。

赵烈文追随曾国藩八年，除了短暂的离开之外，几乎每天形影不离。这个人非常有才华，但比较年轻，只有三十多岁，应如何安排呢？后来曾国藩告诉赵烈文说："我想要给你安排个职位。"赵烈文很惊讶，说："我真的没有这种想法。我只要追随大帅就行了，你到哪里去，我就一辈子跟着你。"曾国藩说："做人不能那样，我也要为你着想。这样吧，若我到直隶做总督，就把你安排在直隶，你是个好官，我相信你能做得好。"当时赵烈文不置可否，后来曾国藩处理天津教案前就任直隶总督，北上前，通过儿子曾纪泽给赵烈文传话。

赵烈文在日记中对这件事的记载字字含情，可见曾国藩对他的关爱确实是非常真诚的。曾国藩是这样说的："请纪泽为我转述。"也就是由他的儿子转述父亲的话，他说："惠甫（赵烈文的字）的天分最高，心地十分厚道，我曾亲眼看见他因为周腾虎去世流过两次泪。有一段时间，为了让你九叔（指的是曾国荃）不犯更大的错误，我把赵烈文派到他身边当小钦差，你九叔开始对他（赵烈文）很优待，后来有些不愉快，而惠甫到现在也没有忘了他，对我更是恋恋不舍。其间他离开过几年，始终不愿接受他人哪怕是一句话的恩惠。"

曾国藩特别看中一点，即忠诚。你脚踏几只船，今天想这明天想那，另攀高枝，这样的人，他绝对看不起。曾国藩说："他（赵烈文）的品格志趣确实和一般人不同，当时的人都认为我对他好像过于优厚，也有在我面前说他坏话的。他在金陵大营写的攻克天京的报捷奏折，就是曾国荃打天京的时候（因为他是前方的统帅，第一个知道这个信息，所以红旗捷报是由他向朝廷奏报的，而当时为他起草这个红旗奏报的就是赵烈文。当时这个奏报可能有些地方不很周密，被清朝政府怪罪），有人认为文中有让朝廷挑毛病的地方，你九叔难道没有看过这个折子，就把过错推到别人身上吗？"

曾国藩指出："后来两人闹得不愉快，这都是不公平的说法。现在我和他有个约定，我这次北上不能带他一同前往。如果我到直隶做总督，我会立即上奏朝廷调他到直隶来，给他一个地方官做，他一定会是一个好官。"

这都是原话，我把它翻译过来：如果我到朝廷做官，也一定为他安排一个位置，他可以在明年春天跟随我一起去直隶，行李、车船从水路北上，所有的路费等所需由我这里办理。倘若我辞官退休的请求被朝廷批准，上面所说的一切都作罢。

赵烈文听到这段话后，满脸是泪，非常感动。后来曾国藩提拔赵烈文做了直隶磁州知州，赵烈文在知州任上做得也非常好。

3. 终身不废学，堪为人师长

《礼记·中庸》篇记载："好学近乎知，力行近乎仁，知耻近乎勇。知斯三者，则知所以修身，知所以修身，则知所以治人，知所以治人，则知所以治天下国家矣。"

在多年的用人实践中，曾国藩为什么能够让这么多的贤才到他这里来，还有很重要的一点就是"终身不废学，堪为人师长"。曾国藩有一个特别的用人理念，就像师傅带徒弟、老师带学生一样，认为这样才能让更多的人不但从你这里得到提拔的机会，更重要的是学问有提升，道德修养有长进，在各个方面都有所提高。所以他说，真正用好人的人必须能够担当起师长这个责任。师长的责任在哪里呢？曾国藩有个表述，就是终生不废学。他做钦差大臣也好，做两江总督也好，做大学士也好，正如他的幕僚方宗诚所说，如果是其他人，一件事情就可能忙得手忙脚乱，但是曾国藩每天都井井有条，还一定安排一个相对固定的时间跟幕僚讨论学问，使几乎所有追随他的人都能受到教育和熏陶。

从曾国藩的日记中可以看到，他十几年的军旅生涯，几乎每天都在行军中，却仍不废学。无论是在轿子中，还是乘船时，他都一定在看书。所以曾国藩后来右眼失明，左眼几乎也看不见了，就是太用功了。方宗诚第一次见到曾国藩的时候，就问他："你这么大的官，行船还在读书，为什么呢？"

曾国藩回答说："我每天处理军事、人事、财政等各项事情，应接不暇，如果不兼读圣贤书的话，天下的人情事理就不可能明白啊！心不能养，理不能明，何以能知人？何以能应事？古往今来，那些登到很高位置最后却走向失败的人，都是因为不学习的过失呀。"所以，他要避免自己在这方面犯大错误。

曾国藩一生立过三次志。他早年立志当一个乡村教师，那时候他是一个秀才，希望像他的父亲一样，开一个私塾，靠自己这点有限的知识来养家糊口。第二次立志——此时他高中进士，供职翰林院。他立志当理学家，向道德圣贤看齐，成为有名的人。他以文人领兵后，第三次立志，要当中兴名臣，但这谈何容易啊？虽然他没有任何军事知识，但是他善于学习，所有打仗的书他都拿来看。剿捻的时候，曾国藩专门看了一些传记。看完李自成的传记后，他说，闯王李自成没有建立根据地，跟捻军这套做法有相似之处，这种飘忽不定是他们失败的原因所在。曾国藩还看过杨嗣昌的传记。

打败太平天国有什么办法呢？后来曾国藩总结了很多。看王夫之的全书，从《宋论》和《通鉴论》中，他得到了很多启示，并逐条摘录到他的日记中。说行军打仗就应当如此。他也提出很多有价值的做法，比如说，以全军破敌为上，就是在力量相同的条件下，不能硬碰硬，最重要的是保全有生力量，即把军队保存下来。破敌，以吃掉敌人为上，不以占城池土地为目标。也就是说，主要目的不是攻下这座城池，而是战胜敌人。全军将士若因攻城都打没了，占领的城池别人还能再夺回去。

"多用活兵，少用呆兵，隔而不围，围而不打"等，这些都是曾国藩在阅读王船山著作时得来的。曾国藩晚年跟赵烈文一起谈话，两人经常谈起王船山。王夫之（字船山）是曾国藩早年非常敬仰的人物，湖南衡阳人，历史上鼎鼎有名的明末清初三大家之一。最初人们熟知的是黄宗羲、顾炎武，王夫之的著作、学说、思想，多是通过曾氏兄弟的推广，才为世人熟知。

有一次赵烈文问曾国藩："你经常举证王船山先生，设想一下，如果国家有需要，王船山又肯出来为国家做事，他能不能做一个非常大的官或者一个非常成功的人呢？"曾国藩回答说："恐怕不能。"赵烈文当时一愣，说怎么不能呢？曾国藩说："王船山的学说，我也确信是宏深精致，但有偏激苛刻之嫌，即使让他处理国家的事务，天下难道能够有可用之才吗？因为他要求太严格了。世人的聪明和才力相差都不是很大，此暗则彼明，此长则彼短，完全在于用人者的审量，用到什么地方而已。"

曾国藩还打比方说："再好的树木，也不能为那些能工巧匠生长成为特殊的树木，让你拿来就能用。上天也不能为贤明的君主制造出超常的特殊人才，这都要经过磨砺、经过培训、经过锻炼才行。"

曾国藩这段话说得掷地有声，赵烈文打断说："了不起啊，真是宰相的话呀！说得这样好。"曾国藩一时没有回过神来，可能是赵烈文的动作太大，于是惊讶地说："足下搞得我措手不及啊！"

两人在一起聊天，这时候进来一个士兵，递给曾国藩一张单子。士兵走后，曾国藩定了定神，说："足下猜一猜这张纸写的是什么呢？"赵烈文说猜不到，曾国藩说："这是我每天的食单啊！我每天只吃两个菜，只吃三餐，不怎么吃荤的。"赵烈文问他喜欢喝酒吗，他说："过去开始行军打仗的时候，自己还不算年老，那时候喝一点绍兴酒，后来别人给我送，我都拒绝了。当时喝绍兴酒是零星喝，现在我连绍兴酒也不喝了。"这时候曾国藩走出去，把自己穿的小马褂放到了衣服架上。赵烈文拿下小马褂一看，这还是曾国藩刚中进士之后家里为他做的，一直穿到现在，可以看出他的生活很俭朴。

曾国藩回来后，跟赵烈文继续交谈。他问赵烈文："你看我这个两江总督衙门，连有落款的一幅画都没有，是不是太寒酸了？"赵烈文说："千秋之后颂扬你的功德还来不及呢！这正是你的廉洁伟大之处。"曾国藩对他说："如果出现中兴的局面，我所做的这一切都不枉然，否则的话，不值一哂啊！"不值一哂，就是不值大家一笑的意思。

这次谈话是两人最后也是最长的一次谈话。

4. 朝乾夕惕，反思用人

在整个军政生涯中，对用人方面，特别是他到晚年的时候，曾国藩经常进行检讨。他提出，在和平时期和在战争中用人，应该有所不同。和平时期或者为了建设，应该考察人才的品德，将品德放到重要的位置；但在战争中，更应该寻找那些杀敌立功的能人，即才能突出型的人才。特别是发生丁日昌这件事情后，曾国藩查找自己在用人方面与李鸿章的差距，说李鸿章用人有一套。

曾国藩评价李鸿章这位高足时说，他这个人拼命做官，用八个字来概括——"勇于任事，精于自保"。一个人能够同时具备这两方面的才能，非常难得，他为什么能做五十年的官？在风雨飘摇、一浪高过一浪的时代浪潮中，清廷倚他为泰山，一直不动摇？就是因为李鸿章做官勇于任事，敢于担当。

《清史稿·李鸿章传》评论他说："中兴名臣，与兵事相终始，其勋业往往为武功所掩。李鸿章既平大难，独主国事数十年，内政外交，常以一身当其冲，国家倚为重轻，名满全球，中外震仰，近世所未有也。生平以天下为己任，忍辱负重，庶不愧社稷之臣。"

李鸿章的忠义血性，一生都没有丝毫的褪色。签订甲午和约要到日本去，他因此差一点儿被日本人开枪打死。谈判时跟日本人讨价还价，"春帆楼上晚涛急"，希望把战败款减少一些。因为李鸿章签订了《马关条约》，全国对他的骂名就更大了。

戊戌变法的时候，李鸿章本想捐些钱，那些戊戌君子说："我们不要你的钱，不干净。"虽然后来戊戌变法失败了，但李鸿章是支持改革的。慈禧太后开始下令查天下之人，特别是清廷的高官有无跟康、梁结党的，这时候有人举报说李鸿章跟戊戌变法的六君子有勾连。慈禧找到李鸿章，李鸿章跟慈禧有一段对话，他说："如果把中国想要变革的人都归为康、梁一党，那样的话，我就是康、梁一党！"他说，现在的体制已经不行了，言外之意，变革没有什么错误。

回过头来看曾国藩。他晚年在《笔记十二篇》中写有《才用》一篇，是专门论述人才的，也可以视为他对用人的总结和检讨。他写道：

> 虽有良药，苟不当于病，不逮下品；虽有贤才，苟不适于用，不逮庸流。梁雨可以冲城，而不可以窒穴；牦牛不可以捕鼠，骐骥不可以守闾。千金之剑以之析薪，则不如斧；三代之鼎以之垦田，则不如耜。当其时当其事，则凡材亦奏神奇之效，否则龃龉而终无所成。故世不患无才，患用才者不能器使而适宜也。魏无知论陈平曰："今有尾生孝已之行，而无益胜负之数，陛下何暇用之乎？"当战争之世，苟无益胜负之数，虽盛德亦无所用之。余生平好用忠实者流，今老矣，始知药之多不当于病也。

这是一篇非常难得的论述用人的精辟文章，主要的意思是讲人才要放到合适的位置，才能发挥其作用。因而世界上不应忧虑没有人才，而应忧虑的是使用人才的人不能"器使而适宜"，即按照人才的自然品性使他适宜发挥。特别是战争期间，即便是盛德君子，也对胜负没有关系，用这样的人，亦等于没用！他承认自己愿意用忠实可靠的人才，现在老了，才知道有不足啊！

5. 领导五忌

能够吸引人才，必须满足人才的成长需要和价值实现的要求。如果领导抱残守缺、无所作为，或者不足以鼓舞群伦，人才就会离你而去。因此，领导也有一些忌讳的做法。曾国藩提出，作为一个领导，能够把更多的人才吸引到身边，除要坚持"四不"，还要知晓五大禁忌。先看"四不"。

第一，不能恶规谏直言。也就是说，要能听真话，能容得下不同意见，还要善于吸收反对意见。最重要的是不能自以为是，一定要有敢于跟你讲真话的人。

第二，不能嫉贤妒能。否则就将一事无成。要善于与胜己者，即超过自己的人相处，并向他们学习。

第三，不能排斥异己。领导应避免为人"划线"，尤其不能排斥异己。能容人是领导的品行，也是领导的器量和胸襟。

第四，不能偷安无为。一个偷安无为的人，别人跟着你还有什么奔头？你这个领导都没有更多的升发之望，下边的人追随你又有什么用？这不是功利主义，而是人的价值所在。所以曾国藩的两个弟弟曾国荃和曾国华刚出山的时候，曾国藩特别叮嘱要"择人而事，不可草草"。也就是说，你跟的人，不要随便、草率作决定。时暗时明的人有时会作出很明智的决策，有时又犯糊涂。还有将信将疑的人，有的时候信任你，有的时候不信任你，这两种人都不能跟。

五大禁忌是：

> 性格懦弱，缺乏自信。
> 抱残守缺，拘谨多虑。
> 心胸狭窄，固执己见。
> 办事拖沓，懒惰疲软。
> 情绪无常，一曝十寒。

以上这些都是曾国藩总结出的做领导应该切忌的。

6. 总结

如果对曾国藩用人作一个总结，这个总结就是："人生有局限，举贤图大业。"这是曾国藩用人的根本。他跟他的弟弟、儿子等家人，经常讲这段话："安静时仔细想来，古今亿万年无有穷期，人生期间，数十寒暑仅须臾耳。一个人的生命总是有限的，相对于大千世界宇宙来说，它只有几十年的光阴。须臾，像白驹过隙一样短暂。大地广袤，几万里看不到它的边际。人生期间，白天只能在一间房子里办公，夜间只能在一张床上睡觉。古人的书籍、近人的著述浩如烟海，人生目光所能及的，只是九牛一毛。成就一个人事业的可能有方方面面，但是一个人一生才力所能办的，不过是太仓之一粟。在大千世界中，即使你是英雄人物，是皇帝，是权臣，人生终究也是有局限的。"

曾国藩说："知天之长而吾所历者短，遇到忧患横逆之来的时候，当忍耐以待其定，知道地之大而吾所居之小，遇到荣利争夺之境，应该退让以守其雌。知道书籍之多而吾所见之寡，不敢以一得自喜，而应当择善而约守。"

这段话是说，要挑选那些原创性的精品来读。曾国藩一生最愿意读古籍，他说古今书籍浩瀚如海，但只要几部书读通读精了，就会触类旁通。他平生最愿意读六部书：在经部当中，他选择《易经》；在史部当中，他最愿意读《史记》《汉书》《资治通鉴》；在集部中，他最愿意读的是《韩愈集》；子部中则是《庄子》。在曾国藩看来，这些是中国文化中原创的，也是最好的国学精品。

最后他说："知道事变之多而吾所办者少，不敢以功名自矜，而应该举贤而共图之。"即合力做大事。这样的话，人就会进入一个更佳的境界。

而以"旁观者"身份评价曾国藩的，笔者想以赵烈文的话作为结语。赵烈文说：

> 这次对太平军的军事活动中，出现的英杰之士，不必一一论说，在已经论定的人中间，在下以为胡林翼、江忠源两位堪称第一。江的眼光独特，有先见之明，他处理问题敏捷，这方面似乎要胜胡公一筹。到了晚年，江的名望越来越高，因而不免有矜持之嫌，让人感觉到有沾皮带骨似的。论到胡公，他恢宏大器，很少有人能超过，除此之外，道德品质方面的修养，每天都有进步。最初还是大英雄的举动，做事没有什么忌讳，后来，逐渐落入一种道学家的境界，简直是不可限量。视国事为自己的家事，视天下为一家，公而忘私，这方面，只有胡公一人而已。至于说到老师，您做事讲求规矩准绳，可谓尺寸不失。每天置身于军旅倥偬之中，集盖世大功，擒万世寇首，而始终没有脱离儒学大家的气象。能使末世的风气不专注于强悍的武功，这方面的功劳，甚至可以说与您擒获寇首，扫平巢穴，不可同日而语。这当然是

那些只图眼前平定的近功，操管而窥握筹的人所远远看不到的。在下曾私自窃议，我追随老师的时间很久了，仰见您军事谋略的部署措置，军费饷源的开源与节流，以及吏治的兴废，虽然也有人力所不及的地方，但都是您谋划思虑所到的。尤其是您每当横遭逆境的时候，凝然不为所动，以及饮食起居，皆有时节，数十年来从未改变。仅就这两方面而论，这是学生赵烈文这代人毕生不可仰望企及的啊！横遭逆境不为所动之难，世上的人还是知晓的。而饮食起居方面，有规律节制，人们都把这个看作细微的小节，岂不知细微之处最容易忽略，圣贤们主敬存诚的学问，都包括在这里了。寻常日用之间，而道学家所说的理外有事，那边悟了，即向这边实践，也无非就是在行、住、坐、卧这四威仪中勤求符合礼节而已。像我赵烈文这样的人，饥饿了就想饮食，困倦了就想睡眠，心念一起来，就有刻不容缓之势，如果强行制约，似乎惶惶不可终日。这都是在下平时亲身经历而后才知道其难处的，并非是阿谀奉承老师的话呀！

参考文献

《曾国藩全集》，岳麓书社，1994年版。

《湘乡曾氏文献》，台湾学生书局，1965年版。

《胡林翼集》，岳麓书社，2008年版。

《左宗棠全集》，岳麓书社，2009年版。

《李鸿章全集》，安徽教育出版社，2008年版。

黎庶昌撰：《曾国藩年谱》，岳麓书社，1986年版。

《贺长龄集·贺熙龄集》，岳麓书社，2010年版。

徐一士著：《一士类稿》，山西古籍出版社，1996年版。

徐一士著：《一士谈荟》，山西古籍出版社，1996年版。

丁凤麟、王欣之编：《薛福成选集》，上海人民出版社，1987年版。

薛福成撰：《庸庵笔记》，江苏古籍出版社，2000年版。

《李兴锐日记》，中华书局，2015年版。

梅英杰等撰：《湘军人物年谱》（一），岳麓书社，1987年版。

朱孔彰撰：《中兴将帅别传》，岳麓书社，2008年版。

戚继光著：《纪效新书》，中华书局，1996年版。

蔡锷辑：《曾胡治兵语录》，巴蜀书社，1995年版。

赵烈文撰：《能静居日记》，岳麓书社，2013年版。

秦翰才著：《左宗棠全传》，中华书局，2016年版。

罗尔纲著：《湘军兵志》，中华书局，1984年版。

王尔敏著：《淮军志》，中华书局，1987年版。

王尔敏著：《清季军事史论集》，广西师范大学出版社，2008年版。

龙盛运著：《湘军史稿》，四川人民出版社，1990年版。

何贻焜撰：《曾国藩评传》，岳麓书社，2016年版。

董蔡时著：《曾国藩评传》，苏州大学出版社，1996年版。

朱东安著：《曾国藩传》，四川人民出版社，1985年版。

朱东安著：《曾国藩幕府研究》，四川人民出版社，1994年版。

朱东安著：《曾国藩集团与晚清政局》，华文出版社，2003年版。

梁绍辉著：《曾国藩评传》，南京大学出版社，2006年版。

胡哲敷著：《曾国藩治学方法》，当代中国出版社，2015年版。

牟安世著：《太平天国》，上海人民出版社，1959年版。

罗尔纲著：《李秀成自述原稿注》，中华书局，1982年版。

罗绍志、田树德著：《曾国藩家世》，江西人民出版社，1996年版。

杨国强著：《义理与事功之间的徊徨：曾国藩、李鸿章及其时代》，三联书店，2008年版。

萧艾著：《王湘绮评传》，岳麓书社，1997年版。

谢世诚著：《李鸿章评传》，南京大学出版社，2006年版。

邓亦兵编著：《丁日昌评传》，广东人民出版社，1988年版。

林乾、迟云飞著：《曾国藩大传》，人民文学出版社，2011年版。

林乾著：《正能量曾国藩：一个做大事不做大官的典范》，复旦大学出版社，2013年版。

吴相湘著：《晚清宫廷实纪》，中国大百科全书出版社，2010年版。

吴相湘著：《晚清宫廷与人物》，中国工人出版社，2009年版。